内容简介

本教材根据物流企业实际工作中的物流成本控制与优化的需要，以物流企业的工作过程为主线，以贯穿采购、运输、仓储、流通加工、包装、装卸搬运、配送7个环节的成本预算、核算、控制、分析为主要内容。

本教材包含以下几方面内容：物流成本管理认知，物流成本核算，物流成本预算，采购成本管理，运输成本管理，仓储成本管理，流通加工成本管理，包装成本管理，装卸搬运成本管理，配送成本管理，物流成本绩效评价。

本教材紧贴行业需求，突出区域特点，校企合作，与岗位对接，内容符合学生的认知规律，充分体现以学生为主体的教育理念。

北京农业职业学院出版基金资助教材

物流成本管理实务

卢桂芬　主编

中国农业出版社

北京

北京农业职业学院出版基金资助教材

物流成本管理实务

卢佳芬　主编

中国农业出版社
北京

编写人员名单

主　　编　卢桂芬

副 主 编　李　萍　胡军珠　石　岩

编　　者　（以姓名笔画为序）

石　岩　卢桂芬　李兰勇

李　萍　胡军珠　韩翠翠

温春娟

企业指导　王青林　易善伟　郭宜杰

熊　兰

前言

QIANYAN

2006年，教育部以教高［2006］16号文件的形式颁发了《关于全面提高高等职业教育教学质量的若干意见》。我们认真学习了16号文件，并加大课程建设与改革的力度，融“教、学、做”为一体，把工学结合作为高等职业教育人才培养模式改革的重要切入点，带动专业调整与建设，引导课程设置、教学内容和教学方法改革。原来的高职物流教材多数是本科教材的压缩版、国外教材的翻译版，理论性较强，无法适用于当前的“工学结合”人才培养模式。因此，必须开发出符合现代职业教育人才模式的教材。

本教材根据物流企业实际工作中的物流成本控制与优化的需要，以物流企业的工作过程为主线，以贯穿采购、运输、仓储、流通加工、包装、装卸搬运、配送7个环节的成本预算、核算、控制、分析为主要内容。

本教材主要包括物流成本管理认知、物流成本核算、物流成本预算、采购成本管理、运输成本管理、仓储成本管理、流通加工成本管理、包装成本管理、装卸搬运成本管理、配送成本管理、物流成本绩效评价等内容。同时，我们还吸收了国家物流标准、中国物流与采购联合会物流师职业资格认证培训、全国物流技能大赛的相关内容。

本教材具有以下特点：

(1) 紧贴行业需求。2009年3月国务院发布了《物流业调整和振兴规划》，强调必须加快发展现代物流业，物流业已经成为国民经济的一个非常重要的服务产业，它涉及领域广、吸纳就业人数多。因此，加快培养物流成本控制的人才是我们高等职业院校义不容辞的责任。

(2) 突出区域特点。北京市居住人口为2 000万～3 000万，是非常大的消费城市，北京市的区域特点主要以第三方物流企业为主，而第三方物流企业的核心就是降低物流成本，挖掘第三利润源。

(3) 与岗位对接，与职业资格鉴定标准对接。本教材以工作过程为导向，突出体现以典型工作任务为核心，以业务流程为主线，围绕岗位职业能力构建课程体系的课程开发思想。

我们聘请了五环顺通物流中心王青林总经理、北京燕顺储运物资有限公司易善伟总经理和在企业长期从事仓储、配送的一线骨干郭宜杰、熊兰、韩翠翠等参与教材大纲的制订和教材部分内容的编写，提出每个工作任务所需要的知识和技能点，并在此基础上进行整理、归纳、提炼，转化为教学内容。

(4) 内容符合学生的认知规律。教材内容分为 11 个项目，学生除了掌握基本的采购成本、运输成本、仓储成本、流通加工成本、包装成本、装卸搬运成本、配送成本等计算外，延伸到成本的核算、预算、分析、控制、绩效评价等知识和技能点。内容安排上由浅入深，符合认知规律，理论严谨，叙述明确简练，逻辑性强，通过视频演示、现场参观、实际背景引入等教学内容，便于学生理解和掌握。

(5) 可作为培训教材。本教材内容通俗易懂，图文并茂，具有较强的可读性，所以本教材除满足高职教学需求外，可用作物流企业一线人员的培训教材。

本教材可作为物流管理、运输管理、工商管理等专业物流成本管理课程的教学用书，还可作为物流企业从业人员岗前培训用书。

本教材由北京农业职业学院卢桂芬副教授担任主编，北京农业职业学院李萍、胡军珠、石岩担任副主编。全书由卢桂芬提出教材编写计划和编写大纲，并进行统稿。具体分工为：北京农业职业学院卢桂芬、石岩编写项目一、二、三、六、七、十一；北京农业职业学院李萍编写项目八、九；北京农业职业学院温春娟编写项目四；五环顺通物流中心韩翠翠和湖南师范大学李兰勇编写项目五；北京农业职业学院胡军珠编写项目十。

本教材在编写过程中参考了大量的物流文献资料，引用了一些专家学者的研究成果，编者尽可能地在参考文献中列出，在此对文献的作者表示诚挚的谢意。引证的资料也有可能有疏漏没有列出，在这里深表歉意。

由于编者水平有限，书中疏漏与不足之处在所难免，恳请物流界的专家学者及广大读者给予批评指正。

编　者

2014 年 12 月

目录

前言

项目一 物流成本管理认知

项目导入

我国许多产品由于生产批量大，劳动力成本低，在国际上很有竞争力，但我国的物流成本大大高于发达国家，在综合成本中起的是抵消作用。因此，解决物流障碍，把这部分物流成本压缩下来，可以大大提高国民经济的总体运行水平，提升国际竞争力。

知识目标

1. 掌握物流成本的概念、特点、构成、分类
2. 掌握物流成本管理的内容、方法
3. 了解物流成本管理的目的及意义
4. 熟悉物流成本的相关学说

能力目标

1. 能够运用所学知识结合案例，从多角度考虑物流成本管理的能力
2. 能够判别企业物流成本的分类

任务一　物流成本认知

一、物流成本的概念

我国在2006年颁布实施的国家标准《企业物流成本计算与构成》(GB 20523—2006)中指出："物流成本是企业物流活动中所消耗的物化劳动和活劳动的货币表现，包括货物在运输、储存、包装、装卸搬运、流通加工、物流信息、物流管理等过程中所耗费的人力、物力和财力的总和以及与存货有关的流动资金占用成本、存货风险成本和存货保险成本。"

该定义中的物流成本包含的内容如下：伴随着物资的物理性活动发生的费用以及从事这些活动所必需的设备、设施的费用；物流信息的传送和处理活动发生的费用以及从事这些活动所必需的设备和设施的费用；对上述活动进行综合管理的费用。

二、物流成本的构成

物流成本可按物流成本项目、物流成本支付形态、物流成本产生范围、物流成本习性等

进行分类：

（一）按物流成本项目分类

按成本项目划分，物流成本由物流功能成本和存货相关成本构成，其中，物流功能成本指在包装、运输、仓储、装卸搬运、流通加工、物流信息和物流管理过程中所发生的物流成本。存货相关成本指企业在物流活动过程中所发生的与存货有关的资金占用成本、物品损耗成本、保险和税收成本。具体内容如表1-1所示。

表1-1 企业物流成本项目构成

<table>
<tr><th colspan="3">成本项目</th><th>内 容 说 明</th></tr>
<tr><td rowspan="7">物流功能成本</td><td rowspan="5">物流运作成本</td><td>包装成本</td><td>一定时期内，企业为完成货物包装业务而发生的全部费用，包括包装业务人员费用、包装材料消耗、包装设施折旧费、维修保养费，包装技术设计、实施以及包装标记的设计、印刷等辅助费用</td></tr>
<tr><td>运输成本</td><td>一定时期内，企业为完成货物运输业务而发生的全部费用，包括从事货物运输业务的人员费用，车辆（包括其他运输工具）的燃料费、折旧费、维修保养费、租赁费、养路费、过路费、年检费、事故损失费、相关税金等</td></tr>
<tr><td>仓储成本</td><td>一定时期内，企业为完成货物储存业务而发生的全部费用，包括仓储业务人员费用、仓储设施折旧费、维修保养费、水电费、燃料与动力消耗等</td></tr>
<tr><td>装卸搬运成本</td><td>一定时期内，企业为完成装卸搬运业务而发生的全部费用，包括装卸搬运业务人员费用、装卸搬运设施折旧费、维修保养费、燃料与动力消耗等</td></tr>
<tr><td>流通加工成本</td><td>一定时期内，企业为完成货物流通加工业务而发生的全部费用，包括流通加工业务人员费用、流通加工材料消耗、加工设施折旧费、维修保养费、燃料与动力消耗费等</td></tr>
<tr><td colspan="2">物流信息成本</td><td>一定时期内，企业为采集、传输、处理物流信息而发生的全部费用，指与订货处理、储存管理、客户服务有关的费用，具体包括物流信息人员费用、硬件折旧费、维护保养费、通信费等</td></tr>
<tr><td colspan="2">物流管理成本</td><td>一定时期内，企业物流管理部门及物流作业现场所发生的管理费用，具体包括管理人员费用、差旅费、办公费、会议费等</td></tr>
<tr><td rowspan="3">存货相关成本</td><td colspan="2">资金占用成本</td><td>一定时期内，企业在物流活动过程中负债融资所发生的利息支出（显性成本）和占用内部资金所发生的机会成本（隐性成本）</td></tr>
<tr><td colspan="2">物品损耗成本</td><td>一定时期内，企业在物流活动过程中所发生的物品跌价、损耗、毁损、盘亏等损失</td></tr>
<tr><td colspan="2">保险和税收成本</td><td>一定时期内，企业支付的与存货相关的财产保险费以及因购进和销售物品应交纳的税金支出</td></tr>
</table>

（二）按物流成本支付形态分类

按物流成本支付形态划分，企业物流总成本由内部物流成本和委托物流成本构成。其中内部物流成本按支付形态分为材料费、人工费、维护费、一般经费和特别经费。具体内容如表1-2所示。

表 1－2　企业物流成本支付形态构成

成本支付形态		内 容 说 明
企业内部物流成本	材料费	资材费、工具费、器具费等
	人工费	工资、福利、奖金、津贴、补贴、住房公积金等
	维护费	土地、建筑物及各类物流设施设备的折旧费、维护维修费、租赁费、保险费、税金、燃料与动力消耗费等
	一般经费	办公费、差旅费、会议费、通信费、水电费、煤气费等
	特别经费	存货资金占用费、物品损耗费、存货保险费和税费
委托物流成本		企业向外部物流机构所支付的各项费用

(三) 按物流成本范围分类

按物流成本产生的范围划分，物流成本由供应物流成本、企业内物流成本、销售物流成本、回收物流成本以及废弃物物流成本构成。具体内容如表 1－3 所示。

表 1－3　企业物流成本范围构成

成本范围	内 容 说 明
供应物流成本	指经过采购活动，将企业所需原材料（生产资料）从供给者的仓库运回企业仓库为止的物流过程中所发生的物流费用
企业内物流成本	指从原材料进入企业仓库开始，经过出库、制造形成产品以及产品进入成品库，直到产品从成品库出库为止的物流过程中所发生的物流费用
销售物流成本	指为进行销售，产品从成品仓库运动开始，经过流通环节的加工制造，直到运输至中间商的仓库或消费者手中的物流活动过程所发生的物流费用
回收物流成本	指退货、返修物品和周转使用的包装容器等从需方返回供方的物流活动过程中所发生的物流费用
废弃物物流成本	指将经济活动中失去原有使用价值的物品，根据实际需要进行收集、分类、加工、包装、搬运、储存等，并分送到专门处理场所的物流活动过程中所发生的物流费用

(四) 按物流成本习性分类

成本习性指的是成本与业务量之间的依存关系。如果按物流成本的习性分类，物流成本可划分为变动成本、固定成本和混合成本。

变动成本是指成本总额随着吞吐量的变动而呈正比例变动的成本，如材料、直接人工和制造费用中随产量正比例变化的物料费、燃料费、动力费、计件工资形式下的生产工人工资等费用。

固定成本也称固定费用，是指在一定的范围内不随业务吞吐量变动而变动的那部分成本，如仓库租金、设备的租赁费、保险费、管理人员薪酬以及按直线法计提的固定资产折旧、土地使用税等。

混合物流成本介于前两者之间，在实际的项目中如维修费用、检验费用等，其成本性态并不明显，这些项目也随着业务量的变化而变化，但并不是正比例变动，兼具固定成本和变动成本两种不同性质的成本。

三、物流成本的特征

物流成本的特征主要包括：物流成本的隐含性，物流成本削减的乘法效应，物流成本的效益背反，物流成本的部分不可控性，物流成本计算方法、范围的不一致性等。

（一）物流成本的隐含性

在传统上，物流成本的计算总是被分解得支离破碎、难辨虚实。由于物流成本没有被列入企业的财务会计制度，制造企业习惯将物流费用计入产品成本；流通企业则将物流费用包括在商品流通费用中。因此，无论是制造企业还是流通企业，不仅难以按照物流成本的内涵完整地计算出物流成本，而且连已经被生产领域或流通领域分割开来的物流成本，也不能单独真实地计算并反映出来。任何人都无法看到物流成本真实的全貌，了解其可观的支出。

正如西泽修教授用物流成本具体分析了彼得·德鲁克的“黑大陆”学说。事实证明，物流领域的方方面面对我们而言还不是很清楚，在“黑大陆”中和“冰山”的水下部分正是物流尚待开发的领域，也正是物流的潜力所在。

知识拓展

“黑大陆”学说

在会计中把生产经营费用大致划分为生产成本、管理费用、营业费用、财务费用，然后再把营业费用按各种支付形态进行分类。这样，在利润表中所能看到的物流成本在整个销售额中只占极少的比重。因此物流的重要性当然不会被认识到，这就是物流被称为“黑大陆”的一个原因。

由于物流成本管理存在的问题及有效管理对企业盈利和发展的重要作用，1962 年，著名的管理学家彼得·德鲁克在《财富》杂志上发表了题为《经济的黑色大陆》一文，他将物流比作“一块未开垦的处女地”，强调应高度重视流通及流通过程中的物流管理。彼得·德鲁克曾经讲过：“流通是经济领域的黑暗大陆”，德鲁克泛指的是流通，但由于流通领域中物流活动的模糊性特别突出，它是流通领域中人们认识不清的领域，所以“黑大陆”学说主要针对物流而言。黑大陆说主要是指尚未认识、尚未了解。在黑大陆中，如果理论研究和实践探索照亮了这块黑大陆，那么摆在人们面前的可能是一片不毛之地，也可能是一片宝藏之地。“黑大陆”学说也是对物流本身的正确评价，即这个领域未知的东西还很多，理论与实践皆不成熟。

知识拓展

物流"冰山"理论

物流"冰山"理论是日本早稻田大学西泽修教授提出来的（图 1-1）。他在研究物流成本时发现，现行的财务会计制度和会计核算方法都不能掌握物流费用的实际情况，因而人们对物流费用的了解是一片空白，甚至有很大的虚假性。他把这种情况比作物流"冰山"。

物流便是一座冰山，其中沉在水面以下的是我们看不到的黑色区域，而我们看到的不过是物流成本的一角。在"冰山"的水下部分正是物流尚待开发的领域，也正是物流的潜力所在。如果把报利润表中记载的物流费用只认为是公司外部支付的部分，把它误解为"冰山全貌"，忽略物流成本管理，企业就会面临险境。

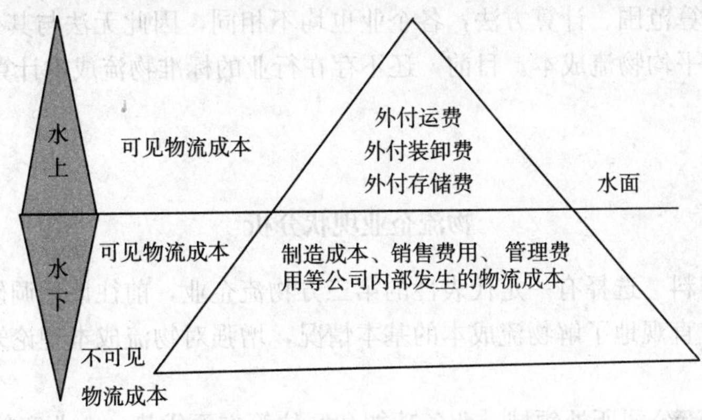

图 1-1 物流"冰山"理论示意

（二）物流成本削减的乘法效应

物流成本类似于物理学中的杠杆原理，物流成本的下降通过一定的支点，可以使销售额获得成倍的增长。而其上升一点，也可使销售额获得成倍的削减。假定销售额为 100 万元，物流成本为 10 万元，如物流成本下降 1 万元，就可得到 1 万元的收益。物流成本的下降会产生极大的效益。

知识拓展

"第三利润源"学说

第三利润源的说法也是日本早稻田大学教授西泽修先生在 1970 年提出的。在第一利润、第二利润源的潜力越来越小、利润开拓越来越困难的情况下，物流领域的潜力被人们所重视，于是出现了西泽修教授的"第三利润源"学说。第三个利润源，是对物流潜力及效益的描述。经过半个世纪的探索，人们已肯定"黑大陆"虽认识不清，但绝不是不毛之地，而是一片富饶之源，尤其是经受了 1973 年石油危机考验，物流已牢牢树立了自己的发展地位。

（三）物流成本的效益背反

所谓效益背反，是指欲使系统中任何一个要素增益，必将对系统中其他要素产生减损的作用。通常，对物流数量，人们希望最大；对物流时间，希望最短；对服务质量，希望最好；对物流成本，希望最低。显然，要同时满足上述所有要求是很难办到的。如减少各存储网点的库存，必然增加库存补货的频率，增加运输次数；简化包装，虽降低成本，但由于包装强度降低，会增加运输装卸中货物的破损；仓库也不可堆放过高，降低货物的保管效率；铁运改航空，虽增加运费，但提高了运输速度，减少了库存，降低了库存费用。

（四）物流成本的部分不可控性

物流成本中有不少是物流部门不能控制的，如保管费中包括了由于过去多进货或过多生产而造成积压的库存费用，客户加急运输导致运输成本的上升，自然灾害导致车辆逗留、货物毁损成本上升等费用。

（五）物流成本计算方法、范围的不一致性

物流成本的计算范围、计算方法，各企业也均不相同，因此无法与其他企业进行比较，也很难计算行业的平均物流成本。目前，还不存在行业的标准物流成本计算方法和范围。

任务实训

物流企业现状分析

1. 实训背景资料 选择有一定代表性的第三方物流企业，前往该地调研。

2. 实训目标 直观地了解物流成本的基本情况，增强对物流成本理论知识的理解。

3. 实训准备

（1）了解该物流公司所处领域、业务功能和区位等方面优势，企业定位与发展规划。

（2）设计问卷调研提纲。

（3）班级同学分组，明确分工。

（4）根据具体情况，对企业物流成本的内容进行总结概括，限期一周。

4. 实训步骤

（1）描述企业概况：包括企业发展现状（主管业务、人员、设备、技术、成本管理等）。

（2）成本项目构成。

（3）成本项目内容。

（4）根据企业的实际情况，结合现代物流成本的基本情况，在教师和企业人员的指导下分组讨论隐形物流成本。

5. 实训评价

小组	设计构想（35%）	设计效果（25%）	报告表述（25%）	分工合作情况（15%）	总分
1					
2					
3					
4					

注：考评满分100分，60分以下为不及格，60～69分为及格，70～79分为中，80～89分为良，90分及以上为优。

任务小结

本任务介绍了物流成本的概念、物流成本的构成与分类、物流成本的特征以及物流理论的相关学说。我国的物流成本大大高于发达国家，降低我国的物流成本，提升我国物流企业在国际上的竞争力已是当务之急。

复习思考题

1. 简述物流成本的含义。
2. 简述物流成本的构成。
3. 简述物流成本的特征。
4. 简述效益背反规律。
5. 解释物流“冰山”理论。

任务二 物流成本管理认知

一、物流成本管理认知

物流成本管理是对物流相关费用进行的计划、协调与控制。物流成本管理是通过成本去管理物流，即管理的对象是物流而不是成本。物流成本管理可以说是以成本为手段的物流管理方法。

二、物流成本管理的产生和发展

（一）物流成本管理的产生

物流管理起源于军事后勤。第二次世界大战中，美国海军基于巨额军用物资的调拨而首创物流管理，而后被美国陆军所推崇并实施运用。

第二次世界大战后，西方发达国家各大公司效益普遍下滑，这一方面是由于市场的激烈竞争，另一方面则是物价上涨，人工成本的提高，使利润率降低，企业在平均利润率的杠杆作用下，难以靠提高产品售价增加利润，要进一步降低产品生产成本也是困难重重，在这种情况下使得企业千方百计寻找降低成本的新途径，于是，物流管理便进入商业领域，称为继生产资料、劳动力后的第三利润源。

（二）物流成本管理的发展

物流的发展取决于社会经济和生产力的发展水平，也取决于科学技术发展的水平。

1. 国外物流成本发展情况（以日本为例说明） 日本的物流技术兴起于20世纪50年代，发展至今已形成了一套完整的体系，最具有代表性的学识观点有两种：一种是神奈川大学唐泽峰教授的四阶段理论。第一阶段：明确提出运算方法，从物流成本与销售金额比率角度进行管理的阶段，即定量地掌握物流费用的阶段；第二阶段：采用物流预算制度，可以对物流费用的差异进行分析的阶段；第三阶段：正式确定物流成本的基准值或标准值，使物流预算的提出或物流的管理有一个客观的、恰当的标准的阶段；第四阶段：使物流成本管理与财务会计在系统上连接起来，对物流成本进行成本模拟的阶段。另一种是菊池康野教授的五阶段理论。第一阶段：了解物流成本的实际状况；第二阶段：物流成本核算；第三阶段：物流成本管理；第四阶段：物流收益评估；第五阶段：物流盈亏分析。

2. 我国的物流成本管理发展情况 第一阶段："物流"概念引入阶段；第二阶段：20世纪80年代初期至90年代后期，1979年中国物资经济学会代表团参加了在日本举行的第三届国际物流会议，第一次把"物流"这一概念从日本介绍到国内；第三阶段：随着物流产业的发展，物流部门的独立化阶段；第四阶段：进入21世纪引入物流成本预算制度。

三、物流成本管理的目的和意义

（一）物流成本管理的目的

企业在进行物流成本管理时，首先要明确管理目的，有的放矢。一般情况下，企业物流成本管理的出发点是：①通过掌握物流成本现状，发现企业物流中存在的主要问题；②对各个物流相关部门进行比较和评价；③依据物流成本计算结果，制订物流规划、确立物流管理战略；④通过物流成本管理，发现降低物流成本的环节，强化总体物流管理。

（二）物流成本管理的意义

1. 从宏观的角度看 从宏观的角度看，降低物流成本的经济效益体现在以下3个方面：

（1）如果物流行业的工作效率普遍提高，物流费用平均水平降低到一个新的水平，那么，该行业在国际上的竞争力将会得到增强。

（2）如果物流行业的物流成本普遍下降，将会对产品的价格产生影响，导致物价相对下降，这有利于保持消费物价的稳定，提高国民的购买力水平。

（3）物流成本的下降，对于社会而言，意味着创造同等数量的财富，在物流领域所消耗的物化劳动和活劳动得到节约，资源得到节省。

2. 从企业微观的角度看 从企业微观的角度看，降低物流成本的经济效益主要体现在以下两点：

（1）由于降低了企业的生产经营总成本，在销售收入和其他成本及费用不变的情况下，企业的利润因此会得到增加。

从经济学角度看，企业产品的市场价格是由市场的供求关系决定的，但价格背后体现的还是产品的价值量，商品价值并不取决于个别企业的劳动时间，而是由物流行业平均必要劳动时间所决定。当某个企业的物流活动效率高于所属行业的平均物流活动效率，物流费用低于所属行业平均的物流费用水平的时候，该企业就有可能因此获得超额利润，物流成本的降低部分就转化为企业的"第三利润"；反之，企业的利润空间就会下降。正是这种与降低物流成本相关的超额利润的存在，而且具有较大的空间，导致企业积极关注物流领域的成本管理。

（2）降低物流成本后，企业在产品价格方面有优势，可以利用相对低的价格销售自己的产品，减少积压，从而提高产品在市场上的竞争力。

四、物流成本管理的内容

物流成本管理的内容包括物流成本预测、物流成本决策、物流成本预算、物流成本核算、物流成本控制、物流成本绩效评价。

（一）物流成本预测

物流成本预测是指依据物流成本与各种技术经济因素的依存关系，结合发展前景及采取的各种措施，利用一定的科学方法，对未来期间的物流成本水平及其变化趋势做出科学的推测和估计。

物流成本预测能使企业对未来的物流成本水平及其变化趋势做到“心中有数”，并能与物流成本分析一起为企业的物流成本决策提供科学的依据，以减少物流成本决策中的主观性和盲目性。

（二）物流成本决策

物流成本决策是指根据物流成本分析与物流成本预测所得的相关数据、结论及其他资料运用定性与定量的方法，选择最佳成本方案的过程。具体说来，就是以物流成本分析和预测的结果等为基础建立适当目标，拟定几种可以达到该目标的方案，根据成本效益进行评价，并从这几个方案中选出最优方案的过程。

（三）物流成本预算

物流成本预算是根据物流成本决策所确定的方案、预算期的物流任务、降低物流成本的要求以及有关资料，通过一定的程序，运用一定的方法，以货币形式规定预算期物流各环节耗费水平和成本水平，并提出保证成本预算顺利实现所采取的措施。

（四）物流成本核算

物流成本核算是根据企业确定的成本计算对象，采用相应的成本计算方法，按照规定的成本项目，通过一系列物流费用的汇集与分配，从而计算出各物流环节成本计算对象的实际总成本和单位成本。

（五）物流成本控制

物流成本控制是根据计划目标、预算目标在物流实际操作过程中对影响物流成本的各种因素和条件加以控制，保证实现物流成本计划的一种行为。按物流成本发生过程分为事前、事中和事后控制。

（六）物流成本绩效评价

企业物流绩效评价是指为达到降低企业物流成本的目的，运用特定的企业物流绩效评价指标、按照统一的物流评价标准，采取相应的评价模型和评价计算方法，对企业物流系统的投入和产效（产出和效益）所做出的客观、公正和准确的评判。对物流企业绩效评价进行研究，可以进一步丰富绩效评价理论，同时，绩效评价则是绩效管理的前提和基础。

物流绩效评价是对整个物流结构中特定过程进行的定量衡量，设计最佳的物流系统及其组成部分关键取决于进行绩效衡量的标准是什么。一个系统在这个标准下衡量很好，在另外一个标准下衡量就不一定好。我们的目标是要设计一个系统使它在多数选择的评价标准中都能满足要求或超过期望要求。物流评价标准随系统定义范围（各种功能领域，如生产、分配、运输、保管和供货商的选择等）、不同领域的物流功能要求、定量评价及定义系统的能力的不同而不同。因此，设计评价标准：第一步是对需要评价的系统进行定义；第二步是确定性能要求和系统的预期目标；第三步是确定定量评价性能要求的准则。理解各评价准则之间的关系也是很重要的，因为某一个或多个准则都可能影响另一评价准则的性能，例如，铁路上在按时送达货物方面的顾客服务取决于火车按时到达或离开的时间、车站的服务时间等。

五、物流成本管理的方法

更好地进行物流成本管理，需要掌握常用的物流成本管理方法，一般包括以下几种。

(一) 比较分析法

1. 计划与实际比较 将物流企业实际开支的物流费用与原来编制的物流预算进行比较，如果是超支了，分析一下超支的原因，挖掘企业物流管理中的问题，并及时采取措施，改进管理方法，以便降低物流成本。

2. 横向比较 把企业的采购物流、运输物流、仓储物流、流通加工物流、装卸搬运物流、配送物流、退货物流、废弃物物流等各环节物流费，分别计算出来，然后进行横向比较，看哪个环节发生的物流费用最多，找出薄弱环节，如果是运输物流费用最多或者异常多，再详查原因，跟进管理，降低薄弱环节成本支出。

3. 纵向比较 把企业历年的各项物流费用与当年的物流费用加以比较，如果超支，再分析一下超支原因，是可控的还是不可控的，假若增加的是可控的物流费，则立即纠正，避免恶性循环。

(二) 责任划分法

在物流企业里，分为采购部、运输部、仓储部、客服部、信息部等，当某一项物流费用过高，找出物流的责任究竟在哪个部门，是物流采购部门、客服部门还是运输部门。以采购物流为例，客户下达订单任务，在订单中标注果蔬需要要素，但是，有时候客户所要货品规格、重量写得比较模糊，或者不写，如果采购人员没及时与客户联系确认，则根据自己对订单的理解进行采购，导致采购的货品并不是客户所需要的。因此，出现退货并补货，从而加大物流成本的支出。这种浪费和损失，应由采购部门负责。分清类似的责任有利于控制物流总成本，防止产生任何附加价值的物流活动。

(三) 排除法

在物流成本管理中有一种方法称为活动标准管理。就是把物流相关的活动划分为两类，一类是有附加价值的活动，如出入库、包装、装卸等与货主直接相关的活动；另一类是非附加价值的活动，如开会、改变流程、维修机械设备等与货主没有直接关系的活动。其实，在商品流通过程中，如果能采用直达送货的话，则不必设立仓库或配送中心，实现零库存，等于避免了物流中的非附加价值活动。如果将上述非附加价值的活动加以排除或尽量减少，就能节约物流费用，达到物流管理的目的。

(四) 综合评价法

比如采用集装箱运输：①可以简化包装，节约包装费；②可以防雨、防晒，保证运输途中物品质量；③可以起仓库作用，防盗、防火。但是，如果包装由于简化而降低了包装强度，货物在仓库保管时则不能往高堆码，浪费库房空间，降低仓库保管能力。由于简化包装，可能还影响货物的装卸搬运效率等。那么，利用集装箱运输是好还是坏呢？就要用物流成本计算这一统一的尺度来综合评价。分别算出上述各环节物流活动的费用，经过全面分析后得出结论，这就是物流成本管理。即通过物流成本的综合效益研究分析，发现问题，解决问题，从而加强物流管理。

任务实训

物流企业现状分析

1. 实训背景资料 跟踪第三方物流企业，前往该地调研。

2. 实训目标 直观地了解物流成本的管理基本现状、存在的问题，掌握降低物流成本的途径。

3. 实训准备

（1）了解该物流公司成本构成项目、管理方法、重视程度。

（2）设计问卷调研提纲。

（3）班级同学分组，明确分工。

（4）根据具体情况，对企业物流成本的现状及问题进行总结概括，限期一周。

4. 实训步骤

（1）企业成本基本现状分析。

（2）物流成本管理存在总体问题。

（3）根据企业的实际情况，在教师和企业人员的指导下分组讨论降低物流成本途径。

5. 实训评价

小组	设计构想（35%）	设计效果（25%）	报告表述（25%）	分工合作情况（15%）	总分
1					
2					
3					
4					

注：考评满分 100 分，60 分以下为不及格，60～69 分为及格，70～79 分为中，80～89 分为良，90 分及以上为优。

任务小结

本任务介绍了物流成本管理的概念、物流成本管理的目的及内容、物流成本管理的方法。物流成本的管理不是某一环节的降低，而是优化各个环节流程，并进行有效的控制，从而降低物流企业总成本。

复习思考题

1. 简述物流成本管理的含义。
2. 简述物流成本管理的意义。
3. 简述物流成本管理的方法。
4. 简述物流成本管理的内容。

案例分析

沃尔玛成本控制案例分析

位居世界 500 强第一位的沃尔玛，是如何做到天天低价的？又是如何一步一步走向成功的？

沃尔玛的竞争优势就在于价格的优势，天天低价，不过，天天低价是价钱属性，不是产品、不是服务、不是环境，而是价格。沃尔玛有五项竞争能力，最为核心的是成本控制能力，其他的业态创新能力、快速扩张能力、财务运作能力和营销管理能力，都是围绕着成本控制能力来运行的，这五个能力最终都在不同的方面节省了沃尔玛的整个运营成本。

沃尔玛的成本控制能力最终来源于什么？应该来源于竞争资源，也就是说企业资源是围绕着控制成本进行运行的。沃尔玛有两种设备来保证成本控制，一个设备是配送中心，还有一个是信息系统。沃尔玛低成本业务流程都是围绕低成本运行形成一个业务流程，比如说低成本采购、批量采购、集中订货，这使它的成本大大下降了。由于采购价格降低以后，又有自己的配送系统，所以低成本对店铺进行配送，由于这种配送就使它形成了天天的低价格销售，由于实现了天天低价格的销售使它的销售量大大增加，销售量增加使得采购量增加，采购量的增加又回到低成本采购上，形成了业务流程低成本运行。

沃尔玛的配送中心在全球建立了 62 个，为 450 多家店铺进行配送，配送半径最远为 500 千米。沃尔玛大约 80 个店铺需要建立一个配送中心，10 万平方米的店铺面积一般有 1 万平方米左右的配送中心，配送中心有 6 个，比如有服装的配送中心、进口商品的配送中心、退货的配送中心等。在中国，沃尔玛的物质设备就是信息系统。沃尔玛的信息系统建设累计已经达到 7 亿美元了，很多扫描系统都是在全球零售业最早开始用的，不断进行信息系统的开发和建设，使沃尔玛总部在一个小时之内可以对全球的店铺库存和销售情况盘点一下，可以及时了解销售情况，也可以使得厂商了解自己的产品卖得如何，使商场和厂家的库存大大降低，利润增加，这两种物资设备都是围绕着成本控制进行的。

另外，沃尔玛是有独特的组织制度和文化的，不过这些制度和文化本质上是为控制成本服务的。沃尔玛的员工对顾客提倡的是忠于顾客。忠于顾客的内涵就是提供有价值的商品给顾客，忠于顾客的外延就是实行天天低价，为顾客节省每一分钱。这不仅仅是制度，而已经成为了沃尔玛的文化。沃尔玛在企业和员工间建立了伙伴关系。每一位员工都是沃尔玛的合伙人，是伙伴关系的外延，与员工共同分享，每个员工在退休或离开沃尔玛的时候会分享一部分利润分成，另外，也可以以比较低的价格买沃尔玛的股份。

思考题

1. 沃尔玛通过哪些途径进行成本控制？
2. 沃尔玛的成功启示是什么？

项目二 物流成本核算

项目导入

美国钢铁大王卡内基说过："密切注意成本，你就不用担心利润。"在他的一生中，从未为利润担心过，因为他最注重的就是节约成本，省却每一笔不必要的开支。卡内基在商海中纵横一生，他从来没有忘记节约，一辈子坚持最低成本原则。卡内基是一个有心人，他认识到这一方法是做生意的一条最基本的要诀，于是，在宾夕法尼亚州的7年中，他学习并熟练掌握了成本核算知识。在他后来从事钢铁业中，成本会计知识得到了最大限度的运用，他也因此获得了大量的利润。在生产中，他灵活地运用成本会计知识，处处以最低成本来衡量，使卡内基钢铁厂获得了不菲的利润，生产效应也得到了大大提高。他的工厂生产第一吨钢的成本是56美元，到1990年时降为11.5美元（这一年年利润为4 000万美元）。这一切都归功于他那"密切注意成本，就不用担心利润"的经营哲学。那么，作为未来物流人，你认为应该如何进行物流成本核算、控制物流成本呢？

知识目标

1. 了解物流成本核算的目的和程序
2. 了解物流成本核算原则
3. 确定物流成本核算对象

能力目标

1. 常用原始单据填写方法
2. 库存明细账登记方法
3. 成本核算方法

任务一 物流成本核算认知

一、物流成本核算的概念

物流成本核算是根据企业确定的成本计算对象，采用相应的成本计算方法，按照规定的成本项目，通过一系列物流费用的汇集与分配，从而计算出各物流环节成本计算对象的实际总成本和单位成本。

二、物流成本核算的原则

物流成本核算是物流会计核算的一项重要工作，面对物流成本核算复杂多变的特点，为了在特定经济环境下进行合理的账务处理，就必须做出必要的假设条件，这种假设也是物流成本核算原则确立的基本前提。

（一）物流成本核算的假设前提

1. 核算主体假设 核算主体假设之所以成为成本核算的基本前提之一，成本信息系统所处理的数据和提供的信息不是漫无边际的，而是严格限制在每一个特定的、在经营上或经济上具有独立性的单位之内。只有首先从空间上对成本核算工作的具体核算范围予以界定，各核算项目才有了空间归属，才能独立反映特定主体的财务状况、经营成果及其现金流量，企业的投资人、债权人以及企业管理人员才有可能从会计记录和会计报表中得到有意义的会计信息，从而做出决策，并管理、控制经济活动。如果主体不明确，资产和负债就难以界定，收入和费用也就无法衡量，以划清经济责任为准绳而建立的各种成本核算方法的应用便无从谈起。可见，成本核算主体假设作为开展会计工作的前提，其必要性和重要性是毋庸置疑的。

2. 持续经营假设 持续经营假设：如果不存在明显的反证，一般都认为物流企业将无限期地经营下去。持续经营假设，是指被审计单位在编制财务报表时，假定其经营活动在可预见的将来会继续下去，不会终止经营或破产清算，可以在正常的经营过程中变现资产、清偿债务，可预见的将来通常是指资产负债表日后，十二个月。

3. 核算分期假设 会计分期是指将一个物流企业持续经营的生产经营活动划分为一个个连续的、长短相同的期间，包括年度、半年度、季度、月度，从这里就可以看出它明确了会计核算的时间范围，会计分期的目的在于通过会计期间的划分，将持续经营的生产经营活动划分成连续、相等的期间，据以结算盈亏，按期上报财务报告，从而及时向财务报告使用者提供有关物流企业财务状况、经营成果和现金流量的信息。

4. 货币计量假设 货币计量假设是指当成本核算为持续经营的核算主体进行核算时，是以采用币值稳定的货币来综合计量为前提的。复式记账法的一个必备条件就是采纳统一的货币进行计量。因为只有货币才具备可加总性，才能够将各种经济活动综合地反映出来，货币作为价值尺度，是商品内在价值尺度中劳动时间的必然表现形式。

（二）物流成本核算的一般原则

1. 客观性原则 客观性原则是管理心理学研究的首要原则。因为人的心理现象是受外界条件制约的，是在各种实践活动中表现出来的。所以，我们只有在实践活动中，根据人们的所作所为，才能对他们的心理状态做出正确的判断。由于人们的行为和心理现象是复杂多样的，因此管理心理学的研究成果往往不像自然科学那样直观，容易运用数量分析处理，但不能否认它的客观性。近代心理学研究中运用统计学、电子技术仪器和电脑等，对社会心理现象的客观分析找出了一条科学的客观研究的途径。管理心理学也须采取相应的手段，保持研究的客观性。

2. 相关性原则 如果物流成本信息通过帮助使用者评估过去、现在或将来的事件，或者通过使用者过去的评价，而影响到使用者的决策，信息就具有相关性。

3. 一贯性原则 一贯性原则是要求物流企业采用的会计政策在前后各期保持一致，不得随意改变。如果确有必要变更，应当将变更的原因和变化的情况及其对会计单位财务状况和经营成果的影响，在财务报告中加以说明。在成本核算中，成本核算方法的变更，往往会导致不同会计期间成本、收入等指标口径的不一致，影响会计信息的可比性，最终影响到成本核算信息的价值。坚持一贯性原则，不仅能够提高成本核算信息的使用价值，而且可以制约和防止物流企业通过变更成本方法人为地操纵成本、费用和利润等指标的行为。

4. 可比性原则 物流企业的成本核算应当按照规定的成本核算方法进行，会计指标应当口径一致，相互可比。可比性主要包括不同物流企业会计指标的可比性和同一物流企业不同时期会计指标的可比性两个方面。不同物流企业会计指标的可比性，称为统一性；同一物流企业不同时期会计指标的可比性，则称为一贯性。统一性强调的是横向比较，一贯性强调的是纵向比较。

5. 及时性原则 及时性原则是指成本核算应当及时进行。成本核算信息除了必须保证其真实性、可靠性外，还应当保证信息的时效性。不及时的信息将使其有用性大打折扣，甚至毫无价值。因此成本核算中必须做到及时性、真实性、可靠性。

6. 权责发生制原则 即收入按现金收入及未来现金收入，按债权的发生来确认；费用按现金支出及未来现金支出，按债务的发生进行确认。而不是以现金的收入与支付来确认收入费用。按照权责发生制原则，凡是本期已经实现收入和已经发生或应当负担的费用，不论其款项是否已经收付，都应作为当期的收入和费用处理；凡是不属于当期的收入和费用，即使款项已经在当期收付，都不应作为当期的收入和费用。因此，权责发生制属于会计要素确认计量方面的要求，它解决收入和费用何时予以确认及确认多少的问题。

7. 历史成本原则 历史成本原则亦称原始成本或实际成本原则，指对成本项目的记录，应以经济业务发生时的取得成本为标准进行计量计价。按照成本项目的要求，资产的取得、耗费和转换都应按照取得资产时的实际支出进行计量计价和记录；负债的取得和偿还都按取得负债的实际支出进行计量计价和记录。资产减负债等于所有者权益自然也是历史成本计价的，有别于报表日的重置价值、变现价值和市价。

8. 重要性原则 简单的方法和程序进行核算，反之，当经济业务的发生对物流企业的财务状况和损益影响很大时，就应当严格按照规定的会计方法和程序进行核算。又比如，一笔经济业务的性质比较特殊，不单独反映就有可能遗漏一个重要事实，不利于所有者以及其他方面全面掌握这个物流企业的情况时，就应当严格进行成本核算，单独反映，提请注意；反之，就没有必要单独反映，重点提示。

9. 正确划分物流成本界限

（1）正确划分应计入物流成本和不应计入物流成本的费用界限。首先，非生产经营活动的耗费不能计入物流成本；其次，生产经营活动的成本应分为正常的成本和非正常的成本，只用正常的成本才能计入物流成本。

（2）正确划分资本性支出与收益性支出的费用界限。

（3）正确划分本期物流成本和前期或以后各期的物流成本的界限。

（4）正确划分不同成本对象的费用界限。

三、物流成本核算目的

物流成本核算的目的是要促进企业加强物流管理，提高管理水平，创新物流技术，提高物流效益。具体地说，物流成本核算的目的可以体现在以下几个方面：

(1) 通过对企业物流成本的全面计算，总体了解物流成本的基本情况，从而提高企业内部对物流成本的管理，强化降低物流成本的意识。

(2) 通过对物流各环节的活动进行成本计算，找出在各环节的超支费用项目中存在的问题，为物流成本控制决策提供依据。

(3) 按仓储部、运输部、采购部、客服部、信息部等分别计算各物流部门的责任成本，评价各物流部门的业绩。

(4) 通过对物流软硬件设施的成本计算，弄清其消耗情况，谋求提高设备效率、降低物流成本的途径。

(5) 通过对每个客户物流成本的分解核算，并进行 ABC 分类管理，为物流服务收费水平的制定以及有效的客户管理提供决策依据。

(6) 通过对各个成本项目分别计算，确定本期物流成本与上年同期成本的差异，是超支还是节约，并查明成本超支的原因，进行有效控制。

(7) 按照物流成本计算的口径计算本期物流实际成本，评价物流成本预算的执行情况，并进行差异分析。

四、物流成本核算的内容

企业物流的一切活动最终体现为经济活动，经济活动必然要求进行经济核算，计算成本、考核业绩。所以物流成本核算贯穿于企业整个物流活动的全过程。由于企业的物流活动包括采购、运输、仓储、装卸、搬运、包装、流通加工、配送和信息处理等多个环节，决定了企业物流成本核算必然包括如图 2－1 所示的内容。

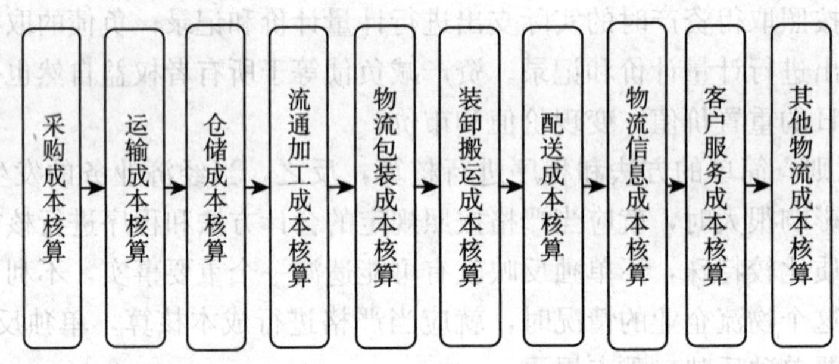

图 2－1　企业的物流活动

五、物流成本核算的程序

在成本核算中，按照物流涉及的采购、运输、收货和检验、装卸搬运、仓储保管、流通加工、信息处理、包装、订单管理、配送、回收以及企业内部生产活动中同时进行的物流活动、运输保管等环节的损失等，这些环节所涉及的人工、材料消耗、设备设施损耗、资金的占用成本和保险、税费等，从各会计科目中区分出来，进行核算，具体核算程序如下：

(一) 明确物流范围

物流范围是指物流的起点和终点的长短。如原材料物流从供应商转移到工厂时的物流，工厂内物流从原材料在企业的不同工序、不同环节的转移和存储，从工厂到仓库的物流，从仓库到客户的物流。

（二）明确物流功能范围

物流功能范围是指在运输、保管、配送、包装、装卸、信息管理等众多的物流功能中，把哪种物流功能作为计算对象。

（三）审核原始记录

为了正确地反映和监督各项经济业务，确保原始资料真实、正确和合法，必须对原始凭证进行严格认真的审核。原始凭证审核的内容包括以下 4 个方面：①原始凭证的合规性；②原始凭证的真实性；③原始凭证的完整性；④原始凭证的准确性。

（四）确定成本计算对象

所谓成本计算对象，就是费用归集的对象，或者说成本归属的对象。成本计算的对象就是各种耗费的受益物，也就是耗费各种投入品后形成的产出物，是物流活动取得的直接成果。如物流企业以物流成本项目、物流活动范围和客户作为物流成本核算对象。

（五）确定成本项目

为了比较全面、系统地反映产品的物流成本耗费情况，使成本计算能提供比较丰富的信息，在计算物流成本时，不仅要计算物流的总成本和单位成本，而且要对总成本按项目分类，以反映物流成本的组成和结构。这样，便于我们对成本进行控制，也便于我们分析物流运营的经济效益问题和对各部门进行考核评价。在计算物流成本时，一般把成本分为材料费、人工费、燃料费、办公费、维护费、利息费、折旧费等。有的企业规模比较大，生产过程比较复杂，成本项目分得比较细。

（六）处理跨期费用的摊提工作

会计准则修订前设置待摊费用账户的目的是：按权责发生制原则，严格划分费用的受益期间，正确计算各个会计期间的成本和盈亏，换句话说就是"谁受益，谁负担费用"。新会计准则取消了待摊费用科目，在准则和准则指南中都没有说明跨期摊提费用怎么进行账务处理。

（七）进行成本归集和分配

正确的成本归集是保证成本计算质量的关键。要做到成本归集的正确，一是费用划分要正确，如果费用划分错误，则成本计算就不可能正确；二是汇总要按一定的程序进行，如果汇总程序搞乱了，就会发生费用漏记或重记的情况，影响成本计算的正确性。

成本分配的原则是"谁耗费，谁负担"，或者是"谁受益，谁负担"。但是，要对费用进行精确的分配是比较困难的，要对一定对象所发生的成本消耗（受益）情况进行准确的计量，同样是比较困难的。在对费用进行具体分配时，一般是选择一定的标准来进行分配。例如，材料费用一般可以按产品的重量、体积或定额消耗量进行分配，人工费用可以按工时进行分配等。这样就能够比较真实地反映一定对象所实际发生的消耗情况。另外，某一种标准一旦被选定，不要轻易变更，否则就违反了一致性原则。因为分配标准的不同，也会人为地造成计算出来的成本不一样。

（八）设置和登记成本明细账

根据物流企业的实际业务情况设置总账（按照会计科目表的顺序设置）；然后根据总账设置明细账、现金日记账、银行存款日记账，同时进行平行登记。

六、物流成本核算对象

物流成本计算对象主要以物流成本项目、物流活动范围和客户作为物流成本核算对象。

1. 以物流成本项目（物流成本支付形态）为成本计算对象

（1）自营物流成本。自营物流成本包括材料费、人工费、燃料费、办公费、维护费、利息费、折旧费等；以支付形态表现的物流成本是企业物流成本发生的最原始状态，将上述形式多样的支付形态分为材料费、人工费、维护费、一般经费和特别经费。

（2）委托物流成本。委托物流成本包括对外支付的包装费、保管费、装卸费等。

2. 以物流活动项目为成本计算对象

（1）物流功能成本。运输成本、仓储成本、包装成本、装卸搬运成本、流通加工成本、物流信息成本、物流管理成本等。

（2）存货相关成本。流动资金占用成本、风险成本、保险成本等。

3. 以客户作为成本核算对象　针对物流企业，可掌握为不同客户提供服务所发生的成本支出。为加强客户管理，制定有竞争力且有盈利性的收费价格，对不同客户确定差别性的物流水平提供决策依据，如表 2－1 所示。

表 2－1　以服务客户为成本核算的物流成本汇总信息

成本项目		A客户	B客户	C客户	D客户	E客户	…	备注
企业内部物流成本	材料费							
	人工费							
	维修费							
	水电费							
	⋮							
	其他							
委托费用								
合计								

对于大客户，可以独立设置账户核算其物流成本；对小客户，可先对这些客户进行分类（如按产品分类或按服务水平分类等），统一核算物流成本，然后安装分类的属性再将成本分摊给这些客户。

4. 以产品作为成本计算对象　以产品作为成本计算对象针对货主企业，区别各产品的物流成本开支，重点管理通过各产品成本比较，明确目标产品成本改进取向较为复杂，涉及间接成本在不同产品间的分配。

5. 以物流范围为成本计算对象　以物流范围为成本计算对象容易计算物流成本总额，了解各范围全貌，并据此比较分析。

6. 以物流部门为成本计算对象　以物流部门为成本计算对象利于加强责任中心管理，利于开展责任成本管理方法和部门绩效考核。

7. 以地区为成本计算对象　针对该地区的供应和销售的物流成本，了解各地区的物流成本开支，重点管理；对销售或物流网络广的企业，是进行物流成本日常控制、地区负责人绩效考核以及其他物流系统优化决策的有效依据，计算物流成本总额，了解各范围全貌，并据此比较分析。

任务实训

物流成本核算

1. 实训背景资料 跟踪第三方物流企业，前往该地调研。

2. 实训目标 直观地了解物流成本核算程序。

3. 实训准备

（1）了解该物流公司物流成本核算原则、核算程序、核算内容。

（2）设计问卷调研提纲。

（3）班级同学分组，明确分工。

（4）根据具体情况，对企业物流成本核算程序、内容进行总结概括，限期一周。

4. 实训步骤

（1）描述物流企业成本核算的基本情况。

（2）核算内容、核算对象。

（3）根据企业的实际情况，在教师和企业人员的指导下分组讨论物流成本核算存在问题，并提出改进建议。

5. 实训评价

小组	设计构想（35%）	设计效果（25%）	报告表述（25%）	分工合作情况（15%）	总分
1					
2					
3					
4					

注：考评满分 100 分，60 分以下为不及格，60～69 分为及格，70～79 分为中，80～89 分为良，90 分及以上为优。

任务小结

本任务介绍了物流成本核算的概念、物流成本核算的目的、物流成本核算的原则、核算程序、核算的内容，通过成本核算，及时反应物流企业的财务状况和经营成果，为物流企业经营决策提供依据。

复习思考题

1. 简述物流成本核算的目的。
2. 简述物流成本核算应遵循的原则。
3. 简述物流成本核算基本程序。
4. 简述物流成本核算的内容。
5. 简述我国物流成本核算存在的问题及改进建议。

任务二　物流成本核算方法

常用的物流成本核算方法有 3 种，包括会计方法的物流成本计算、统计方法的物流成本计算、会计和统计相结合的物流成本计算。

一、会计方法的物流成本计算

会计核算方法下的物流成本计算就是建立与物流成本相关的原始凭证、记账凭证、账簿、报表对物流活动发生的各种耗费进行连续、系统、全面地记账、算账、报账。

（一）会计方法的物流成本核算的基础理论

1. 会计要素　会计要素是组成会计报表的基本单位，是对会计对象进行的基本分类，是会计核算对象的具体化，《企业会计准则》规定会计要素包括：资产、负债、所有者权益、收入、费用、利润 6 个方面。

（1）资产。资产是指企业过去的交易或者事项形成的，由企业拥有或者控制的，预期会给企业带来经济利益的资源。资产可以分为流动资产和非流动资产。其中，流动资产是指可以在 1 年或者超过 1 年的一个营业周期内变现或者耗用的资产，主要包括库存现金、银行存款、应收及预付款项、存货等；非流动资产是指在 1 年或者超过 1 年的一个营业周期以上才能变现或者耗用的资产，主要包括长期股权投资、固定资产、无形资产等。

（2）负债。负债是指企业过去的交易或者事项形成的，预期会导致经济利益流出企业的现时义务。负债可以分为流动负债和非流动负债。其中，流动负债是指将在 1 年（含 1 年）或者超过 1 年的一个营业周期内偿还的债务，包括短期借款、应付及预收款项、预提费用等；非流动负债是指偿还期在 1 年或者超过 1 年的一个营业周期以上的债务，包括长期借款、应付债券、长期应付款等。

（3）所有者权益。所有者权益是指企业资产扣除负债后，由所有者享有的剩余权益。所有者权益的来源包括所有者投入的资本、直接计入所有者权益的利得和损失、留存收益等，通常由股本（或实收资本）、资本公积（含股本溢价或资本溢价、其他资本公积）、盈余公积和未分配利润构成。

（4）收入。收入是指企业在日常活动中形成的，会导致所有者权益增加的、与所有者投入资本无关的经济利益的总流入。因此，收入是会计活动带来的结果。按照企业从事日常活动的性质，可以将收入分为销售商品收入、提供劳务收入、让渡资产使用权收入、建造合同收入等；按照企业从事日常活动在企业的重要性，可将收入分为主营业务收入、其他业务收入等。

（5）费用。费用是指企业在日常活动中形成的，会导致所有者权益减少的、与向所有者分配利润无关的经济利益的总流出。费用是企业为获得收入而付出的相应“代价”。

（6）利润。利润是指企业在一定会计期间的经营成果。包括收入减去费用后的余额、直接记录当期利润的利得和损失。如果企业实现了利润，表明企业的所有者权益将增加，业绩得到了提升；反之，如果企业发生了亏损（即利润为负数），表明企业的所有者权益将减少，业绩下滑了。从数值上看，利润就是收入（包括利得）减去费用（包括损失）之后的净额。其中，收入减去费用后的净额反映的是企业日常活动的经营业绩，直接计入当期利润的利得和损失反映的是企业非日常活动的业绩。收入－费用＋利得－损失＝利润。

2. 会计账户 对会计要素的具体内容进行分类记录是通过设置“账户”进行的。所谓账户，就是指对会计要素的具体内容所做的科学的分类，例如，在企业拥有或控制的资产中，有现金、原材料、固定资产等具体项目，就必须相应地设置“现金”“原材料”“固定资产”等资产类账户；在企业的负债中，有短期借款和长期借款等具体项目，就必须相应地设置“短期借款”“长期借款”等负债类账户；在企业的所有者权益中，有实收资本、盈余公积等具体项目，就必须相应地设置“实收资本”“盈余公积”等所有者权益类账户。账户的名称，也称为会计科目，它是对会计要素的进一步分类。在会计制度中，对会计科目及核算内容均有具体规定和解释，账户结构如图 2-2 所示。

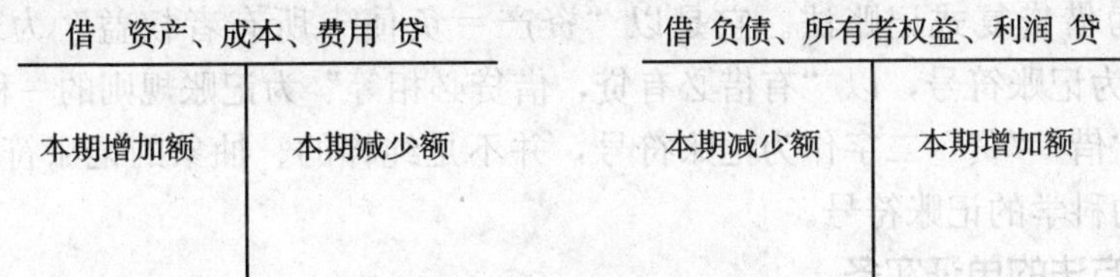

图 2-2 账户结构

对于资产、成本、费用类账户，本期发生额增加时应记在账户的“借方”，本期发生额减少时应记在账户的“贷方”，如果有余额时，一般情况在账户的“借方”；对于负债、所有者权益、利润类账户，本期发生额增加时应记在账户的“贷方”，本期发生额减少时应记在账户的“借方”，如果有余额时，一般情况在账户的“贷方”。如本年利润，期末余额在借方，表示亏损，期末余额在贷方，表示盈利。

3. 会计科目 会计科目是按照经济业务的内容和经济管理的要求，对会计要素的具体内容进行分类核算的科目，称为会计科目。会计科目按其所提供信息的详细程度及其统驭关系不同，又分为总分类科目（一级科目）、二级分类科目、三级分类科目。总分类科目是对会计要素具体内容进行总括分类，提供总括信息的会计科目，如“自营物流成本”“委托物流成本”等科目，后者是对总分类科目做进一步分类、提供更详细更具体会计信息科目，如“自营物流成本”科目按成本项目分类设置明细科目，反映自营物流成本具体对象。例如，物流成本（一级科目）——运输成本（二级科目）——燃油费（三级科目），如表 2-2 所示。

表 2-2 会计科目表

一级科目	二级科目	三级科目	备 注
自营物流成本	仓储成本	折旧费、人力费、管理费、维护费、保险费、税费及利息、其他库存费用等	从入库到出库发生的各项费用
	运输成本	燃油费、人工费、折旧费、轮胎费、保险费、设备维修费、其他运输相关费用等	运输过程发生的各项费用
	物流管理成本	管理人员工资、办公费、差旅费、交通费、会议费、招待费、培训费、其他费用等	为组织管理物流活动而发生的各项费用
	物流信息成本	信息维护费用、数据传递费用、数据打印费用等	由于物流信息活动发生的各种费用
	包装成本	人工费用、包装材料费、设备折旧费用等	自营包装费用开支，耗用动力费用进行分摊，结转到包装费用

（续）

一级科目	二级科目	三级科目	备注
委托物流成本	仓储成本、运输成本、包装成本流通加工成本		按外包成本项目具体列支

4. 借贷记账法 借贷记账法是以“借”“贷”为记账符号，对每项经济业务都以相等的金额在两个或两个以上有关账户进行记录的一种复式记账法。借贷记账法是复式记账法的一种，通常全称为借贷复式记账法。它是以“资产＝负债＋所有者权益”为理论依据，以“借”和“贷”为记账符号，以“有借必有贷，借贷必相等”为记账规则的一种复式记账法。借贷记账法以“借”“贷”二字作为记账符号，并不是纯粹的、抽象的记账符号，而是具有深刻经济内涵的科学的记账符号。

（二）会计方法的单证实务

1. 常用原始凭证的填写 原始凭证是交易或事项发生时取得或填制的凭证；是证明交易或事项的发生和完成情况；是会计核算的原始资料和主要依据。

（1）支票的填写。如图 2－3 所示为一张转账支票票样，出票日期大写数字写法如下：零、壹、贰、叁、肆、伍、陆、柒、捌、玖、拾。例如，2006 年 2 月 13 日：贰零零陆年零贰月壹拾叁日。金额需变大小写。325.20 叁佰贰拾伍元贰角，角字后面可加“正”字，但不能写“零分”，比较特殊。人民币小写写法如下：最高金额的前一位空白格用“￥”字头打掉，数字填写要求完整清楚。用途写法如下：现金支票有一定限制，一般填写“备用金”“差旅费”“工资”“劳务费”等。转账支票没有具体规定，可填写如“货款”“代理费”等。现金支票收款人可写收款人个人姓名，此时现金支票背面不盖任何章，收款人在现金支票背面填上身份证号码和发证机关名称，凭身份证和现金支票签字领款；转账支票收款人应填写对方单位名称。转账支票背面本单位不盖章。收款单位取得转账支票后，在支票背面背书栏内加盖收款单位财务专用章和法人章，填写好银行进账单后连同该支票交给收款单位的开户银行委托银行收款。

注意事项：支票正面不能有涂改痕迹，否则本支票作废；受票人如果发现支票填写不全，可以补记，但不能涂改；支票的有效期为 10 天，日期首尾算一天。节假日顺延；支票见票即付，不记名（丢了支票尤其是现金支票可能就是票面金额数目的钱丢了，银行不承担责任。现金支票一般要素填写齐全，假如支票未被冒领，在开户银行挂失；转账支票假如支票要素填写齐全，在开户银行挂失，假如要素填写不齐，到票据交换中心挂失）；出票单位现金支票背面有印章盖模糊了，可把模糊印章打叉，重新再盖一次；收款单位转账支票背面印章盖模糊了（此时票据法规定是不能以重新盖章方法来补救的），收款单位可带转账支票及银行进账单到出票单位的开户银行去办理收款手续（不用付手续费），俗称“倒打”，这样就免去到出票单位重新开支票了。

（2）常用发票填写。实际工作中，对发票的开具有严格的要求，即必须在发生经济业务并确认营业收入时，才能开具发票；没有发生经济业务的，一律不得开具发票；单位和个人不得转借、转让发票，更不得给他人代开发票；单位和个人未经税务机关批准，不得拆本使用发票；单位和个人不得自行扩大专用发票的使用范围。

交通银行
转账支票存根
30101130
00805630
附加信息
出票日期 2011 年 06 月 23 日
收款人：中国良能科技集团股份有限公司
金额：¥23568.00
用途：货款
单位主管 会计

交通银行 转账支票
30101130
00805630
出票日期（大写）贰零壹壹 年 零陆 月 贰拾叁 日
付款行名称：北京东单支行
收款人：中国良能科技集团股份有限公司
出票人账号：110060194018010050315
人民币（大写）贰万叁仟伍佰陆拾捌元整
¥2356800
用途 货款
密码 1234 5678 9012 3456
上列款项请从
行号 301100000031
我账户内支付
出票人签章
复核 记账
付款期限自出票之日起十天

图 2-3 转账支票

在实际填写发票时，应当按照规定的时限、顺序，逐栏、全部联次一次性如实填开，即必须做到按号码顺序填开。填写项目要齐全，内容要真实，字迹清楚，全部联次一次复写、打印，内容要完全一致。不得涂抹刮擦，否则不予报销。同时，在发票联或抵扣联加盖单位财务印章或发票专用章（图 2-4）。

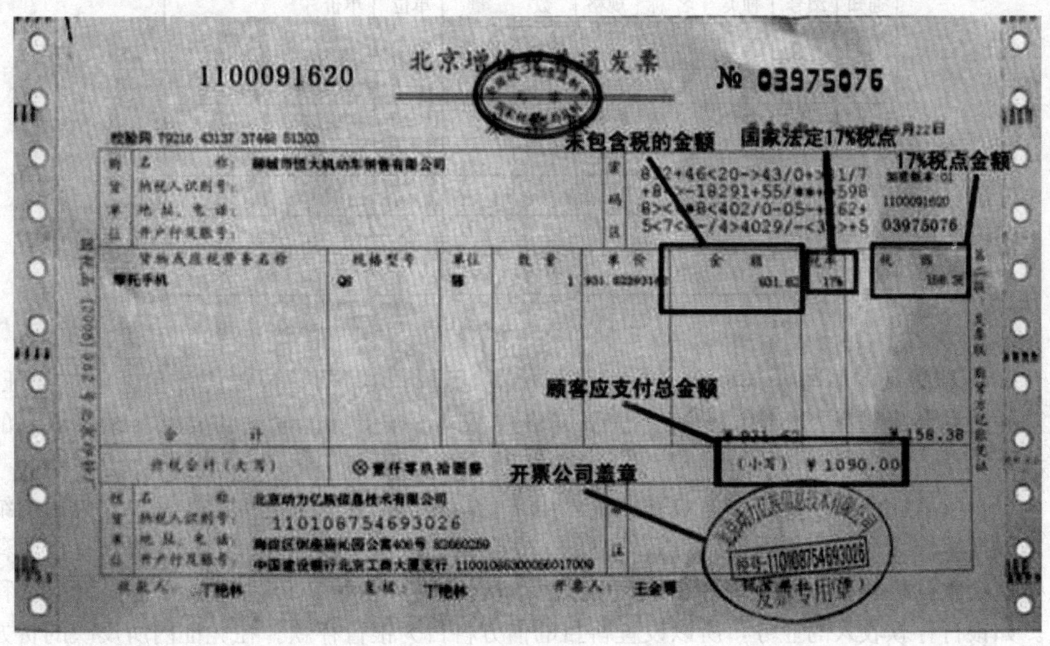

北京增值税普通发票
1100091620
№ 03975076
货物或应税劳务名称：摩托手机
数量：1
金额：931.62
税率：17%
税额：158.38
合计 ¥931.62 ¥158.38
价税合计（大写）壹仟零玖拾圆整 （小写）¥1090.00
销货单位 名称：北京动力亿族信息技术有限公司
纳税人识别号：110108754693026
收款人：丁艳林 复核：丁艳林 开票人：王金珊

图 2-4 增值税普通发票

（3）出入库单的填写。出入库单填写并没有规定一页就写一项。一页可以填写多项内容；如果购进货物已经验收入库，但发票未到，这种情况，可以按货物数量填写入库单，按估价填写金额；或者在月末发票到后，再补记单价、金额；如果发出（领用）的货物发票未到，可以按暂估价出库，或在月末发票到时，再按发票单价、金额填写，出、入库单如图 2-5、图 2-6 所示。

出库单

收货单位：　　　　　　　　　　　　　　　　　　　　　　　　年　　月　　日

编 号	种 类	品 名	规 格	型号	数量	单位	单 价	成本总额
备 注						合 计		
负责人：		记账：		收货人：			填单：	

图 2-5　出库单

入库单

入库部门：　　　　　　　　　　　　　　　　　　　　　　　　年　　月　　日

通知单号	编号	种类	名 称	规格	数　量		单位	单价	成 本 总 额
					应收	实收			
备注：							合　计		
负责人：		记账：			验收：		填单：		

图 2-6　入库单

2. 记账凭证的填写　记账凭证是根据原始凭证进行填写的，记账凭证包括收款凭证、付款凭证和转账凭证，不同的记账方法下其格式不同，按借贷记账法的要求介绍其填制的方法。

（1）收款凭证的填制方法。收款凭证是用来记录货币资金收款业务的凭证，它是由出纳人员根据审核无误的原始凭证收款后填制的。在借贷记账法下收款凭证的设置科目是借方科目，这个收款科目在收款凭证左上方，我们所填列的借方科目应该是现金或是银行存款科目。如银行存款收入的业务，所以设置科目的借方科目为银行存款。在凭证内所反映的贷方科目应填列现金或银行存款的相对应的科目。金额栏内填列经济业务实际发生的数额。收款凭证有关的主要内容填列完毕之后，出纳人员还应该在凭证的右侧填写后面所附的原始凭证的张数，并在出纳及制单处签名、盖章。其他会计人员也应在相应的栏目内填写自己的姓名或者盖章，收款凭证如图 2-7 所示。

（2）付款凭证的填制方法。付款凭证是用来记录货币资金付款业务的凭证，它是由出纳人员根据审核无误的原始凭证付款后填制的。在借贷记账法下，付款凭证的设置科目是贷方科目。在付款凭证左上方所填列的贷方科目就是设置的科目，应填列与现金或银行存款相对应的科目。凭证的主要部分填写完毕之后，应在凭证的右侧填写所附原始凭证的张数，并在

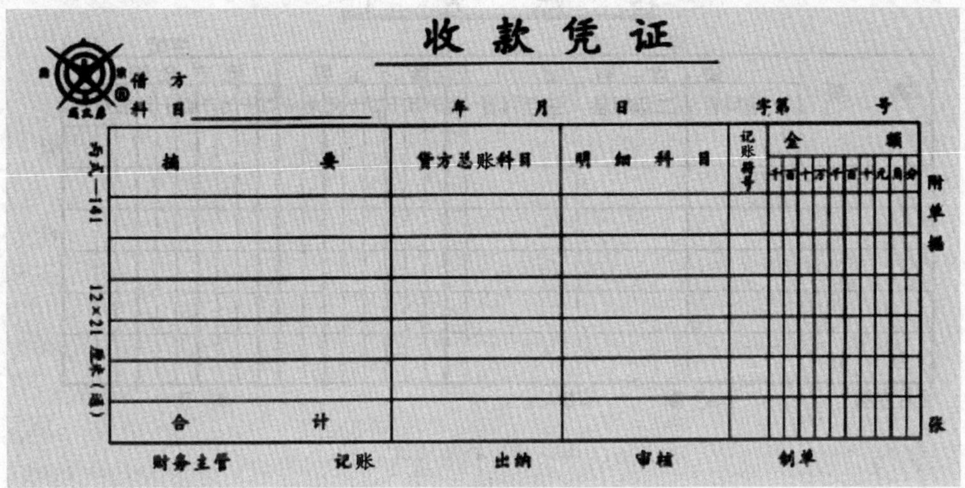

收款凭证

借方科目＿＿＿＿＿＿　　年　月　日　　字第　号

摘要	贷方总账科目	明细科目	记账符号	金额									
				千	百	十	万	千	百	十	元	角	分
合计													

附单据　张

丙式—141　12×21 厘米(通)

财务主管　记账　出纳　审核　制单

图 2-7　收款凭证

出纳及制单处签名或者盖章，其他会计也应在相对应的栏目鉴上自己的名字或者盖章，付款凭证如图 2-8 所示。

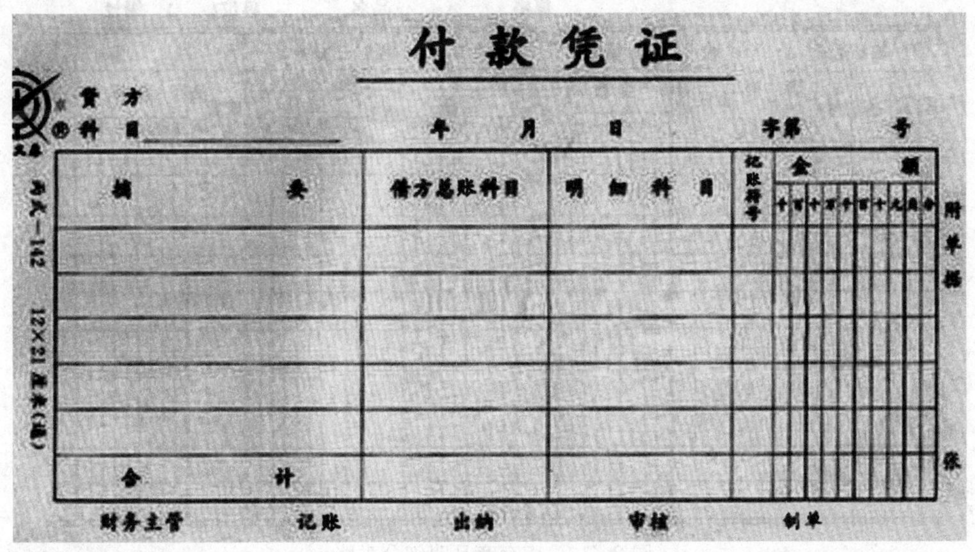

付款凭证

贷方科目＿＿＿＿＿＿　　年　月　日　　字第　号

摘要	借方总账科目	明细科目	记账符号	金额									
				千	百	十	万	千	百	十	元	角	分
合计													

附单据　张

丙式—142　12×21 厘米(通)

财务主管　记账　出纳　审核　制单

图 2-8　付款凭证

（3）转账凭证的填制方法。转账凭证是以记录与货币资金收付无关的转账业务的凭证。它是由会计人员根据审核无误的转账业务原始凭证填制的。在借贷记账法下，填制转账凭证，是将经济科目所涉及的会计科目全部填列在凭证内。借方科目在先，贷方科目在后，将各会计科目所计应借应贷的金额填列在借方金额或贷方金额栏内。借方、贷方金额合计数应该相等，转账凭证如图 2-9 所示。

3. 库存明细账的填写　库存明细账是根据出入库单和记账凭证对库存商品的出库和入库情况进行登记数量、单价、金额，但是在实际工作中，由于品种较多，为减少工作量，平时只记数量，不记单价、金额，所以每日需要计算出结存数，并根据结存数进行盘点，确保

转 账 凭 证

年 月 日 字第 号

摘要	会计科目			借方金额	贷方金额	记账
	一级科目	二级科目	三级科目	百十万千百十元角分	百十万千百十元角分	
合计						

附件

会计主管 记账 审核 制表

图 2-9 转账凭证

账实相符（图 2-10）。

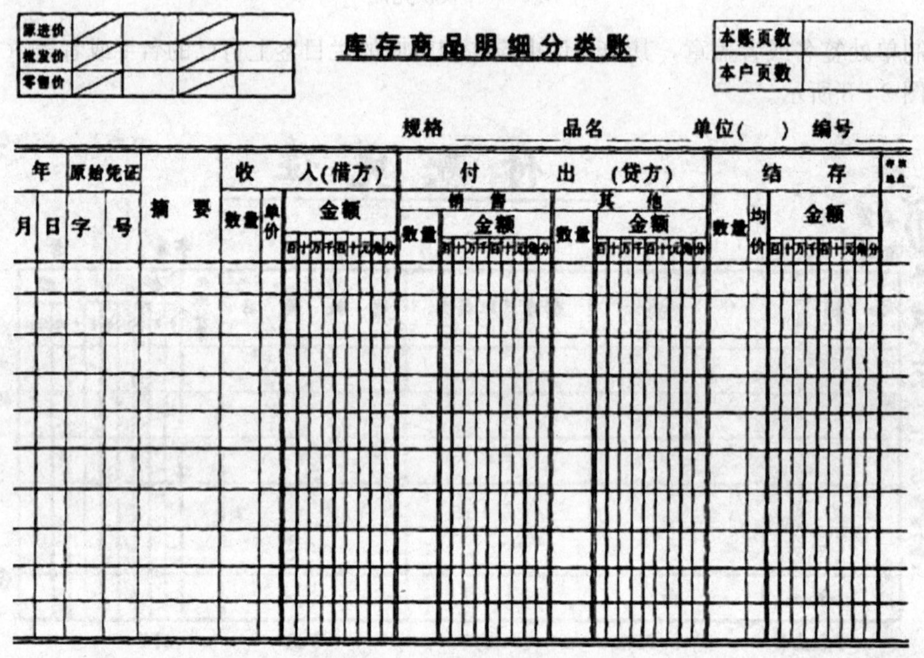

原进价		
批发价		
零售价		

库存商品明细分类账

本账页数	
本户页数	

规格 品名 单位（ ） 编号

年		原始凭证		摘要	收入（借方）			付出（贷方）				结存			存放地点
								销售		其他					
月	日	字	号		数量	单价	金额	数量	金额	数量	金额	数量	均价	金额	

图 2-10 库存商品明细分类账

（三）错账的更正方法

1. 划线更正法 划线更正法又称红线更正法。将错误的文字或数字用一条红色横线全部予以注销，在划线文字或数字的上方用蓝字将正确的文字或数字填写在同一行的上方位置，并由更正人员在更正处签章。适用范围：在每月结账前，发现账簿记录中的文字或数字有错误，而其所依据的记账凭证没有错误，即纯属记账时笔误或计算错误。

2. 红字更正法 红字更正法又称红字冲销法。它是用红字冲销原有记录后再予以更正的方法，主要适用于以下两种情况：

（1）根据记账凭证记账以后，发现记账凭证中的应借、应贷会计科目或记账方向有错误，而账簿记录与记账凭证是相吻合的。①首先用红字金额填制一张与原错误记账凭证内容完全一致的记账凭证；②并据以用红字登记入账，以冲销原错误记录；③再用蓝字填制一张正确的记账凭证；④并据以用蓝字登记入账。

（2）根据记账凭证记账以后，发现记账凭证中应借、应贷会计科目和记账方向都正确，只是所记金额大于应记金额并据以登记账簿。①将多记的金额用红字填制一张与原错误记账凭证的会计科目、记账方向相同的记账凭证；②并据以用红字登记入账，以冲销多记金额，求得正确的金额。不得以蓝字金额填制与原错误记账凭证记账方向相反的记账凭证去冲销原错误记录或错误金额，因为蓝字记账凭证反方向记录的会计分录反映某类经济业务，而不能反映更正错账的内容。

3. 补充登记法 补充登记法也称蓝字补记法。将少记金额用蓝字填制一张与原错误记账凭证科目名称和方向一致的记账凭证，并用蓝字据以登记入账，以补足少记的金额。适用范围：记账以后，发现记账凭证中应借、应贷会计科目和记账方向都正确，只是所记金额小于应记金额。对于上述错账更正时需要编制的记账凭证，其摘要内容应填写“更正某字某号记账凭证”字样，而不应再填写原内容。

（四）会计方法的物流成本核算方法

会计核算方法下的物流成本核算方法分为两种：独立的物流成本核算模式、结合财务会计体系的物流成本核算模式。

1. 独立的物流成本核算模式 物流成本核算与财务会计核算体系分开，单独建立物流成本的凭证、账户和报表体系。物流成本的内容在物流成本核算体系和会计核算体系中得到双重反映。对每项物流业务，基层编制一式两份记账凭证，一份原始凭证交财务，一份留基层，流程如图 2－11 所示。

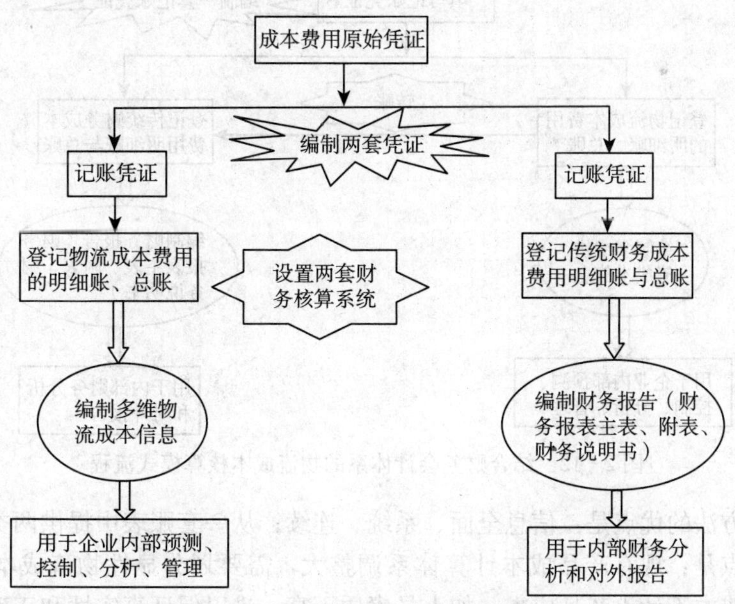

图 2－11 独立的物流成本核算模式流程

采用这种方法优点：信息系统、全面、连续、准确、真实；两套体系独立进行，对现行成本计算干扰不大。缺点：工作量大，易引起核算人员不满；基层人员财务核算知识缺乏，影响准确性。

2. 结合财务会计体系的物流成本核算模式　在生产企业的产品成本计算的基础上增设“物流成本”科目，并按物流领域、物流功能分别设置二级、三级明细账，按费用形态设置专栏。与物流成本无关的费用直接计入会计核算中相关的成本费用科目；与物流成本相关，则先计入“物流成本”科目，会计期末，再将各物流成本账户归集的物流成本余额按一定的标准还原分配到相关的成本费用账户，以保证成本费用账户的完整性和真实性，物流成本核算模式流程见图 2-12。

例如，在物流费用发生时：

借：物流成本——××

　贷：材料

　　　应付职工薪酬

　　　库存现金

会计期末：

借：管理费用

　　营业费用

　　制造费用

　　生产成本

　贷：物流成本

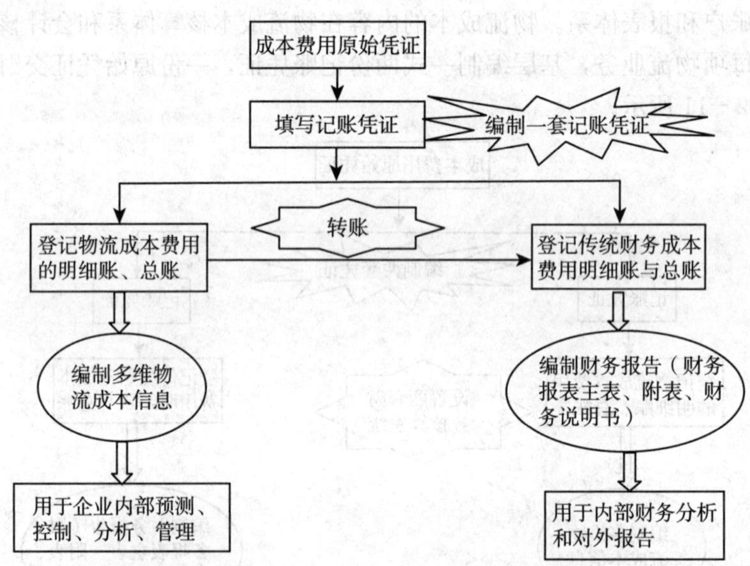

图 2-12　结合财务会计体系的物流成本核算模式流程

采用这种方法的优点是：信息全面、系统、连续；从一套账表中提供两类不同信息，减少工作量。缺点是：现有产品成本计算体系调整大，需要划分显性物流成本和隐性物流成本，隐性物流成本不计入产品成本。如人员素质不高，难以保证真实性和正确性，管理成本都要与产品成本结合，难以再结合物流成本。

二、统计方法的物流成本核算

采用统计方法计算物流成本，一般不要求完整的凭证、账簿和报表核算体系，主要通过对企业现行成本核算资料的解剖分析，从中分离出物流耗费部分，再加上一部分现行成本核算没有包括进去但要归入物流成本的费用，如物流利息、外企业支付物流费等，然后再按物流管理要求对上述费用重新归类、分配、汇总，加工成物流管理所需要的成本信息。

（一）统计分析（表 2－3）

表 2－3　统计分析过程

成本项目名称	统计分析过程
材料费	（1）材料购进成本包括材料买价、运费、保险费、税费 （2）直接材料消耗成本＝各种材料的实际耗用量×实际购进价格 （3）材料实际消耗量＝应计入物流成本期末统计的材料耗用数量 （4）如果材料耗用单据无法统计则根据实盘数确定：本期耗用量＝期初结存＋本期购进－期末结存
人工费	（1）职工薪酬总额＝支付给从事物流业务人员报酬总额 （2）职工劳动保护费、保险费、福利费、培训教育费 （3）不能直接计入的人工费用，可按工时或员工数量比例分摊计入物流成本中
维护费	（1）根据实际发生额计算，包括租赁费、保险费按月分摊 （2）按业务量或物流设施直接计算维护费，不能直接计算的，可根据建筑面积或设备使用时间分摊 （3）折旧费用通常采用平均年限法计算：折旧额＝（固定资产原值－净残值）/使用年限
一般经费	（1）能明确用于物流业务的差旅费、交通费、会议费、书报资料费等，直接计入 （2）不能直接计入的，可按职工人数或设备比例分摊并计入该项目
特别经费	（1）资金占用费、物品损耗费、存货保险费、税费 （2）存货资金占用的利息费用 （3）其他费用根据实际发生额，与物流有关的直接计入成本项目
委托物流成本	根据本期实际发生额计算，通常包括托运费、市内运输费、包装费、装卸费、保管费和出入库费、委托流通加工费等对外支付的费用

（二）基本步骤

（1）通过材料采购、销售费用、管理费用账户的分析，从材料采购账户中抽出供应物流成本外地运输成本，从销售费用账户中抽出市内运输费用部分，从管理费用账户中抽出仓库的折旧、修理费、保管人员工资。

（2）从生产成本、制造费用、管理费用等账户中抽出流通加工的物流成本。

（3）从销售费用中抽出销售物流成本部分。

（4）委托外包支付的物流费用部分。委托物流费用的计算比较简单，他等于企业对外支付的物流费用。

（5）物流利息的确定可按企业物流作业所用资产资金占用额乘以内部利率进行计算。

（6）从管理费用中抽出退货物流费用。

（7）废弃物流成本数额较小时，可以不单独抽出，而是并入其他物流费用。

在计算物流成本时总的原则是单独为物流作业所耗费的费用直接计入物流成本，间接为物流作业所耗费的费用，以及物流作业与非物流作业共同耗费的费用，按一定比例（如从事物流作业人员比例、物流工作量比例、物流作业所占资金比例等）进行分配计算。

（三）统计方式的物流成本报告

从财会核算的全部成本费用项目中抽取包含物流成本的项目（费用要素），如表 2-4、表 2-5 所示。

表 2-4 物流成本的项目计算表

费用要素	主营业务成本	其他业务成本	营业费用	管理费用	财务费用	合计
工资						
材料费						
折旧费用						
燃料动力费						
利息支出						
税费						
其他费用						
合计						

表 2-5 物流成本功能要素的计算表

功能要素	主营业务成本	其他业务成本	营业费用	管理费用	财务费用	合计
运输成本						
库存持有成本						
仓储成本						
包装成本						
信息传递成本						
其他成本						
合计						

这种方法的优点是：运用简单、灵活、方便。缺点是：信息不够精确流于形式，削弱物流管理意识；期末一次性归类统计，时间长，工作量大；缺少日常工作，无法确定平时数据。

三、会计和统计相结合的成本核算方法

在实际工作中，通常将物流成本的一部分用统计方式，一部分用会计核算。显性物流成本主要取自核算数据，隐性物流成本主要通过统计方式进行计算。

（一）显性物流成本

1. 显性物流成本的含义 在会计核算中实际发生，计入企业实际成本费用的各种物流

支出。包括人工费、材料费、运输费、办公费、水电费等，易于计算和统计。

2. 显性物流成本的核算步骤

（1）确定物流成本费用会计科目。计算显性物流成本必须依赖于现行会计核算体系，完整、准确的会计核算资料是物流成本计算的基础。从纷繁复杂的会计信息中获取物流成本信息，无论是在期中与会计核算同步进行，还是在期末单独进行，均需找到计算物流成本的切入点。

企业在计算物流成本时，应选取成本费用类会计科目计算。对生产制造企业而言，成本费用类会计科目主要包括管理费用、销售费用、财务费用、生产成本、制造费用、其他业务成本支出、营业外支出等科目；另外，我国会计核算中对于采购环节存货成本的确认通常包括运输费、装卸费等与物流成本有关的内容，而这部分内容连同存货本身的采购价格一并记入"材料采购"科目。所以，计算企业物流成本时，除了从上述成本费用类会计科目入手计算，还应考虑材料采购科目中所包含的物流成本信息。

（2）设置物流成本辅助账户。计算物流成本往往需要设置物流成本辅助账户，具体要设置哪些账户，主要取决于物流成本计算对象的选取和物流成本管理的要求。从物流成本构成的角度看，物流成本计算对象主要包括三维，即物流成本项目、物流范围和物流成本支付形态。根据这三个维度，以"物流成本"作为一级账户；在"物流成本"账户下，按物流成本项目设置运输成本、仓储成本、包装成本、装卸搬运成本、流通加工成本、物流信息成本、物流管理成本、流动资金占用成本、存货风险成本、存货保险成本等二级账户；按物流范围设置供应物流、企业内物流、销售物流、回收物流和废弃物物流等三级账户；按支付形态设置自营和委托物流成本四级账户；对于自营物流成本，还应按费用支付形态设置材料费、人工费、维护费、一般经费、特别经费费用专栏，如表 2 - 6 所示。

表 2 - 6　物流成本中自营运输成本的计算可设置 15 个明细账户

一级科目	二级科目	三级科目	四级科目
物流成本	运输成本	供应物流成本	人工费
		供应物流成本	维护费
		供应物流成本	一般经费
		企业内物流成本	人工费
		企业内物流成本	维护费
		企业内物流成本	一般经费
		销售物流成本	人工费
		销售物流成本	维护费
		销售物流成本	一般经费
		回收物流成本	人工费
		回收物流成本	维护费

（续）

一级科目	二级科目	三级科目	四级科目
物流成本	运输成本	回收物流成本	一般经费
		废弃物物流成本	人工费
		废弃物物流成本	维护费
		废弃物物流成本	一般经费

其他物流成本明细账户的设置可参照上述物流运输成本账户的设置。

关于物流成本账户的设置，要注意以下5个方面的问题：一是前面介绍的物流成本明细账户的设置是“大而全”的概念，实践中，企业仅需对本会计期间实际发生的物流成本耗费设置相应的明细账户。二是物流成本二级、三级、四级账户及费用专栏设置次序，可根据企业实际情况确定，不必拘泥于前述设置次序的安排。三是企业物流成本账户除了按物流成本项目、物流范围和物流成本支付形态设置，还可按产品、客户、部门等设置，具体取决于企业的物流成本管理要求。四是物流企业一般不划分具体的物流范围，其物流成本账户直接按物流成本项目和物流成本支付形态设置即可。五是无论期中还是期末计算物流成本，都需要设置明细账户。期中计算时需要实时登记各物流成本明细账户，期末进行汇总；期末计算时需要在各明细账户中逐一归集各物流成本，然后汇总计算。

(3) 计算物流成本。在设置物流成本辅助账户，明确应选取会计科目的基础上，企业物流成本计算人员通过逐一分析各相关会计科目，明确哪些费用支出应计入物流成本，对于应记入物流成本的内容，可根据本企业实际情况，选择在期中与会计核算同步登记物流成本辅助账户，或在期末（月末、季末、年末）集中归集计算物流成本，分别反映出按物流成本项目、物流范围和物流成本支付形态作为归集动因的物流成本数额。

（二）隐性成本

1. 隐性物流成本的含义 不是实际发生，在物流管理决策中应该考虑的机会成本。隐性成本缺乏统一规范的核算标准和方法。隐性成本包括：

(1) 库存占压资金利息成本。库存占压资金分为外借资金与自有资金两部分。首先要确定企业库存占压资金的时间，并根据负债占总资产的平均比例对该时期内库存占压资金的平均值进行分配，将其分为来源于外借资金的库存和来源于自有资金的库存；然后计算出该时期内的平均银行贷款利率。其计算公式为：

$$\text{库存占压资金利息成本}=\text{平均库存金额}\times\text{来源于外借资金的库存占总库存金额的比例}\times\text{企业库存占压资金时间}\times\text{平均银行贷款利率}$$

(2) 缺货损失成本。由于采购计划不合理、库存管理不当，或其他物流管理问题造成存货供不应求而引发原材料涨价损失、误工损失等，统称为缺货损失成本。缺货损失成本是一个企业确定库存规模时需要考虑的重要因素。其计算公式为：

$$\text{缺货损失成本}=\text{缺货再采购期原料涨价造成的损失}+\text{因缺货误工造成的合同违约赔付}+\text{因缺货误工造成的客户撤销订单损失}+\text{因缺货造成的其他损失}$$

(3) 退换货损失成本。由于采购计划失误、执行失误或其他物流管理失误造成企业向供应商退换货所引发的原料涨价损失、误工损失等，统称为退换货损失成本。企业一般不对退换货损失成本做专门计量，但在某些情况下该项成本的金额非常惊人。其计算公式为：

退换货损失成本＝退换货期原料涨价造成的损失＋因退换货误工造成的合同违约赔付＋因退换货误工造成的客户撤销订单损失＋因退换货造成的其他损失

（4）物流设施设备占压资金利息成本。其计算可参照库存占压资金利息成本的计算方法，根据企业物流设施设备占压资金时间内负债占总资产的平均比例，计算出来源于外借资金的物流设施设备占总物流设施设备金额的比例，据此计算物流设施设备占压资金利息成本。其计算公式为：

物流设施设备占压资金利息成本＝平均物流设施设备金额×来源于外借资金的物流设施设备占总物流设施设备金额的比例×企业物流设施设备占压资金时间

将上述 4 项物流成本的计算结果相加，即可得出企业隐性物流成本的总额。当然，随着对企业物流成本挖掘的深入，隐性物流成本包含的内容会被更多地揭示出来，隐性物流成本的计算也将更加完整、准确。

2. 隐性物流成本的特点

（1）隐蔽性。隐性物流成本之所以具有隐蔽性。体现在两个方面：一方面，以会计核算内容为主体的显性成本具有历史性，即历史上已经发生、当期必须支付的成本。而隐性成本中的一部分是潜在成本，要在以后才起作用，也就是作为企业将来收益的冲减因素而起作用。由于将来的事情能否发生以及如何发生等，都是不能确定的，因而更难于认识。如缺货成本、客户服务成本。另一方面，隐性物流成本隐藏在其他成本之中，不被重视，如隐藏在存货之中的资金成本。

（2）放大性。以仓储设备设施为例，今天省下更换旧电线、消防器材的费用，说不准明天就会着火，造成无法估量的损失。这就是隐性成本的放大性。在企业的设备、操作程序、包装等平时管理过程中一些问题得不到恰当的处理而积累到一定程度后爆发，都可能引发如货损索赔和客户流失的结果。

（3）爆发性。企业隐性成本的积累量越大，其爆发性越强，危害也越大。例如信任危机的爆发，就是当绝大多数合作伙伴认识到与之合作的风险大于重新寻找合作伙伴的成本时，就会离开它而去寻找其他合作伙伴。

3. 隐性物流成本的计算步骤

（1）统计存货占用的资金额。期末（月末、季末、年末）对存货按在途、在库和销售在途分别统计出账面余额。无论按在途或在库哪种状态统计，均以存货正在占用自有资金为统计标准。对于存货在途或在库但企业尚未支付货款以及企业已收到销售货款但存货仍在库或在途的，不计入统计范围。

（2）计算存货占用自有资金的机会成本。按照存货占用自有资金的账面余额，以行业基准收益率为机会成本率，计算出存货占用自有资金所发生的机会成本。其计算公式为：

存货资金占用成本＝存货账面余额（存货占用自有资金）×行业基准收益率

其中，对于生产制造企业和流通企业而言，若企业计提了存货跌价准备，则存货账面余额为扣除存货跌价准备后的余额；对于物流企业而言，由于通常不发生存货购销业务，只是在受托物流业务时需要垫付一定的备用金和押金，这部分备用金和押金可以理解为存货占用自有资金，也应计算其产生的机会成本。

关于机会成本率，若企业无法取得有关行业基准收益率的数值，也可使用一年期银行贷款利率或企业内部收益率计算，尤其当企业计算物流成本仅为内部管理。

知识拓展

显性成本与隐性成本

物流显性成本与隐性成本见表 2-7。

表 2-7　显性成本与隐性成本

物流显性成本	物流隐性成本	物流显性成本	物流隐性成本
仓库租金	库存资金占用成本	管理费用	异地调货费用
运输费用	库存积压降价处理	办公费用	设备设施闲置成本
包装费用	库存呆滞产品成本	应交税费	
装卸费用	回程空载成本	设备折旧费用	
加工费用	产品损毁成本	设施折旧费用	
订单相关费用	退货损失费用	物流软件费用	
人员工资	缺货损失费用	…	

任务实训

物流成本核算方法

1. 实训背景资料　跟踪第三方物流企业，前往该地调研。

2. 实训目标　直观地了解物流成本核算方法。

3. 实训准备

（1）了解该物流公司物流成本核算步骤、核算方法。

（2）设计问卷调研提纲。

（3）班级同学分组，明确分工。

（4）根据具体情况，对企业物流成本核算方法进行总结概括，限期一周。

4. 实训步骤

（1）描述物流企业成本核算基本情况。

（2）核算步骤、项目、核算方法。

（3）根据企业的实际情况，在教师和企业人员的指导下分组讨论物流成本核算存在问题，并提出改进建议。

5. 实训评价

小组	设计成本计算表（35%）	设计效果（25%）	汇报表述（25%）	分工合作情况（15%）	总分
1					
2					
3					
4					

注：考评满分 100 分，60 分以下为不及格，60～69 分为及格，70～79 分为中，80～89 分为良，90 分及以上为优。

任务小结

本任务介绍了在会计核算方法下如何核算物流成本，在统计方法下如何核算物流成本，同时讲解了显性成本和隐性成本如何进行核算，通过成本核算，及时反映物流企业的财务状况和经营成果，为物流企业经营决策提供依据。

复习思考题

1. 简述会计要素。
2. 企业物流成本计算方法主要有几种？实践中采取哪种方式计算物流成本？
3. 什么是显性物流成本和隐性物流成本？
4. 计算显性物流成本主要应选取哪些会计科目？
5. 隐性物流成本主要包括哪些内容？如何计算？

任务三　物流成本报表

企业物流成本计算出来后，需要通过一种载体披露物流成本信息，这个载体就是企业物流成本表。按披露物流成本信息内容不同，企业物流成本表可分为企业物流成本主表和企业自营物流成本支付形态表。

一、企业物流成本主表的编制方法及要求

（一）企业物流成本主表的编制方法

根据会计明细账发生额汇总填列，根据会计明细账发生额分析汇总填列，根据会计明细账发生额分析计算汇总填列。

企业物流成本的计算是以会计成本费用类账户明细资料为依据，而企业物流成本主表的填列是以物流成本的计算结果为主要依据，是在汇总各同类物流成本项目的基础上进行填列。因此，物流成本的计算和物流成本主表的填列主要遵循以下程序：

（1）获取成本费用类明细账资料。

（2）按明细科目逐一分析该项费用是否属于物流成本内容。

（3）对于属于物流成本内容的，设置物流成本四级明细账户："物流成本——物流项目成本——物流范围成本——物流支付形态成本"账户，如"物流成本——运输成本——供应

物流成本——人工费”等。

(4) 对于可直接计入上述明细物流成本账户的，直接计入；对于不能直接计入的，则分情况，按一定的标准对成本进行分摊，分析计算计入。

(5) 按企业物流成本主表内容要求，汇总同一物流成本明细项目。按汇总结果，填列企业物流成本主表。

(二) 企业物流成本主表的编制要求

(1) 企业物流成本主表的编报期为月报、季报和年报。

(2) 生产企业和流通企业一般应按供应物流、企业内物流、销售物流、回收物流和废弃物物流5个范围阶段逐一进行填列。

(3) 范围形态填列时，若某阶段未发生物流成本或有关成本项目无法归属于特定阶段的，则按实际发生阶段据实填列或填列横向合计数即可。

(4) 对于委托物流成本，若无法按物流范围进行划分但可按成本项目分别支付的，填写“物流总成本——委托”一列的有关内容即可；若采用不分成本项目的整体计费方式支付但可划分物流范围的，则填写“物流总成本”一行中与委托有关的成本即可；若既采用整体计费方式支付又无法划分物流范围的，则填写“物流总成本”一行与“物流总成本——委托”一列相交位置的成本即可。

(5) 在上述 (3) 和 (4) 中提出的可直接填写“物流总成本”有关内容的，应对其内容在表后做备注说明。

(6) 对于物流企业，不需按物流范围进行填列，按成本项目及成本支付形态填写物流成本即可。

(三) 企业物流成本报表格式

1. 企业物流成本主表格式 企业物流成本主表是按成本项目、物流范围和成本支付形态三维形式反映企业一定期间各项物流成本信息的报表。

它是根据物流成本的三维构成，按一定的标准和顺序，把企业一定期间的项目物流成本、范围物流成本和支付形态物流成本予以适当排列，根据日常工作中形成的大量成本费用数据，通过整理计算编制而成的。企业物流成本主表的基本格式如表2-8所示。

表2-8 企业物流成本主表

成本项目		供应物流成本		企业内物流成本		销售物流成本		回收物流成本		废弃物物流成本		物流总成本	
		自营	委托	自营	委托	自营	委托	自营	委托	自营	委托	自营	委托
物流功能成本	运输成本												
	仓储成本												
	包装成本												
	装卸搬运成本												
	流通加工成本												
	物流信息成本												
	物流管理成本												
	合计												

（续）

成本项目		供应物流成本		企业内物流成本		销售物流成本		回收物流成本		废弃物物流成本		物流总成本	
		自营	委托	自营	委托	自营	委托	自营	委托	自营	委托	自营	委托
存货相关成本	流动资金占用成本												
	存货风险成本												
	存货保险成本												
合计													
其他成本													
物流总成本													

2. 企业自营物流成本支付形态表　企业自营物流成本支付形态表是按成本项目和自营物流成本支付形态两维形式反映企业一定期间自营物流成本信息的报表。企业自营物流成本支付形态表是对企业物流成本主表的补充说明。企业自营物流成本支付形态表成本项目一维的构成内容与企业物流成本主表的构成内容完全一致，其支付形态一维主要包括材料费、人工费、维护费、一般经费和特别经费，其基本格式如表 2－9 所示。

表 2－9　企业自营物流成本支付形态表

成本项目		材料费用	人工费用	维护费用	一般经费	特别经费	合计
物流功能成本	运输成本						
	仓储成本						
	包装成本						
	装卸搬运成本						
	流通加工成本						
	物流信息成本						
	物流管理成本						
合计							
存货相关成本	流动资金占用成本						
	存货风险成本						
	存货保险成本						
合计							
其他成本							
物流总成本							

知识拓展

《中国国家标准物流术语》对逆向物流的解读

《中国国家标准物流术语》将逆向物流分解为两大类。A. 回收物流：不合格物品的返修、退货以及周转使用的包装容器从需方返回到供方所形成的物品实体流动；B. 废弃物物流：将经济活动中失去原有使用价值的物品，根据实际需要进行收集、分类、加工、包装、搬运、储存，并分送到专门处理场所时所形成的物品实体流动。例如，美国逆向物流学会经过调查显示：20 世纪 90 年代美国逆向物流成本为 350 亿美元。逆向物流中的成本和价值，现在越来越受到重视。

任务实训

物流成本报表编制方法

1. 实训背景资料 选择有一定代表性的第三方物流企业，前往该地调研。

2. 实训目标 直观地了解物流成本报表的编制方法，为成本决策提供依据。

3. 实训准备

（1）了解该物流公司成本报表的编制方法。

（2）设计问卷调研提纲。

（3）班级同学分组，明确分工。

（4）根据具体情况，对企业物流成本报表的编制进行总结概括，限期一周。

4. 实训步骤

（1）描述企业成本核算方法。

（2）根据老师下发实务资料进行练习。

（3）根据企业的实际情况，自身学习情况，进行汇报。

5. 实训评价

小组	调研基本情况（25%）	物流成本报表编制（35%）	汇报情况（25%）	团结合作（15%）	总分
1					
2					
3					
4					

注：考评满分 100 分，60 分以下为不及格，60～69 分为及格，70～79 分为中，80～89 分为良，90 分及以上为优。

任务小结

本任务介绍了物流成本主表编制要求、编制步骤、编制方法；自营物流成本支付形态表的编制方法，及时准确地进行物流成本的核算，为物流企业内部经营决策提供可靠地理论依据。

复习思考题

1. 简述企业物流成本主表的编制方法。
2. 简述企业物流成本主表的编制要求。
3. 设计企业物流成本主表的基本格式。
4. 简述自营物流成本支付形态表的编制应注意事项。

案例分析

物流企业物流成本计算及企业物流成本表填写

某公司是一家专业物流公司，截至2013年12月底，资产总额1 000万元，负债总额500万元。该公司共有员工38人，设有办公室、人事部、财务部、运营部、治安部、客服部6个部门。公司主要从事受托物流业务的组织运营工作，运输业务由外部有运输资格的车队负责，装卸搬运业务雇佣外部搬运工完成，公司除1个自有仓库外，还在其他地区租赁4个仓库，另有1辆10吨叉车和2辆卡车，供内部零星装卸和运输使用。本案例以丙公司2013年12月有关成本费用的资料为依据，计算2013年12月的物流成本。丙公司的成本费用科目有主营业务成本、销售费用、管理费用、财务费用和营业外支出，其中营业外支出2013年12月无发生额。

（1）2013年12月相关成本费用发生额及明细资料并逐项分析哪些与物流成本相关，具体如表2-10所示。

表2-10 某公司2013年12月成本费用科目明细及物流成本相关性分析

序号	成本费用科目及明细项目	发生额（元）	与物流相关性	备注
1	主营业务成本——搬运费 主营业务成本——营运费	32 567.62 8 432.73	是 是	为对外支付搬运费 为对外支付运输费
2	销售费用——工资	70 216.38	是	运营部、治安部、客服部等部门发生
3	销售费用——劳动保护费	823.16	是	运营部、治安部、客服部等部门发生
4	销售费用——通信费	12 571.86	是	含物流信息费
5	销售费用——办公费 销售费用——市内交通费 销售费用——差旅费	11 462.32 3 219.41 14 031.16	是 是 是	运营部、治安部、客服部等部门发生 运营部、治安部、客服部等部门发生 运营部、治安部、客服部等部门发生
6	销售费用——燃料费	5 680.35	是	4辆卡车所发生费用
7	销售费用——保险费	4 860.00	是	货物及车辆保险费
8	销售费用——折旧	10 552.52	是	卡车、叉车、自有仓库等折旧费
9	销售费用——摊销费	15 238.92	是	仓库修缮摊销费用
10	销售费用——快递费	3 294.87	是	运营部、治安部、客服部等部门发生
11	销售费用——修理费	6 382.79	是	卡车修理费
12	销售费用——房租物业	35 849.26	是	物业部办公房租费及仓库水电费
13	销售费用——低值易耗品	2 572.38	是	胶条、包装绳、手套等物品

（续）

序号	成本费用科目 及明细项目	发生额 （元）	与物流 相关性	备　注
14	销售费用——业务招待费	17 263.90	否	餐费等
15	管理费用——通信费	1 852.71	否	人事部、行政办公室、财务部发生
16	管理费用——办公费	2 937.60	否	人事部、行政办公室、财务部发生
17	管理费用——市内交通费	536.40	否	人事部、行政办公室、财务部发生
18	管理费用——业务招待费	2 793.58	否	人事部、行政办公室、财务部发生
19	管理费用——房租物业	2 726.86	否	人事部、行政办公室、办公租赁费
20	管理费用——折旧	279.38	否	办公车辆折旧费
21	管理费用——水电	4 956.57	否	人事部、行政办公室、财务部发生
22	管理费用——燃油费	1 869.73	否	办公车辆所耗用
23	管理费用——保险	986.84	否	办公车辆保险所耗用
24	管理费用——修理费	538.74	否	办公车辆修理所耗用
25	管理费用——审计费	4 800.00	否	
26	财务费用——手续费	672.98	否	购买支票、汇兑等费用
	合计	279 971.02		

（2）物流成本资料分析及物流成本计算。根据原始凭证、记账凭证、会计明细账及其他相关资料，对表 2-10 中与物流成本有关的费用逐项进行分拆，并设物流成本辅助账户，计算物流成本。

对于表 2-10 中第 1 项，经查明细资料，分别为对外支付搬运费和运输费。

将上述信息计入有关物流成本辅助账户：

物流成本——装卸搬运成本——委托　　32 567.62　　1

　　　　——运输成本——委托　　8 432.73　　2

（3）对于表 2-10 中第 2 项，经查明细资料，为运营部、治安部、客服等物流管理部门所耗人工费用，其中司机 5 人，工资 12 500 元，仓库作业人员 6 人，工资 18 000 元，其余为物流管理人员工资支出。仓库作业人员兼做理货、装卸搬运和包装的工作时数分别为 220 小时、180 小时和 200 小时。仓库作业人员人工费按不同物流工作时数比例分配。据此，相关物流成本计算如下：

说明：仓库作业人员工资总额 18 000 元，如果需要计算出理货、装卸搬运和包装等环节的人工费用，按理货、装卸搬运和包装各自耗用工时比例进行分配，计算获取。

分配率＝18 000/（220＋180＋200）＝30（元/小时）

运输作业的人工费＝12 500（元）

仓储理货作业的人工费＝220×30＝6 600（元）

装卸搬运的人工费＝180×30＝5 400（元）

包装作业的人工费＝200×30＝6 000（元）

物流管理人工费＝70 216.38－12 500－18 000＝39 716.38（元）

将上述信息计入有关物流成本辅助账户：

物流成本——运输成本——人工费　12 500　3

——仓储成本——人工费　6 600　4

——装卸搬运成本——人工费　5 400　5

——包装成本——人工费　6 000　6

——物流管理成本——人工费　39 716.38　7

（4）对于表 2-10 中第 3 项，经查明细资料，主要为物流管理人员劳动保护所耗。

将上述有关信息计入相关物流成本辅助账户：

物流成本——物流管理成本——劳动保护费　823.16　8

（5）对于表 2-10 中第 4 项，经查明细资料，主要为电话费等内容。根据使用人员的相关信息，约 85%的话费支出与物流信息管理相关。自己通信费用为 15%，个人负担。据此，相关物流成本计算如下：

物流信息作业的一般经费＝12 571.86×85%＝10 686.08（元）

将上述计算结果计入有关物流成本辅助账户：

物流成本——物流信息成本——一般经费　10 686.08　9

（6）对于表 2-10 中第 5 项，经查明细资料，主要为物流管理部门所耗费用。据此，相关物流成本计算如下：

物流管理作业的一般经费＝11 462.32＋3 219.41＋14 031.16＝28 712.89

将上述计算结果计入有关物流成本辅助账户：

物流成本——物流管理成本——一般经费　28 712.89　10

（7）对于表 2-10 中第 6 项，经查明细资料，主要为 4 辆卡车所耗费用。本月 4 辆卡车用于零星物流运输业务行驶 4 600 千米，用于物流管理部门市内交通行程 3 400 千米。物流成本按行驶千米数进行分配。据此，相关物流成本计算如下：

分配率＝5 680.35/（4 600＋3 400）＝0.71（元/千米）

运输作业耗用燃料费＝4 600×0.71＝3 266（元）

物流管理部门耗用燃料费＝5 680.35－3 266＝2 414.35（元）

将上述计算结果计入相关物流成本辅助账户：

物流成本——运输成本——燃料费　3 266　11

——物流管理成本——燃料费　2 414.35　12

（8）对于表 2-10 中第 7 项，经查明细资料，主要为货物及 4 辆车辆所发生的保险费，其中货物的财产保险费 560 元，车辆保险费 4 300 元。将上述信息计入相关物流成本辅助账户：

物流成本——存货保险成本——特别经费　560　13

——运输成本——维护费　4 300　14

（9）对于表 2-10 中第 8 项，经查明细资料，为卡车、叉车、自有仓库及物流管理部门微机折旧费，数额分别为 2 852.31 元、2 486.13 元、4 192.41 元和 1 021.67 元。

将上述信息计入相关物流成本辅助账户（为简便起见，物流管理部门微机折旧费全部计入物流信息成本）：

物流成本——运输成本——维护费　2852.31　15

——装卸搬运成本——维护费　2 486.13　16

——仓储成本——维护费　4 192.41　17

——物流信息成本——维护费　1 021.67　18

（10）对于表 2-10 中第 9 项，经查明细资料，为自有仓库修缮摊销费用，先支付，逐期按月摊销。将上述信息计入相关物流成本辅助账户：

物流成本——仓储成本——维护费　15 238.92　19

（11）对于表 2-10 中第 10 项，经查明细资料，为物流管理部门所耗，主要为物流信息管理所发生的费用。将上述信息计入相关物流成本辅助账户：

物流成本——物流信息成本——快递费　3 294.87　20

（12）对于表 2-10 中第 11 项，经查明细资料，为 4 辆卡车修理所耗，本月 4 辆卡车用于零星物流运输业务行驶 8 000 千米，卡车用于零星物流运输业务行驶 4 600 千米，用于物流管理部门市内交通行程 3 400 千米。物流成本按行驶里程进行分配，据此，相关物流成本计算如下：

分配率＝6 382.79/（4 600＋3 400）＝0.797 8（元/千米）

运输作业耗用维护费＝4 600×0.797 8＝3 669.88（元）

物流管理作业耗用维护费＝6 382.79－3 669.88＝2 712.91（元）

将上述信息计入相关物流成本辅助账户：

物流成本——运输成本——维护费　3 669.88　21

——物流管理成本——维护费　2 712.91　22

（13）对于表 2-10 中第 12 项，经查明细资料，为物业管理部门办公用房租赁费及仓库水电费，其实际数额分别为 33 000 元和 2 849.26 元。

将上述信息计入相关物流成本辅助账户：

物流成本——物流管理成本——一般经费　33 000　23

——仓储成本——维护费　2 849.26　24

（14）对于表 2-10 中第 13 项，经查明细资料，为领用胶带、包装箱、手套等物品所耗用，上述物品主要用于包装业务。

将上述信息计入有关物流成本辅助账户：

物流成本——包装成本——材料费　2 572.38　25

（15）按“企业物流成本主表”的要求汇总计算物流成本（表 2-11）。凡未注明委托字样的，为自营物流成本。

企业详细名称：××公司

企业法人代码：××

计量单位：元

时间：2013 年 12 月

表 2-11 企业物流成本主表

范围及支付形态			物流总成本		
			自营	委托	合计
物流功能成本	运输成本	01			
	仓储成本	02			
	包装成本	03			
	装卸搬运成本	04			
	流通加工成本	05			
	物流信息成本	06			
	物流管理成本	07			
	合计	08			
存货相关成本	流动资金占用成本	09			
	存货风险成本	10			
	存货保险成本	11			
	合计	12			
其他成本		13			
物流总成本		14			

注：本表物流总成本各列，数字满足关系式：合计＝自营＋委托。

单位负责人： 填表人： 填表日期：2013 年 12 月 31 日

项目三 <<<

物流成本预算

项目导入

李红是中小物流企业的经营者，这几年她及时抓住了市场机遇，使企业在很短的时间内得以迅速成长壮大。但是，随着企业规模的不断扩大，管理上常显得捉襟见肘，比如账上有利润，但在接一项重要订单时，突然发现资金周转不过来；又如在进行某一业务时，总认为会有一定的利益，但结果又往往与预想不符。李红之所以会发生以上问题，因素是多方面的，这和他们没有通过预算控制成本有直接关系。任何一个企业都应该处于一种有序运作的状态中，而预算管理恰是有序运作的一个不可或缺的必要组成部分。企业创业既要有规划又要有计划性，预算管理就是计划性的一种体现，有了良好的预算管理会使企业的经营在有序的轨道上运行。李红可以不会做预算，但是不能不懂预算。因为只有懂得了预算知识，才能监督专业人员，为企业做出科学预算；只有懂得了预算知识，才能使用预算，用预算控制企业，发挥预算的作用。

知识目标

1. 物流成本预算的概念
2. 物流成本预算的作用

能力目标

1. 全面预算方法
2. 弹性预算方法
3. 零基预算方法
4. 滚动预算方法

任务一　物流成本预算的意义及体系认知

一、物流成本预算的概念

物流成本预算编制的组织工作，预算是指在未来的某一特定期间内，说明资金如何取得与运用的一种详细计划。预算既是决策的具体化，又是控制生产经营活动的依据。预算是使企业的资源获得最佳生产率和获利率的一种方法。

物流成本预算是指所有的以货币形式及其他数量形式反映的有关企业未来一定时期全部物流活动的行动计划与相应措施的数量说明，是控制物流活动的重要依据和考核物流部门的业绩标准。物流成本预算包括预算编制和预算控制两项职能。

二、物流成本预算的作用

1. 预算成本未来 做好物流成本预算可以在掌握物流成本状况、预测物流成本未来有充分的主动性，从而确保物流计划的准确可靠，各部门物流成本的业绩考核客观真实，并有效控制物流成本。

2. 建立成本目标 通过总的物流成本预算，以及按照一定的对象进行分解后的物流成本预算，可以为各级物流运营整体明确成本管理和控制目标，为物流活动提供明确的、易于把握的成本数量要求，做到心中有数，从而控制成本。

3. 协调企业活动 成本预算涉及企业物流各部门、各环节、各人员在物流活动中发生费用的计算和说明，在预算过程中可以明确各部门费用之间的数量关系，发现和纠正不合理配置，从而协调各部门费用数量比例，取得最好经济效益。

4. 控制作用 预算结果作为明确的目标或标准，随时把握物流活动进展情况，是否偏离计划，能及时揭示和发现物流活动中的实际发生成本与预算成本的偏差，分析原因，并采取措施进行控制。

5. 业绩评价与成本控制 物流成本预算是企业、各部门、各环节员工行动的目标，同时也明确各自的责任，并通过物流成本预算数与实际发生额进行比较分析，可以作为评价各部门、各环节员工物流工作完成任务情况的一种尺度。

总之，通过物流成本预算可以比较及时和准确地预测物流成本的未来信息，从而使物流成本管理工作能够有明确的方向、明确各种物流成本控制目标、为评价物流成本控制业绩提供标准，从而降低物流成本。

三、物流成本预算编制的内容

物流成本的预算应根据物流系统成本控制与绩效考核的需要，层层分解到各个部门、各个物流功能、各物流成本项目等，并在日常的成本核算过程中分别实施对这些形式的物流成本核算，以有利于比较物流成本预算与实际物流成本发生额之间的差异，达到预算管理的目的（图 3-1）。

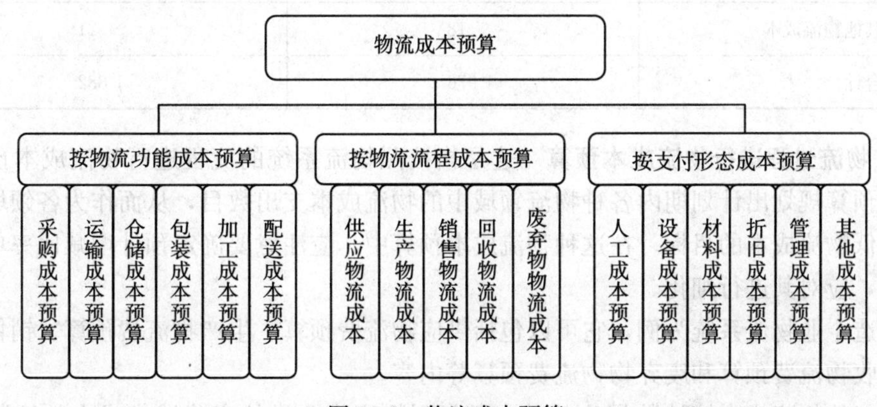

图 3-1 物流成本预算

四、物流成本预算编制的方式

物流成本的预算应根据物流系统成本控制与绩效考核的需要，分解到各个部门、各个物流功能、各物流成本项目等，并在日常的成本核算过程中分别实施对这些形式的物流成本核算，以有利于比较物流成本预算与实际物流成本发生额之间的差异，达到预算管理的目的。物流成本可按各种不同的划分标准进行分类核算。与此相适应，物流成本预算也可以按照各种不同的标准进行编制。

一般来说，物流成本预算的编制对象取决于物流系统绩效考核形式以及物流成本的核算形式。这里介绍物流成本预算的 3 种编制方法：

1. 按物流的功能编制物流成本预算 这是按不同的物流职能编制的费用预算。这种预算包括包装成本预算、运输成本预算、仓储成本预算和配送成本预算等，如表 3－1 所示。

表 3－1 按物流的功能编制物流成本预算

单位：万元

功能要素	上年实际数	本年预算数
采购成本	450	380
运输成本	450	390
仓储成本	420	450
流通加工成本	330	280
包装成本	5	6
配送成本	180	210
装卸搬运成本	3	3.5
信息传递成本	15	16.5
物流管理成本	105	125
其他物流成本	18	21
合计	1 976	1 882

2. 按物流过程进行物流成本预算 这是指按照物流系统的流程进行物流成本预算的编制。这种预算规划出计划期内各种物流领域中的物流成本支出数目，从而作为各领域的物流运营者降低物流成本的目标。在这种物流成本预算中，应注意要确定预计增减比率单项物流成本预算，应对其进行细化。

以制造企业物流系统为例，它可以包括供应物流费预算、生产物流费预算、销售物流费预算、回收物流费预算和废弃物物流费预算等内容。

以上年的物流成本统计数据为基础，考虑到物流作业量的变化以及成本的控制节约目标，制定新一年各物流过程的物流成本，如表 3－2 所示。

表 3-2　按物流过程进行物流成本预算

单位：万元

成本项目	上年实际数	预计增减比率	本年预算金额
供应物流成本	300	8%	324
生产物流成本	380	—	380
销售物流成本	400	−20%	320
回收物流成本	15	−25%	11.25
废弃物物流成本	10	−15%	8.5
总计	1 105		1 043.75

3. 按成本项目编制物流成本预算　物流成本项目包括物流人员工资、燃料费、租金、折旧费、材料费、修缮费以及各种杂费等。以这种形式编制的物流成本预算，与现行的财务会计核算系统接轨，从而有利于评价分析一定时期内物流系统的成本财务状况，但是这种编制方式却不利于物流系统的管理，如表 3-3 所示。

表 3-3　按成本项目编制物流成本预算

单位：元

成本项目	上年实际数	本年预算数
材料费	58 000	55 000
人工费	220 000	205 000
维护费	185 000	189 000
一般经费	97 000	95 000
特别经费	45 000	44 000
委托物流成本	60 000	72 000
合计	665 000	660 000

任务实训

物流企业预算分析

1. 实训背景资料　选择有一定代表性的第三方物流企业，前往该地调研并且做预算。

2. 实训目标　直观地了解物流成本的核算方法，为成本决策提供依据。

3. 实训准备

（1）准备计算器。

（2）下发预算资料。

（3）收集物流公司上年物流成本实际数。

（4）熟悉预算理论知识。

4. 实训步骤

（1）整理物流公司上年物流成本实际数。

（2）根据上年物流成本实际数测算本年物流成本预算数。

（3）根据预算数编制物流成本主表。

5. 实训评价

小组	数据整理情况（15%）	预算合理性（35%）	预算正确性（35%）	团队合作（15%）	总分
1					
2					
3					
4					

注：考评满分 100 分，60 分以下为不及格，60～69 分为及格，70～79 分为中，80～89 分为良，90 分及以上为优。

任务小结

本任务介绍了物流成本预算的概念、物流成本预算的作用，物流成本预算的内容，物流成本预算的方式。编制物流成本预算是控制物流活动的重要依据和考核物流部门的业绩标准。

复习思考题

1. 简述物流成本预算的含义。
2. 简述物流成本预算的作用。
3. 简述物流成本预算的内容。
4. 简述物流成本预算的方式。

任务二　物流成本预算的编制

一、物流成本的全面预算

预算是一种系统的方法，用来分配企业的财务、实物及人力等资源，以实现企业既定的战略目标。企业可以通过预算来监控战略目标的实施进度，有助于控制开支，并预测企业的现金流量与利润。

（一）全面预算的含义

全面预算反映的是企业未来某一特定期间（一般不超过一年或一个经营周期）的全部生产、经营活动的财务计划，它以实现企业的目标利润（企业一定期间内利润的预计额，是企业奋斗的目标，根据目标利润制定作业指标，如销售量、生产量、成本、资金筹集额等）为目的，以销售预测为起点，进而对生产、成本及现金收支等进行预测，并编制预计损益表、预计现金流量表和预计资产负债表，反映企业在未来期间的财务状况和经营成果。

全面预算管理作为对现代企业成熟与发展起过重大推动作用的管理系统，是企业内部管理控制的一种主要方法。这一方法自从 20 世纪 20 年代在美国的通用电气、杜邦、通用汽车公司产生之后，很快就成了大型工商企业的标准作业程序。从最初的计划、协调，发展到现在的兼具控制、激励、评价等诸多功能的一种综合贯彻企业经营战略的管理工具，全面预算管理在企业内部控制中日益发挥核心作用。正如著名管理学家戴维·奥利所说的，全面预算管理是为数不多的几个能把企业的所有关键问题融合于一个体系之中的管理控制方法之一。

（二）全面预算的作用

预算管理是信息社会对财务管理的客观要求，是企业最终达到一流业绩的重要手段之一。市场风云变幻，能否及时把握信息，抓住机遇是企业驾驭市场的关键。全面预算管理对现代企业的作用可以概括为：

1. 提升战略管理能力 战略目标通过全面预算加以固化与量化，使战略目标在企业内部"落地"；预算的执行与企业战略目标的实现成为同一过程；对预算的有效监控，将确保最大限度地实现企业战略目标。通过预算监控可以发现未能预知的机遇和挑战，这些信息通过预算汇报体系反映到决策机构，可以帮助企业动态地调整战略规划，提升企业战略管理的应变能力。

2. 有效的监控与考核 预算的编制过程向集团企业和子公司双方提供了设定合理业绩指标的全面信息，同时预算执行结果是业绩考核的重要依据。将预算与执行情况进行对比和分析，为经营者提供了有效的监控手段。

3. 高效使用企业资源 预算计划过程和预算指标数据直接体现了（集团公司）各子公司和各部门使用资源的效率以及对各种资源的需求，因此是调度与分配企业资源的起点。通过全面预算的编制和平衡，企业可以对有限的资源进行最佳的安排使用，避免资源浪费和低效使用。

4. 有效管理经营风险 全面预算可以初步揭示企业下一年度的经营情况，使可能的问题提前暴露。参照预算结果，公司高级管理层可以发现潜在的风险所在，并预先采取相应的防范措施，从而达到规避与化解风险的目的。

5. 有效促进开源节流 全面预算管理和考核、奖惩制度共同作用，可以激励并约束相关主体追求尽量高的收入增长和尽量低的成本费用。编制全面预算过程中相关人员要对企业环境变化做出的理性分析，从而保证企业的收入增长和成本节约计划切实可行。预算执行的监控过程关注收入和成本这两个关键指标的实现和变化趋势，这迫使预算执行主体对市场变化和成本节约造成的影响做出迅速有效的反应，提升企业的应变能力。

（三）全面预算管理的特点

1. 对未来的精确规划 基于平衡计分卡基础上的全面预算管理，已经把握了物流企业或门店的各个主要方面，所以能够比一般预算更精确规划未来。

2. 以提高企业整体经济效益为根本出发点 全面预算管理将企业管理的职能化整合为企业管理的整体化，讲究联合管理、联合行动，大大提高了管理效率，从而增进企业经济效益。

3. 以价值形式为主的定量描述 只有以价值形式进行定量描述，才有可能将各个变量统一于一个整体的思维框架中。

4. 以市场为导向 在企业全面预算的编制、监督、控制与考核中必须始终牢牢树立以市场为导向的管理意识，注意把握市场的特点和变动，了解市场规律，并在实际工作中较好地运用规律为企业创造效益。

5. 以企业全员参与为保障 只有企业全体人员重视并积极参与预算编制工作，企业制定的预算才易于被员工接受，才能减少企业管理层和一般员工之间的信息不对称造成的负面影响，为顺利实现企业全面预算管理目标提供保障。

6. 以财务管理为核心 预算的编制、执行、控制和考评等一系列环节，以及众多信息的搜集、传递工作都离不开财务管理工作，财务管理部门是全面预算管理的中坚力量，具有不可替代的重要作用。

（四）全面预算的内容

1. 业务预算 业务预算，又称营业或经营预算，是反映企业预算期间日常供应、生产、销售、管理等实质性经营活动的预算。

2. 专项预算 专项预算是为企业不经常发生的长期投资项目或一次性专项业务所编制的预算，它包括资本支出预算和一次性专门业务预算。

3. 财务预算 财务预算是反映企业预算内预计的现金收支、经营成果和预算期末财务状况的预算，它包括现金预算、预计利润表和预计资产负债表。

（五）全面预算的编制方法

1. 全面预算编制过程 全面预算制定流程实质是一个自上而下地下达目标任务和自下而上地确认业务目标的交互过程。

2. 业务预算的编制

（1）销售预算。销售预算是安排预算期销售规模的预算。它是编制全面预算的关键和起点，其他预算均以销售预算为基础。通常销售预算是在销售预测的基础上，根据企业年度目标利润确定的销售量和销售额来编制。

（2）加工预算。加工预算是安排预算期生产规模的预算。它是按“以销定产”的原则，在销售预算的基础上编制的。

（3）直接材料预算。直接材料预算，又称直接材料采购预算，是用来确定预算期材料采购数量和采购成本的预算。它是以生产预算为基础编制的。

（4）直接人工预算。直接人工预算是用来确定预算期内直接人工工时的消耗水平和人工成本水平的预算。直接人工预算的编制也是以生产预算为基础的，其主要内容包括预计的生产量、单位产品工时、总工时、每工时人工成本（小时工资率）和人工总成本。

（5）制造费用预算。制造费用是指生产成本中除了直接材料、直接人工以外的间接生产费用项目。其编制依据是预算期的生产业务量（如直接人工小时数或机器小时数）、基期制造费用的实际开支水平、上级管理部门下达的成本降低率以及预算期间各费用明细项目的性质等。

（6）加工产品成本预算。加工产品成本预算是生产预算、直接材料预算、直接人工预算、制造费用预算的汇总。它既是这些预算的继续，也是编制预计损益表和预计资产负债表的根据之一。

（7）销售及管理费用预算。销售及管理费用预算包括销售费用及管理费用两部分，是为产品销售活动和一般行政管理活动及有关的经营活动编制的费用预算。

3. 专项预算的编制 如前所述，专项预算是为企业不经常发生的长期投资项目和一次性专门业务所编制的预算，它包括资本支出预算和一次性专门业务预算两种类型。

（1）资本支出预算。资本支出预算是企业在投资项目可行性研究的基础上编制的反映长期投资项目投资的时间、规模、收益以及资金筹措方式等内容的预算。

(2) 一次性专门业务预算。一次性专门业务预算是为财务部门在日常理财活动中发生的一次性业务而编制的预算。

4. 财务预算的编制

(1) 库存现金预算。现金预算是为了反映企业在预算期间预计的现金收支的详细情况而编制的预算。现金预算的内容包括现金收入、现金支出、现金余缺与现金融通、期末现金余额4部分。

(2) 预计损益表。预计损益表是反映预算期间预计的全部经营活动的最终财务成果的预算，又称"利润预算"，是控制企业经营活动和财务收支的主要依据。

(3) 预计资产负债表。预计资产负债表是为反映企业在预算期期末那一天预计的财务状况而编制的预算。

(六) 全面预算的编制程序

全面预算的编制主要分为五大步动态交互，实现预算的编制。

第一步，自上而下：滚动修订战略目标，下达期望经营目标。结合内外经营环境的变化，滚动修订企业发展的战略目标与实现节奏，下达企业一定时期的总体期望目标及规划指标，并从集团（预算委员会）→分（子）公司（预算组）→部门→基层人员，层层分解目标。

第二步，自下而上：制订实现期望目标的行动计划和方案。最基层业务及成本控制人员自行草编预算，制订实现目标的行动计划和方案，符合历史数据与未来变化趋势，使预算能较为可靠和较为符合实际，各部门汇总部门预算，并初步协调，层层质询本部门预算，编制出销售、生产、财务等预算。从基层人员→部门→分（子）公司（预算组）→集团（预算委员会），自下而上层层确定目标。

第三步，上下平衡：汇总/质询/修正预算，取得共识。各分（子）公司预算小组，审查、质询、平衡各职能预算，汇总出本单位全面预算，经总经理批准，上报集团预算委员会。集团预算委员会审查、质询、平衡各一级利润中心及一级资源中心预算，汇总出全集团全面预算，经总裁批准，审议机构通过或驳回修改预算。主要预算指标报告给董事会或上级主管单位讨论通过或者驳回修改。

第四步，批准执行：经批准后，层层下发，调整执行。

第五步，业绩管理：季度、年度经营业绩考核，并滚动修订计划。

(七) 编制全面预算应注意的问题

预算管理是企业对未来整体经营规划的总体安排，是一项重要的管理工具，能帮助管理者进行计划、协调、控制和业绩评价。推行全面预算管理是发达国家成功企业多年积累的经验之一，对企业建立现代企业制度，提高管理水平，增强竞争力有着十分重要的意义。本文就推行全面预算管理应注意的问题谈点看法。

1. 预算编制宜采用自上而下、自下而上、上下结合的动态性编制方法 整个过程为：先由高层管理者提出企业总目标和部门分目标；各基层单位根据一级管理一级的原则据以制订本单位的预算方案，呈报分部门；分部门再根据各下属单位的预算方案，制订本部门的预算草案，呈报预算委员会；最后，预算委员会审查各分部预算草案，进行沟通和综合平衡，拟订整个组织的预算方案；预算方案再反馈回各部门征求意见。经过自下而上、自上而下的多次反复，形成最终预算，经企业最高决策层审批后，成为正式预算，逐级下达各部门执行。

2. 预算内容要以营业收入、成本费用、现金流量为重点 营业收入预算是全面预算管理的中枢环节，它上承市场调查与预测，下启企业在整个预算期的经营活动计划。营业收入预算是否得当，关系到整个预算的合理性和可行性。成本费用预算是预算支出的重点，在收入一定的情况下，成本费用是决定企业经济效益高低的关键因素；制造成本和期间费用的控制也是企业管理的基本功，可以反映出企业管理的水平。现金流量预算则是企业在预算期内全部经营活动和谐运行的保证，否则整个预算管理将是无米之炊。在企业预算管理中，特别是对资本性支出项目的预算管理，要坚决贯彻“量入为出，量力而行”的原则。这里的“入”一方面要从过去自有资金的狭义范围拓宽到举债经营，同时又要考虑企业的偿债能力，杜绝没有资金来源或负债风险过大的资本预算。

3. 预算管理工作要建立单位、部门行政主要负责人责任制 开展全面预算管理，是企业强化经营管理、增强竞争力、提高经济效益的一项长期任务。因此，要把全面预算管理作为加强内部基础管理的首要工作内容，成立预算管理组织机构，并确定预算管理的第一责任人为各单位、部门的行政主要负责人，切实加强领导，明确责任，落实措施。

4. 推行全面预算管理必须切实抓好“四个结合” 第一，要与实行现金收支两条线管理相结合。预算控制以成本控制为基础，现金流量控制为核心。只有通过控制现金流量才能确保收入项目资金的及时回笼及各项费用的合理支出；只有严格实行现金收支两条线管理，充分发挥企业内部财务结算中心的功能，才能确保资金运用权力的高度集中，形成资金合力，降低财务风险，保证企业生产、建设、投资等资金的合理需求，提高资金使用效率。

第二，要同深化目标成本管理相结合。全面预算管理直接涉及企业的中心目标——利润，因此，必须进一步深化目标成本管理，从实际情况出发，找准影响企业经济效益的关键问题，瞄准国内外先进水平，制定降低成本、扭亏增效的规划、目标和措施，积极依靠全员和科技降成本，加强成本、费用指标的控制，以确保企业利润目标的完成。

第三，要同落实管理制度、提高预算的控制和约束力相结合。预算管理的本质要求是一切经济活动都围绕企业目标的实现而开展，在预算执行过程中落实经营策略，强化企业管理。因此，必须围绕实现企业预算，落实管理制度，提高预算的控制力和约束力。预算一经确定，在企业内部即具有“法律效力”，企业各部门在生产营销及相关的各项活动中，要严格执行，切实围绕预算开展经济活动。企业的执行机构按照预算的具体要求，按“以月保季，以季保年”的原则，编制季、月滚动预算，并建立每周资金调度会、每月预算执行情况分析会等例会制度。按照预算方案跟踪实施预算控制管理，重点围绕资金管理和成本管理两大主题，严格执行预算政策，及时反映和监督预算执行情况，适时实施必要的制约手段，把企业管理的方法策略全部融会贯通于执行预算的过程中，最终形成全员和全方位的预算管理局面。

第四，要同企业经营者和职工的经济利益相结合。全面预算管理是一项全员参与、全面覆盖和全程跟踪、控制的系统工程，为了确保预算各项主要指标的全面完成，必须制定严格的预算考核办法，依据各责任部门对预算的执行结果，实施绩效考核。可实行月度预考核、季度兑现、年度清算的办法，并做到清算结果奖惩坚决到位。把预算执行情况与经营者、职工的经济利益挂钩，奖惩分明，从而使经营者、职工与企业形成责、权、利相统一的责任共同体，最大限度地调动经营者、职工的积极性和创造性。

【例 3－1】 志远公司是一家以加工蔬菜为主业的小型加工企业。凭着质优价廉的蔬菜和良好的信誉，志远公司深得几家大型加工业的青睐。2013 年年底，志远公司接到了一单大生意，2014 年全年为公司的一位老客户——某连锁企业加工 4000 千克蔬菜。根据合同规定，单价每千克 200 元，志远公司需按季度向客户交货，四个季度的供货量分别为 600 千克、1 000 千克、1 300 千克和 1 100 千克。合同规定的付款方式为：各季度的货款应在当季支付 60%，其余 40%在下季付讫。目前，该客户尚欠志远公司 5 万元货款，预计将在 2014 年第一季度付清，如表 3－4 所示。

表 3－4 志远公司 2014 年度销售预算

季　度	第 1 季度	第 2 季度	第 3 季度	第 4 季度	全年
预计销售量（千克）	600	1 000	1 300	1 100	4 000
预计单价（元/千克）	200	200	200	200	200
销售收入（元）	120 000	200 000	260 000	220 000	800 000
预计现金收入（元）					
期初应收账款（元）	50 000				50 000
第 1 季度（元）	72 000	48 000			120 000
第 2 季度（元）		120 000	80 000		200 000
第 3 季度（元）			156 000	104 000	260 000
第 4 季度（元）				132 000	132 000
现金收入合计（元）	122 000	168 000	236 000	236 000	762 000
预计年末应收账款（元）					
期初应收账款（元）	50 000				
加：预计全年销售收入（元）	800 000				
减：预计全年收回货款（元）	762 000				
期末应收账款（元）	88 000				

志远公司预计，为保证供货的连续性，预算期内各季度的期末蔬菜库存量应达到下期销售量的 2%。同时，根据与客户的长期合作关系来看，公司预算年末的产品库存量应维持和年初相一致的水平，大约为 20 千克，能够保证及时为客户供货。据此，志远公司编制 2014 年度生产预算如表 3－5 所示。

表 3－5 志远公司 2014 年度加工预算

单位：千克

季　度	第 1 季度	第 2 季度	第 3 季度	第 4 季度	全年
预计销售量	600	1 000	1 300	1 100	4 000
加：预计期末产品存货	20	26	22	20	20
减：预计期初产品存货	22	20	26	22	22
预计加工量	598	1 006	1 296	1 098	3 998

说明：第四季度期末存货 20 千克是根据下一期预算值估计出来的；第一季度预计期初产品存货 22 千克是上一年第四季度期末数。

志远公司加工菜丝主要采购球星生菜材料。根据以往的加工经验来看，平均每千克产品需用料1.5千克。这种生菜材料以每千克70元的价格跟一位长期合作的供应商定购，并且双方约定，购货款在购货当季和下季各付一半。目前，志远公司尚欠该供应商货款40 000元，预计将在2014年第一季度付清。公司为保证生产的连续性，规定预算期内各期末的材料库存量应达到下期加工需要量的10%，同时规定各年末的预计材料库存应维持在100千克左右。据此，志远公司编制2014年度直接材料预算如表3-6所示。

表3-6　志远公司2014年度直接材料预算

季　度	第1季度	第2季度	第3季度	第4季度	全年
预计加工量（千克）	598	1 006	1 296	1 098	3 998
单位产品材料用量（千克）	1.5	1.5	1.5	1.5	1.5
加工需用量（千克）	897	1 509	1 944	1 647	5 997
加：预计期末材料存货（千克）	150.9	194.4	164.7	100	100
减：预计期初材料存货（千克）	100	150.9	194.4	164.7	100
预计材料采购量（千克）	947.9	1 552.5	1 914.3	1 582.3	5 997
材料单价（元/千克）	70	70	70	70	70
预计采购金额（元）	66 353	108 675	134 001	110 761	419 790
预计现金支出（元）					
期初应付账款（元）	40 000				40 000
第1季度（元）	33 176.5	33 176.5			66 353
第2季度（元）		54 337.5	54 337.5		108 675
第3季度（元）			67 000.5	67 000.5	134 001
第4季度（元）				55 380.5	55 380.5
合　计（元）	73 176.5	87 514	121 338	122 381	404 409.5
预计年末应付账款（元）					
期初应付账款（元）	40 000				
加：预计全年采购金额（元）	419 790				
减：预计全年支付货款（元）	404 409.5				
期末应付账款（元）	55 380.5				

志远公司根据以往的加工经验预计，从清洗开始计算时间，加工1千克大约需要0.08工时。而依据公司与工人签订的劳动合同规定，每工时需要支付工人工资10元。据此，志远公司2014年度的直接人工预算可编制如表3-7所示。

表 3-7 志远公司 2014 年度直接人工预算

季　度	第 1 季度	第 2 季度	第 3 季度	第 4 季度	全年
预计加工量（千克）	598	1 006	1 296	1 098	3 998
单位产品工时	0.08	0.08	0.08	0.08	0.08
总工时	47.84	80.48	103.68	87.84	319.84
每小时人工成本（元）	10	10	10	10	10
人工总成本（元）	478.4	804.8	1 036.8	878.4	3 198.4

志远公司根据以往的生产经验估计，公司下年度可能会发生以下几项制造费用：辅助材料与水电费为变动费用，每工时的开支额分别是 3 元和 2 元；车间管理人员工资和设备折旧费为固定费用，加工该商品估计每季度的开支总额分别为 10 000 元和 15 250 元；设备维护费为混合成本，每季度要进行一次基本维护，费用大约为 15 000 元，日常维护费用则与开工时数有关，估计每工时的维护费约为 2 元。据此，志远公司可编制制造费用预算如表 3-8 所示。

表 3-8 志远公司 2014 年度制造费用预算

季　度	第 1 季度	第 2 季度	第 3 季度	第 4 季度	全年
变动制造费用					
人工总工时	47.84	80.48	103.68	87.84	319.84
辅助材料（3 元/工时）	143.52	241.44	311.04	263.52	959.52
水电费（2 元/工时）	95.68	160.96	207.36	175.68	639.68
设备维护费（2 元/工时）	95.68	160.96	207.36	175.68	639.68
合　计（元）	334.88	563.36	725.76	614.88	2 238.88
固定制造费用（元）					
管理人员工资（元）	10 000	10 000	10 000	10 000	40 000
设备折旧费（元）	15 250	15 250	15 250	15 250	61 000
设备维护费（元）	15 000	15 000	15 000	15 000	60 000
合　计（元）	40 250	40 250	40 250	40 250	161 000
预计现金支出（元）					
变动制造费用合计（元）	334.88	563.36	725.76	614.88	2 238.88
固定制造费用合计（元）	40 250	40 250	40 250	40 250	161 000
减：设备折旧费（元）	15 250	15 250	15 250	15 250	61 000
合　计（元）	25 334.88	25 563.36	25 725.76	25 614.88	102 238.88

志远公司依据直接材料、直接人工、制造费用三项预算，结合 2014 年度预计销售量和期末产品库存量情况，可编制 2014 年度产品成本预算如表 3-9 所示。

表 3-9　志远公司 2014 年度产品成本预算

成本项目	单位产品变动成本			期末存货（20 千克）	销售成本（4 000 千克）
	每千克或每小时（元）	投入量（千克）	成本（元）		
直接材料	70	1.5	105	2100	420 000
直接人工	10	0.08	0.8	16	3 200
变动制造费用	7	0.08	0.56	11.2	2 240
合　计	—	—	106.36	2 127.2	425 440

志远公司预计 2014 年度的销售费用只有运输费一项，按照与运输公司的合同约定，每季度支付 13 000 元运费；管理费用包括管理人员工资、办公费和房租三项，均属于固定成本，每季开支额分别为 6 000 元、4 000 元和 10 000 元。据此，志远公司可编制销售及管理费用预算如表 3-10 所示。

表 3-10　志远公司 2014 年度销售及管理费用预算

单位：元

季　度	第 1 季度	第 2 季度	第 3 季度	第 4 季度	全年
销售费用					
运输费	13 000	13 000	13 000	13 000	52 000
管理费用					
管理人员工资	6 000	6 000	6 000	6 000	24 000
办公费	4 000	4 000	4 000	4 000	16 000
房租	10 000	10 000	10 000	10 000	40 000
合　计	33 000	33 000	33 000	33 000	132 000

志远公司财务部门根据公司的经营特点和现金流转状况，确定公司的最佳现金持有量是 10 000 元。当预计现金收支净额不足 10 000 元时，通过申请短期银行借款来补足；预计现金收支净额超过 10 000 元时，超出部分用于归还借款，借款年利率为 6%。

除了日常经营活动所引起的各项现金收支外，志远公司估计 2014 年还会发生如下现金支付业务：

（1）公司原固定资产价值 1 000 000 元，其中一台专用机床必须在一季度更新，预计需要支出购置及安装等费用共计 150 000 元。

（2）公司将在 2014 年年初向股东派发 2013 年度的现金股利 20 000 元。

（3）估计公司每个季度需要缴纳所得税款 5 000 元。

（4）固定资产年初计提折旧 180 000 元。

（5）年初未分配利润为 50 000 元。

根据这些资料，志远公司可编制现金预算如表 3-11 所示。

表 3－11 志远公司 2014 年度销售及管理费用预算

单位：元

季　　度	第 1 季度	第 2 季度	第 3 季度	第 4 季度	全年
期初现金余额	10 000	10 600	10 800	11 000	10 000
加：销售现金收入	122 000	168 000	236 000	236 000	762 000
减：各项现金支出					
材料采购	73 176.5	87 514	121 338	122 381	404 409.5
直接人工	478.4	804.8	1036.8	878.4	3 198.4
制造费用	25 334.88	25 563.36	25 725.76	25 614.88	102 238.88
销售及管理费用	33 000	33 000	33 000	33 000	132 000
所得税	5 000	5 000	5 000	5 000	20 000
购置设备	150 000				150 000
分配利润	20 000				20 000
支出合计	306 989.78	151 882.16	186 100.56	186 874.28	831 846.78
现金收支净额	−174 989.78	26 717.84	60 699.44	60 125.72	−59 846.28
现金筹集和运用					
申请银行借款	185 000				185 000
归还银行借款		14 000	48 000	49 000	111 000
短期借款利息		2 565	1 845	1 110	5 520
期末现金余额	10 010.22	10 152.84	10 854.44	10 015.72	41 033.72

志远公司财务人员估计，如果前面各项日常业务预算和现金预算都能在预算期内予以落实的话，那么公司在 2014 年度的盈利前景还是相当乐观的。所得税率按 33% 计算，估计公司 2014 年度的股利分配额为 30 000 元，如表 3－12 所示。

表 3－12 志远公司 2014 年度预计利润表

单位：元

项　目	金　额	资料来源
销售收入	800 000	销售预算
销售成本	425 440	产品成本预算
毛利	374 560	
销售及管理费用	132 000	销售及管理费用预算
利息费用	5 520	现金预算
利润总额	237 040	
所得税	78 223.2	现金预算
净利润	158 816.6	
加：年初未分配利润	50 000	公司预计值
可供分配的利润	208 816.8	
减：利润分配	30 000	公司预计值
年末未分配利润	178 816.8	

志远公司结合预算期内的各项业务活动的情况，预计 2014 年年末的资产负债如表 3－13 所示。

表 3－13　志远公司 2014 年度预计资产负债表

单位：元

项　目	年初数	年末数	资料来源
资产			
现金	10 000	10 000	现金预算
应收账款	50 000	88 000	销售预算
材料存货	7 000	7 000	直接材料预算
产品存货	2 127.2	2 127.2	产品成本预算考虑固定成本
固定资产	1 000 000	1 150 000	
累计折旧（减）	180 000	61 000	制造费用预算，预计提取折旧 61 000 元
资产总额	889 127.2	1 196 127.2	
负债及所有者权益			
应付账款	40 000	55 380.5	直接材料预算
应付利润	20 000	30 000	预计利润表
实收资本	779 127.2	931 929.9	
未分配利润	50 000	178 816.8	预计利润表
负债及所有者权益合计	889 127.2	1 196 127.2	

二、物流成本弹性预算

所谓“弹性预算”，是指在编制费用预算时，预先估计到计划期内业务量可能发生的变动，编制出一套能适应多种业务量的费用预算，以便分别反映在各业务量的情况下所应开支费用水平的一种预算。由于这种预算随着业务量的变化而变化，本身具有弹性，因此称为弹性预算。

（一）弹性预算的特点

1. 具有伸缩性　弹性预算可根据各种不同的业务量水平进行编制，也可随时按实际业务量进行调整，具有伸缩性。

2. 具有控制性　弹性预算的编制是以成本可划分为变动费用与固定费用为前提的。对不同性质的成本采用不同的控制方法，分析超支的原因，并采取相应的措施进行控制。

3. 具有适应性　弹性预算由于可根据不同业务量进行事先编制或根据实际业务量进行事后调整，因此具有适用范围广的优点，增强了预算对生产经营变动情况的适应性。

（二）弹性预算的基本原理

弹性预算的基本原理：把成本费用按成本习性分为变动费用与固定费用两大部分。由于固定费用在其相关范围内，其总额一般不随业务量的增减而变动，因此在按照实际业务量对预算进行调整时，只需调整变动费用即可。

$$Y=a+bX$$

式中：a——固定费用总额（元）；

b——单位变动成本（元/单位业务量）；

X——计划业务量。

（三）弹性预算的编制步骤

1. 业务量计量对象的选取 业务量计量对象的选取，应以代表性强、直观性强为原则。如仓储成本预算以吨、托盘数为计量单位；运输成本预算以吨千米为计量单位。

2. 确定业务量变动范围 确定业务量变动范围应满足其业务量实际可能变动的需要。要与各部门协调，一般可按正常情况经营活动水平的70%～120%确定，还可以按历史资料的最高业务量和最低业务量确定上下限来划分若干等级，这种方法更接近实际。

3. 按照成本性态分析 将预算控制对象的成本划分为固定成本与变动成本，这样便于分析，便于控制。

4. 选择弹性预算的表达方式 物流成本的弹性预算通常可以用列表法和公式法来表示。公式法是以公式 $Y=a+bX$ 来表示物流成本弹性预算的方法，而列表法是最常见的弹性预算表示方式，例 3－2 就是一个运输成本弹性预算表达方式。

【例 3－2】 某物流公司全年业务量预计为 80 000 件，要求在 80%～120%按间隔 10%的业务量编制弹性预算，如表 3－14、表 3－15 所示。

表 3－14 各项成本费用标准

成本项目	费 用 标 准
变动费用	
包装成本	按业务量每件支付津贴 1.5 元
运输成本	基本工资 20 000 元，另按业务量每件支付津贴 2 元
流通加工成本	按每件支付津贴 2 元
装卸搬运成本	基本工资 40 000，另按业务量每件支付津贴 1 元
物流管理成本	50 000 元
保管成本	2 000 元
保险费	6 000 元

表 3－15 弹性预算表

费用项目	变动费用（元/件）	业务量（件）				
		64 000	72 000	80 000	88 000	96 000
变动费用（元）						
包装成本（元）	1.5	96 000	108 000	120 000	132 000	144 000
运输成本（元）	2.0	128 000	144 000	160 000	176 000	192 000
流通加工成本（元）	2.0	128 000	144 000	160 000	176 000	192 000
装卸搬运成本（元）	1.0	64 000	72 000	80 000	88 000	96 000
变动费用合计（元）	6.5	416 000	468 000	520 000	572 000	624 000
运输成本（元）		20 000	20 000	20 000	20 000	20 000
装卸搬运成本（元）		40 000	40 000	40 000	40 000	40 000
物流管理成本（元）		50 000	50 000	50 000	50 000	50 000
保管成本（元）		2 000	2 000	2 000	2 000	2 000
保险费（元）		6 000	6 000	6 000	6 000	6 000
固定费用合计（元）		118 000	118 000	118 000	118 000	118 000
合计（元）		534 000	586 000	638 000	690 000	742 000

弹性预算不仅适用于物流成本预算，而且适用于任何环节、任何部门的成本预算。

（四）物流成本弹性预算法的优缺点

弹性预算的优点在于：一方面能够适应不同经营活动情况的变化，扩大了预算的范围，更好地发挥预算的控制作用，避免了在实际情况发生变化时，对预算做频繁的修改；另一方面能够使预算对实际执行情况的评价与考核，建立在更加客观可比的基础上。

其缺点在于：运用多水平法弹性预算评价和考核实际成本时，往往需要使用插补法来计算“实际业务量的预算成本”，比较麻烦。

三、物流成本零基预算

零基预算，也称为“以零为基础编制计划和预算”。在编制间接费用或固定费用预算时，传统的方法是以以往的各种费用项目的实际开支数为基础，考虑到预算期业务变化，对以往的开支数做适当的增减调整后加以确定。这种方法的不足之处在于，以往的开支中势必有不合理的费用支出，如果仅仅笼统地在此基数上加以增减，很有可能使这些不合理的费用开支继续存在下去，无法使预算发挥其应有的作用。

为解决这个问题，人们提出了零基预算的预算编制方法。零基预算，不同于传统的预算编制方法，它对于任何一项预算支出，不是以过去或现有费用水平为基础，而是一切都以零为起点，从根本上考虑它们的必要性及其数额的多少。所以，这种预算编制方法更切合实际情况，从而使预算充分发挥其控制实际支出的作用。

（一）零基预算法与传统的调整预算法的不同之处

1. 预算的基础不同 调整预算法的编制基础是前期结果，本期的预算额是根据前期的实际调整确定的。零基预算的基础是零，本期的预算额是根据本期经济活动的重要性和可供分配的资金量确定的。

2. 预算编制分析的对象不同 调整预算法重点对新增加的业务活动进行成本效益分析，而对性质相同的业务活动不做分析研究，零基预算法则不同，它要对预算期内所有的经济活动进行成本—效益分析。

3. 预算的着眼点不同 调整预算法主要以金额高低为重点，着重从货币角度控制预算金额的增减。零基预算除重视金额高低外主要是从业务活动的必需性以及重要程度来分配有限的资金。

（二）零基预算编制的步骤

1. 划分和确定基层预算单位 企业里各基层业务单位通常被视为能独立编制预算的基层单位。所谓的“预算单位”并不等同于日常生活意义上的单位，它指的就是需要钱的地方、部门、项目、活动等。预算单位到底如何确定，零基预算的设计者并没有做出硬性的规定，关键是看在哪一层次上编制预算。预算单位确定后，接下来是制定一揽子决策。

2. 编制本单位的费用预算方案 由企业提出总体目标，然后各基层预算单位根据企业的总目标和自身的责任目标出发，编制本单位为实现上述目标的费用预算方案，在方案中必须详细说明提出项目的目的、性质、作用，以及需要开支的费用数额。

3. 进行成本—效益分析 基层预算单位按下达的“预算年度业务活动计划”，确认预算期内需要进行的业务项目及其费用开支后，管理层对每一个项目的所需费用和所得收益进行比较分析，权衡轻重，区分层次，划出等级，挑出先后。基层预算单位的业务项目一般分为

3个层次：第一层次是必要项目，即非进行不可的项目；第二层次是需要项目，即有助于提高质量、效益的项目；第三层次是改善工作条件的项目。进行成本效益分析的目的在于判断基层预算单位各个项目费用开支的合理程度、先后顺序以及对本单位业务活动的影响。

4. 审核分配资金 根据预算项目的层次、等级和次序，按照预算期可动用的资金及其来源，依据项目的轻重缓急次序，分配资金，落实预算。

5. 编制并执行预算 资金分配方案确定后，就制定零基预算正式稿，经批准后下达执行。执行中遇有偏离预算的地方要及时纠正，遇有特殊情况要及时修正，遇有预算本身问题要找出原因，总结经验加以提高。

（三）物流成本零基预算的优缺点

1. 物流成本零基预算的优点

（1）有利于提高员工的“投入—产出”意识。传统的预算编制方法，主要是由专业人员完成的，零基预算是以“零”为起点观察和分析所有业务活动，并且不考虑过去的支出水平，因此，需要动员企业的全体员工参与预算编制，这样使得不合理的因素不能继续保留下去，从投入开始减少浪费，通过成本—效益分析，提高产出水平，从而能使投入产出意识得以增强。

（2）有利于合理分配资金。每项业务经过成本—效益分析，对每个业务项目是否应该存在、支出金额若干，都要进行分析计算，精打细算，量力而行，能使有限的资金流向富有成效的项目，所分配的资金能更加合理。

（3）有利于发挥基层单位参与预算编制的创造性。零基预算的编制过程，企业内部情况易于沟通和协调，企业整体目标更趋明确，多业务项目的轻重缓急容易得到共识，有助于调动基层单位参与预算编制的主动性、积极性和创造性。

（4）有利于提高预算管理水平。零基预算极大地增加了预算的透明度，预算支出中的人头经费和专项经费一目了然，各级之间争吵的现象可能缓解，预算会更加切合实际，会更好地起到控制作用，整个预算的编制和执行也能逐步规范，预算管理水平会得以提高。

2. 物流成本零基预算的缺点

（1）由于一切工作从“零”做起，因此采用零基预算法编制工作量大、费用相对较高。

（2）分层、排序和资金分配时，可能有主观影响，容易引起部门之间的矛盾。

（3）任何单位工作项目的“轻重缓急”都是相对的，过分强调项目，可能是有关人员只注重短期利益，忽视本单位作为一个整体的长远利益。

【例3-3】某物流公司预算下一年度各成本项目，如果物流公司可供仓储部门使用资金500 000元，采用零基预算法编制2014年度仓储成本预算，如表3-16所示。

表3-16 2014年度仓储成本预算

单位：元

成本项目	人工成本	材料成本	设备折旧	保管费用	广告费用	信息费用
预算金额	240 000	30 000	60 000	28 000	100 000	140 000

根据表3-16中资料计算仓储成本预算金额为608 000元，需要进一步分析，人工成本、折旧属于固定成本，无法缩减的；材料成本、保管费用是变动费用可以按实际情况缩减；广告费用和信息费用需要结合成本收益分析确定，如表3-17～表3-19所示。

表 3-17　2014 年度仓储成本变动费用预算调整

单位：元

成本项目	调整前	调整策略	调整后
保管费用	28 000	合理布局提高仓库空间利用率，减少货损	18 000
材料费用	30 000	包装材料的重复使用	10 000

表 3-18　2014 年度广告费用和信息费用成本收益

单位：元

成本项目	平均成本	平均收益	成本与收益比重
广告费用	10 000	200 000	1∶20
信息费用	10 000	100 000	1∶10

表 3-19　2014 年度仓储部门零基预算报告

单位：元

成本项目	调整前	优先级	预算成本
人工成本	240 000	第一层	240 000
设备折旧	60 000		60 000
保管费用	28 000	第二层	18 000
材料费用	30 000		10 000
合计	358 000		328 000
广告费用	100 000	第三层	(500 000－328 000) × (2/3) ＝114 666.67
信息费用	140 000	第四层	(500 000－328 000) × (1/3) ＝57 333.33
合计			500 000

四、物流成本滚动预算

滚动预算又称连续预算或永续预算，是指在编制预算时，将预算期与会计年度脱离开，随着预算的执行不断延伸补充预算，逐期向后滚动，使预算期始终保持为一个固定期间的一种预算编制方法。

(一) 物流成本滚动预算编制

可采用长计划、短安排的方式进行，即在编制预算时，可先按年度分季，并将其中第一季度按月划分，编制各月的详细预算。其他三个季度的预算可以粗一些，只列各季总数，到第一季度结束前，再将第二季度的预算按月细分，第三、四季度及下年度第一季度只列各季总数，依此类推，使预算不断地滚动下去（图 3-2）。

滚动预算是“一年长计划、季度短安排”滚动预算的做法，其采用的是前细后粗的方

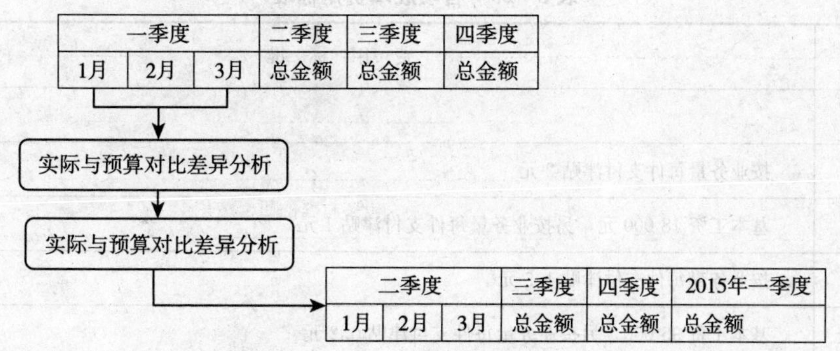

图 3－2　2014 年物流成本滚动预算

式，既能保证近期精细管控的需求，又能减少未来 3 个季度预算编制的工作量，是一种很务实的做法。

（二）物流成本滚动预算的优缺点

1. 物流成本滚动预算的优点

（1）能保持预算的完整性、继续性，从动态预算中把握企业的未来。

（2）能使各级管理人员始终保持对未来一定时期的生产经营活动做周详的考虑和全盘规划，保证企业的各项工作有条不紊地进行。

（3）由于预算能随时间的推进不断加以调整和修订，能使预算与实际情况更相适应，有利于充分发挥预算的指导和控制作用。采用滚动预算的方法，预算编制工作比较繁重。为了适当简化预算的编制工作，也可采用按季度滚动编制预算。

（4）有利于管理人员对预算资料做经常性的分析研究，并根据当前的执行情况及时加以修订，保证企业的经营管理工作稳定而有秩序地进行。

2. 物流成本滚动预算的缺点

（1）预算期较长，因而难于预测未来预算期的某些活动，从而给预算的执行带来种种困难。

（2）事先预见到的某些活动，在预算执行过程中往往会有所变动，而原有预算却未能及时调整，从而使原有预算显得不相适应。

（3）受预算期的限制使管理人员的决策视野局限于剩余的预算期间的活动，缺乏长远的打算，不利于企业的长期稳定有序发展。

任务实训

物流企业预算方法

1. 实训背景资料　选择有一定代表性的第三方物流企业，前往该地调研并且进行预算。

2. 实训目标　物流成本的弹性核算方法，为成本决策提供依据。

3. 实训资料　9 月份，某物流企业全年预计业务量为 50 000 件，要求在 80%～120%范围内按间隔 10%的业务量以及表 3－20 的成本费用标准编制弹性预算（表 3－21）。

表 3-20　各项成本费用标准

成本项目	费 用 标 准
变动费用	
包装费	按业务量每件支付津贴 2 元
装卸费	基本工资 18 000 元，另按业务量每件支付津贴 1 元
加工费用	按业务量每件支付津贴 1.5 元
管理人员工资	基本工资 35 000，另按业务量每件支付津贴 0.2 元
广告费	40 000 元
办公费	2 000 元
保险费	3 000 元

表 3-21　弹性预算表

费用项目	变动费用（元/件）	业务量（件）				
		40 000	45 000	50 000	55 000	60 000
变动费用（元）						
包装费（元）	2.0					
装卸津贴（元）	1.0					
加工费用（元）	1.5					
管理人员工资（元）	0.2					
变动费用合计（元）	4.7					
装卸费（元）						
管理人员工资（元）						
广告费（元）						
办公费（元）						
保险费（元）						
固定费用合计（元）						
合计（元）						

4. 实训步骤

（1）整理物流公司弹性预算资料。

（2）根据本年物流业务量的预计数、间隔比例，预算不同业务量的各成本项目。

（3）根据预算数计算物流成本总额。

5. 实训评价

姓名	独立完成态度（15%）	各成本项目预算合理性（35%）	总成本预算准确性（35%）	效率（15%）	总分
1					
2					
3					
4					

注：考评满分 100 分，60 分以下为不及格，60～69 分为及格，70～79 分为中，80～89 分为良，90 分及以上为优。

任务小结

本任务介绍了全面预算的含义、作用、编制方法，销售预算，加工成本预算，直接材料费用预算，直接人工费用预算，制造费用预算，销售费用和管理费用预算，预算利润表、资产负债表；物流成本预算的 3 种方法、物流成本弹性预算的概念、优缺点、操作步骤；物流成本零基预算的概念、优缺点、操作步骤；物流成本滚动预算概念、优缺点。编制物流成本预算可用于物流企业对各个部门、各个环节考核的标尺。

复习思考题

1. 简述物流成本弹性预算的概念、优缺点、操作步骤。
2. 简述物流成本零基预算的概念、优缺点、操作步骤。
3. 简述物流成本滚动预算的概念、优缺点。
4. 简述全面预算的作用。

案例分析

深圳航空公司预算管理系统案例

深圳航空有限责任公司（以下简称深航）于 1992 年 11 月成立，主要经营航空客、货运输业务。目前拥有 24 架 B737 系列飞机，总资产 36.2 亿元，员工 1 900 多人，下辖 2 个分公司、5 个子公司、30 多个驻外营业部，经营国内航线 80 多条。

1. 深航低成本竞争策略　“深航的管理者对企业发展和航空运输有独到的认识，低成本战略是竞争战略中最具有杀伤力的战略，看似简单，却需要严谨地分析各种竞争因素，才可能找到一条可执行的低成本道路。在现实情况下，我们要对低成本战略的内涵予以丰富，坚持核心理念，把成本优势转化为消费诱因与动因，才是实现我们目标的正确方向。”

深航人认为，市场竞争取胜之道无非两条：一是“巧取”，二是“豪夺”。深航本身规模实力不具备“豪夺”的条件，只能巧取，尤其是在涉及企业长远利益的战略目标、方针的设计上，必须做到“巧”“准”“稳”。为此，他们全面分析国内各航空企业的战略选择和战略布局，注意避开国企在战略选择上的一些失误、失策以及其他欠缺之处，同时以美国西南航空公司低成本运作模式作为参照系，科学地确定公司的战略目标和方针，为公司的长远发展奠定坚实可靠的基础，从根本上确立公司在市场竞争中的优势。

2. 实施用友全面预算管理解决方案 从2001年开始，深航开始实行全面预算管理，坚持以降低成本作为预算管理的总体指导思想，将一切经济业务纳入预算管理，做到事前有预测，事中有控制，事后有反馈考核。由于采用用友NC系统预算管理项目，对预算实行实时监控，把预算控制落实到各个部门的各项工作之中，对生产经营链条中每一环节进行财务成本控制，确定一个标准来核定预算指标，确保一切业务活动受控于预算。通过全方位的预算控制，将成本控制落实到公司生产经营的各个方面，最大限度地降低公司成本水平，从而大大提高了公司的经济效益。

深圳航空公司采取了以下方法：①全程管理。从预算编制到预算控制、到预算分析、到预算调整的一个完整流程。②流程透明。编制过程清晰透明。③预算准确。在编制预算时，可以参考查询到大量的相关数据，并提供多种预算编制方法相结合，通过预测和模拟，使得预算编制的准确性大大提高。④实时监控。预算系统与财务系统的集成应用，可实时按照部门及费用类别进行预警、控制，加大了控制的力度。⑤全面分析。可通过预算分析账表方便快捷地进行大量的分析工作，可随时获得实时费用执行情况，使预算分析对以后的工作具有指导作用。

现代企业发展离不开规范、严格、有效的财务管理，深航在实际工作中以财务管理为核心，科学的预算和有效的财务监督渗透到公司运营的各个方面，使深航低成本战略落地生根，开花结果。

思考题

1. 深圳航空有限责任公司运营策略给我们带来的成功启示是什么?
2. 深圳航空有限责任公司如何进行预算控制?

项目四 <<<

采购成本管理

项目导入

某公司花费总收益的50%用于采购物料，其税前纯收益是10%，即每销售100元，利润是10元，而物料成本是50元，其他开销占40元。假设所有的成本费用都随着销售变动。如果这家公司想多赚1元，相当于将利润率增加10%，那么这家公司的销售量或采购成本需要增加或降低多少才可以实现？各项目的比较见表4-1。

表4-1 各项目的比较

单位：元

项目	现状	销售额增加10%	采购成本减少2%
销售额	100	110	100
采购成本	50	55	49
其他开销	40	44	40
税前纯收益	10	11	11

从表4-1中可以看出：要想多赚1元，就必须增加销售10%，即销售必须提高到110元才能达成，采购成本及其他开销则相对各要提高至55元和44元；如果采购成本节省2%，可以将成本由50元降低至49元，同样可以达到将利润率增加10%，对税前收益有着相同的影响。但是，增加销售额则要多付出5倍于降低采购成本努力，采购成本占总销售额的比重越高，两者间的差异就越明显。

知识目标

1. 掌握采购成本的概念、分类
2. 熟悉采购成本计算的内容
3. 掌握采购成本各部分的计算
4. 了解采购成本控制的重要性
5. 掌握采购成本的影响因素
6. 掌握采购成本控制的方法

能力目标

1. 能够运用所学知识计算企业采购成本
2. 能够运用所学知识结合企业实际情况提出控制采购成本的方法，进行有效控制采购成本

任务一　采购成本认知

采购是企业生产经营活动的一个重要组成部分，是企业全部经营活动的起点，采购活动会占用企业大部分流动资金，在很大程度上影响企业的生产成本。因此加强采购成本的管理对企业具有很重要的意义。

一、采购成本的概念

采购成本是指整个采购原材料过程中发生的各种物流费用的总和。企业采购物资的实际成本包括：买价、外地运杂费（包括运输、装卸、保险、包装、仓储等费用）运输途中的合理损耗、入库前的挑选整理费（包括挑选整理过程中发生的工费支出和必要的损耗，扣除回收的下脚废料价值）、大宗材料的市内运杂费、按规定应由买方支付的税金和进口物资应支付的关税、烧油企业购入燃料油所支付的烧油特别税，企业自筹外汇购入物资应分摊的调进外汇价差，也应计入物资的采购成本。以上费用能分清的可以直接计入各种物资的采购成本；不能分清的，应按物资的重量或买价等比例分摊计入各种物资的采购成本。购入物资不经任何加工改制直接对外销售的，其采购成本只包括采购物资的买价和按规定应由买方支付的税金和进口物资应支付的关税，以及企业自筹外汇购入物资应分摊的调进外汇价差，采购过程中发生的其他费用计入进货费用科目。商品流通企业采购成本包括采购价格、进口关税和其他税金等，运输费、装卸费、保险费进入营业费用。

二、采购成本的分类

（一）按采购的流程所发生的成本

采购的流程为采购计划编制，采购，采购过程监督，包括对配套生产厂家的生产情况进行跟踪，提货、验货，入库检验，结算，仓储保管，出库配送，供销结算。这些流程所产生的成本属于“看得见”的成本，也称为显性成本，即可以直接从财务报表中得出或者比较容易分析得出的成本。

1. 采购计划编制的成本　采购计划的编制需要专门的人员，这就要有一定的费用，同时采购计划的编制也十分重要。

2. 材料成本　材料成本是指材料的价格成本。造成采购成本高的原因，是商品价格和供求关系、商品质量、物流费用都存在着直接关系。

3. 运输成本　运输成本主要指运杂费。它是指物资自来源地运至仓库或指定堆放地点所发生的全部费用。材料运杂费一般应包括调车和驳船费、装卸费、运输费和附加工作费等。

4. 采购管理成本　组织采购过程中所发生的费用称为采购管理成本。它包括招标成本和建设成本。招标成本是指从发出招标要约前进行调查，编制需求建议书，考察和认同供应商到发出要约进行竞标、开标、评标、定标、谈判、批准等一系列活动所发生的全部费用，可占到合同总额的2%～5%；建设成本是投标报价的主要依据，一般包括前期准备，正式建设费用，与其他系统的集成、授权、交付与保险、相关手册、对员工管理者的培训等，以及在采购过程中发生的人力成本、办公费用、招待费用、差旅费用等。

5. 检验成本　采购回来的原材料或者半成品都需要进行入库检验，要加强采购物资的入库检验，防止不合格材料或不符合合同约定的材料入库。如果一旦入库后发现了产品短缺或者破损甚至是产品品种出现错误，那么企业就可能面临不仅仅是由于质量问题退换货所发生的费用，还有可能受到缺货的损失，产生缺货所造成的成本。

6. 存储成本　存储成本是物资在库存过程中发生的费用。科学地进行仓储管理是降低供应成本的重要一环。建立合理化存储，用最经济的办法实现储存的功能。并且要存放得当，注意易破损的产品、易变质的产品存放环境，妥善保管并建立健全的档案，及时对库存商品进行盘查，降低存储成本；另一方面由于超量采购所造成库存的积压，也会增加存储成本。因此，采用什么样的合理的经济库存是企业应当提高重视度的一个问题。

（二）按照成本管理会计方法分类

采购成本分为订货成本、物资材料成本、存货成本、缺货成本。即采购成本＝订货成本＋物资材料成本＋存货成本＋缺货成本。

1. 订货成本　订货成本包括采购人员的工资、采购设备场所的折旧、采购办公用品的消耗、差旅费、电话传真费等，这一部分成本是需要财务进行全年统计得到最后结果的。

2. 物资材料成本　物资材料成本＝数量×单价（价格/成本分析就是分析单价）（假设不存在折扣）。

3. 存货成本　存货成本即维持库存需要的费用，包括物资材料占用资金应计的利息、材料的保管费用。保管费用指仓库的设备场所折旧费、仓库人员的工资、物资材料存货时变质报废的损失、材料的保险费用等总和，物资材料占用的资金利息是单次可以计算的，而保管费用则是财务全年统计的数据。

4. 缺货成本　缺货成本是因为缺货而支付的费用，包括停工待料费用、加班费用、场所设备的折旧费用，因为延误向顾客交货而支付的罚金等总和，这一块也是要靠财务全年统计的数据。

任务实训

熟悉企业采购成本

1. 实训背景资料　选择某企业，前往该企业调研。

2. 实训目标　了解该企业主要产品、采购成本组成，了解企业的盈利情况。

3. 实训准备

（1）查资料了解该企业所处行业、主要从事业务、企业定位与发展规划。

（2）设计问卷、调研提纲。

（3）班级同学分组，明确分工。

（4）准备外出调研器材：笔记本、笔、照相机、电池等。

4. 实训步骤

（1）网络查询，现场访谈物流企业生产的产品有哪些？采购成本都包括哪些内容？

（2）该企业采购成本中占主要地位的有哪些？

（3）该企业采购成本组成有哪些问题？

（4）根据企业的实际情况，在教师和企业人员的指导下分组讨论该企业采购成本组成内容。

5. 实训评价

小组	设计构想（35%）	设计效果（25%）	报告表述（25%）	分工合作情况（15%）	总分
1					
2					
3					
4					

注：考评满分100分，60分以下为不及格，60～69分为及格，70～79分为中，80～89分为良，90分及以上为优。

任务小结

本任务介绍采购是企业生产经营活动的一个重要组成部分，是企业全部经营活动的起点，采购活动会占用企业大部分流动资金，在很大程度上影响企业的生产成本，因此加强采购成本的管理对企业具有很重要的意义。本任务重点介绍了采购成本的概念、采购成本的构成与分类，要求我们能够清楚地认识和掌握采购成本的组成部分，为后两个任务的学习打下扎实的基础。

复习思考题

1. 简述该企业采购成本组成的概念。
2. 在采购流程中所发生的采购成本有哪些？
3. 在会计成本管理中采购成本有哪些？

任务二　采购成本计算

对企业来说，物资采购成本是整个企业运营成本的重要组成部分。要实现企业既定目标利润就必须加强企业物资采购成本管理，首要任务是要进行采购成本的计算。

假设：年订货总成本为K_a，年保管费用为K_b，年停工加班费用为K_c，年销售（因延误交付而支付的）损失为K_d，年采购总额为K_e，年销售额为K_f，年产值为K_g，年均存货总额（年初存货与年末存货的1/2）为K_h，月利率为K_i，订货天数为X，存货天数Y，缺货天数Z，该批材料数量为A，单价为B。

一、订货成本的计算

（1）年订货总成本为K_a；

（2）每1元产品的年订货成本$=K_a \div K_e$；

（3）每件产品的年订货成本$=B\times K_a\div K_e$；

（4）每件产品的天订货成本$=B\times K_a\div K_e\div 365$；

（5）每批产品的天订货成本$=A\times B\times K_a\div K_e\div 365$；

（6）实际订货天数下的每批产品的订货成本$F_1=X\times A\times B\times K_a\div K_e\div 365$。

二、按供应商定价方法计算材料价格

1978年Corey提出供应商定价有3种方法，即成本导向定价法、需求导向定价法（又称为市场导向定价法）和竞争导向定价法。成本导向定价法是以产品成本（包括销售成本）为基础确定供应价格；市场导向定价法则是随行就市的方法，即以市场价格作为自己的产品价格；竞争导向定价法则是结合市场因素及成本因素来确定自己的产品价格，它是最常见的方法。供应商在确定其产品的供应价格时，通常会考虑供应市场的供应关系，再结合自己的成本结构。供应商的定价方法又可细分为成本加成定价法、目标利润定价法、采购商理解价值定价法、竞争定价法及投标定价法。

（一）成本加成定价法

成本加成定价法是以全部成本作为定价基础。首先要估计单位产品的变动成本，然后再估计固定费用，并按照预期产量把固定费用分摊到单位产品上去，最后在全部成本上加上按目标利润率计算的利润额，即得出价格。

1. 完全成本加成定价法的计算 采用完全成本加成定价法，其成本基数是指单位产品的制造成本，“加成”内容包括非制造成本（如推销成本、管理成本）及目标利润。完全成本加成定价法计算公式：

$$价格=单位成本+单位成本\times 成本利润率=单位成本（1+成本利润率）$$

$$产品出厂价格=\frac{单位产品制造成本\times（1+成本利润率）}{1-期间费用率-销售税率}$$

公式中的期间费用包括管理费用、财务费用和销售费用。期间费用率为期间费用与产品销售收入的比率，可以用行业水平，也可以用本企业基期损益表的数据。

销售税金是指产品在销售环节应交纳的消费税、城建税及教育费附加等，但不包括增值税。销售税率是这些税率之和。

销售利润可以是行业的平均利润，也可以是企业的目标利润。成本利润率是销售利润与制造成本的比率，即加成比例。这是成本加成法的关键。

【例4-1】某企业生产一种产品，预计单位制造成本为100元，行业平均成本利润率为25%，销售税率为0.7%，企业基期的期间费用为500 000元，产品销售收入为5 000 000元。

期间费用率＝期间费用÷产品销售收入＝500 000÷5 000 000＝10%

产品出厂价格＝单位产品制造成本×（1＋成本利润率）÷（1－期间费用率－销售税率）＝100×（1＋25%）÷（1－10%－0.7%）＝140（元）

由此可见，在产品单位成本一定的条件下，制定产品价格的关键在于确定成本利润率。不同的产品加成比例不同，企业一般以同类产品的加成比例为参考依据进行加成。

2. 完全成本加成定价法的优缺点 完全成本加成定价法的优点：产品价格能保证企业的制造成本和期间费用得到补偿后还有一定利润，产品价格水平在一定时期内较为稳定，定价方法简便易行。因而许多供应商都倾向使用这种定价方法。

(1) 计算方法简便易行，资料容易取得。

(2) 根据完全成本定价，能够保证企业所耗费的全部成本得到补偿，并在正常情况下能获得一定的利润。

(3) 有利于保持价格的稳定。当消费者需求量增大时，按此方法定价，产品价格不会提高，而固定的加成也使企业获得较稳定的利润。

(4) 同一行业的各企业如果都采用完全成本加成定价，只要加成比例接近，所制定的价格也将接近，可以减少或避免价格竞争。

但是，成本加成定价法是典型的生产者导向定价法。现代市场需求瞬息万变，竞争激烈，产品花色品种日益增多。只有那些以消费者为中心，不断满足消费者需求的产品，才有可能在市场上站住脚。因此，完全成本加成定价法在市场经济中也有其明显不足之处。

完全成本加成定价法的缺点：忽视了市场供求和竞争因素的影响，忽略了产品寿命周期的变化，缺乏适应市场变化的灵活性，不利于企业参与竞争，容易掩盖企业经营中非正常费用的支出，不利于企业提高经济效益。

(1) 完全成本加成法忽视了产品需求弹性的变化。不同的产品在同一时期，同一产品在不同时期（产品生命周期不同阶段），同一产品在不同的市场，其需求弹性都不相同。因此产品价格在完全成本的基础上，加上一固定的加成比例，不能适应迅速变化的市场要求，缺乏应有的竞争能力。

(2) 以完全成本作为定价基础缺乏灵活性，有些情况下容易做出错误决策。

(3) 不利于企业降低产品成本。

为了克服完全成本加成定价法的不足之处，企业可按产品的需求价格弹性的大小来确定成本加成比例。由于成本加成比例确定得恰当与否，价格确定得恰当与否依赖于需求价格弹性估计的准确程度。这就迫使企业必须密切注视市场，只有通过对市场进行大量的调查，详细地分析，才能估计出较准确的需求价格弹性来，从而制定出正确的产品价格，增强企业在市场中的竞争能力，增加企业的利润。

(二) 目标利润定价法

目标利润定价法又称目标收益定价法、目标回报定价法，是根据企业预期的总销售量与总成本，确定一个目标利润率的定价方法。目标利润定价法的计算公式为：

$$产品出厂价格=\frac{单位变动成本+单位固定成本}{1-销售税率}+\frac{目标利润}{预计销售量\times（1-销售税率）}$$

$$目标利润=（单位变动成本+单位固定成本）\times 预计销售量\times 成本利润率$$

$$产品出厂价格=\frac{（单位变动成本+单位固定成本）\times（1+成本利润率）}{1-销售税率}$$

【例 4-2】 某产品预计销售量 2 000 件，固定成本 200 000 元，单位变动成本 40 元，目标利润 80 000 元，销售税率为 0.7%，试问该产品出厂价格应该定为多少？

$$\begin{aligned}产品出厂价格&=（40+200\ 000\div 2\ 000）\div（1-0.7\%）+80\ 000\div[2\ 000\times（1-0.7\%）]\\&=181.27（元）\end{aligned}$$

知识拓展

目标收益率定价法

目标收益率定价法又称目标利润定价法或投资收益率定价法。它是在成本的基础上，按照目标收益率的高低计算售价的方法。这种方法的优点是可以保证企业既定目标利润的实现。该方法一般适用于在市场上具有一定影响力的企业，市场占有率较高或具有垄断性质的企业。

目标收益率定价法的要点是使产品的售价能保证企业达到预期的目标利润率。企业根据总成本和估计的总销售量，确定期望达到的目标收益率，然后推算价格。

目标利润定价法的特点是：首先确定一个总的目标利润或目标利润率，然后把总利润分摊到每个产品中去，与产品的成本相加，就可以确定价格。美国通用汽车把目标利润定为15%～20%。

目标利润定价法的不足之处如下：在于价格是根据估计的销售量计算的，而实际操作中，价格的高低反过来对销售量有很大影响。销售量的预计是否准确，对最终市场状况有很大影响。企业必须在价格与销售量之间寻求平衡，从而确保用所定价格来实现预期销售量的目标。目标利润定价法的计算公式为：

$$销售量\times价格=固定成本+（销售量\times变动成本）$$

$$销售量=\frac{固定成本}{价格-变动成本}$$

【例 4-3】 固定成本为 5 000 元、变动成本为 20 元、价格为 30 元。

$$销售量=固定成本\div（价格-变动成本）=5\ 000\div 10=500$$

即销售量为 500 个单位时，销售额等于总成本，利润为零；之后每卖一个单位，则净赚 10 元（价格－变动成本）。

厂商可由预测价格与需求量之间的关系，并利用损益平衡分析，来订定合适的价格。假设在 30 元的价格下，预计可卖出 1 500 单位，因而创造 10 000 元（10 元×1 000）的利润。如果这利润符合目标，则接受 30 元的定价。若不符合利润目标，则尝试调整成本或价格，预测新的需求量，以决定是否有更合适的价格水准。

目标利润定价法的要点是找出损益平衡点（销售额等于总成本，利润为零），采用此法时要明确：

(1) 要实现的目标利润是多少？

(2) 大致的需求弹性是多少？

(3) 最后考虑价格。

知识拓展

保本点确定

保本点是指总销售收入和总成本相等，既无盈利，也不亏损，正好保本的销售量（额），又称“损益平衡点”“盈亏临界点”。

$$保本点销售量=\frac{固定成本总额}{产品单价-单位变动成本}$$

又因为：单价－单位变动成本＝单位贡献毛益

则，上式又可写成：$保本点销售量=\frac{固定成本总额}{单位贡献毛益}$

（三）采购商理解价值定价法

所谓理解价值，也称为感受价值和认知价值，是指消费者对某种商品价值的主观评判。理解价值定价法是指企业以消费者对商品价值的理解度为定价依据，运用各种营销策略手段，影响消费者对商品价值的认知，形成对企业有利的价值观念，再根据消费者心目中的价值来制定价格的方法。

运用理解价值定价法的关键和难点是获得消费者对有关商品价值的准确资料。企业如果过高的估计消费者的理解价值，其价格就可能过高，难以达到应有的销量；反之，若企业低估了消费者的理解价值，其定价就可能低于应有水平，使企业收入减少。因此，企业首先必须通过广泛的市场调研，了解消费者的需求偏好，根据产品的性能、用途、质量、品牌、服务等要素，判定消费者对商品的理解价值，制定商品的初始价格。然后，在初始价格条件下，预测可能的销量，分析目标成本和销售收入，在比较成本与收入、销量与价格的基础上，确定该定价方案的可行性，并制定最终价格。

由此可见，理解价值法定价的关键点掌握两个关键：①企业应通过市场营销研究，探测消费者对本企业所生产的产品市场上同类品牌的认知价值；②企业还应估计和测量本企业营销组合中的非价格变量在目标市场中，将要建立起来的认知期望值，并比较产品差异和认知价值差异（与市场上同类产品其他品牌进行产品的性能、用途、质量、外观的认知比较和认知价值比较），然后给产品制定价格，这种价值要能反映消费者对产品的评价，而不是企业成本，更不是企业主观价值判断。

理解价值定价法的步骤如下：①确定消费者认知价值，决定商品的初始价格；②预测在初始价格下的商品的销量；③预测目标成本，即由销量算出生产量、投资额及单位成本；④把目标成本与实际成本相比较，计算能否达到预期利润。

（四）竞争定价法

竞争定价法是企业通过研究竞争对手的生产条件、服务状况、价格水平等因素，依据自身的竞争实力、参考成本和供求状况来确定商品价格。以市场上竞争者的类似产品的价格作为本企业产品定价的参照系的一种定价方法。主要包括随行就市定价法、产品差别定价法和密封投标定价法。

1. 随行就市定价法　在垄断竞争和完全竞争的市场结构条件下，任何一家企业都无法凭借自己的实力而在市场上取得绝对的优势，为了避免竞争特别是价格竞争带来的损失，大多数企业都采用随行就市定价法，即将本企业某产品价格保持在市场平均价格水平上，利用这样的价格来获得平均报酬。此外，采用随行就市定价法，企业就不必去全面了解消费者对不同价差的反应，也不会引起价格波动。计算公式为：

产品出厂价格＝市场可销零售价格－零批差价－批进差价＝（同类产品市场基准零售价格±产品质量或规定差价）×（1－零批差率）×（1－批进差率）

其中，在“同类产品市场基准零售价格”上加上或减去“产品质量或规定差价”，是指在使用这种方法时，要将本企业商品的质量、品种、规格、包装等与同类竞争商品进行充分比较，确定应加价还是减价。零批差价是指同一商品在同一市场、同一时间内零售价格与批发价格之间的差额。零批差价与零售价格之比称零批差率。批进差价是指同一商品在同一市场、同一时间内批发价格与出厂价格之间的差额。批进差价与批发价格之比称批进差率。

【例 4-4】 某公司的新产品比市场上同类产品某方面性能明显优越，可以上浮 5% 差价，同类产品市场零售价格为 3 000 元，零批差率为 10%，批进差率为 5%，试问该新产品出厂价格应该定为多少？

出厂价格＝3 000×（1＋5%）×（1－10%）×（1－5%）＝2 693.25（元）

这种定价法着眼于市场，考虑了市场的供求和竞争因素的影响，能够较好地适应市场，有利于企业参与竞争。但是，这种定价方法与企业成本费用脱节，不一定能保证企业要求的利润。

2. 产品差别定价法 产品差别定价法是指企业通过不同营销努力，使同种同质的产品在消费者心目中树立起不同的产品形象，进而根据自身特点，选取低于或高于竞争者的价格作为本企业产品价格。因此，产品差别定价法是一种进攻性的定价方法。

3. 密封投标定价法 在国内外，许多大宗商品、原材料、成套设备和建筑工程项目的买卖和承包以及出售小型企业等，往往采用发包人招标、承包人投标的方式来选择承包者，确定最终承包价格。一般来说，招标方只有一个，处于相对垄断地位，而投标方有多个，处于相互竞争地位。标的物的价格由参与投标的各个企业在相互独立的条件下来确定。在买方招标的所有投标者中，报价最低的投标者通常中标，它的报价就是承包价格。这样一种竞争性的定价方法就称密封投标定价法。

竞争定价法的优点：考虑到了产品价格在市场上的竞争力。它的缺点：①过分关注在价格上的竞争，容易忽略其他营销组合可能造成产品差异化的竞争优势；②容易引起竞争者报复，导致恶性地降价竞争，使公司毫无利润可言；③实际上竞争者的价格变化并不能被精确的估算。

竞争导向定价法的分类：通行价格定价法、主动竞争定价法、密封投投标定价法、现行价格定价法、投标定价法。

总之，供应商无论采用哪种定价方法，只要确定了材料价格后就可以计算出物资材料的成本，即 $F_2=A\times B$。

三、存货成本的计算

（1）年保管费用为 K_b；

（2）年均存货总额（年初存货与年末存货的 1/2）K_h；

（3）每 1 元的材料的年保管费用＝$K_b\div K_h$；

（4）每件材料的年保管费用＝$B\times K_b\div K_h$；

（5）每件材料的天保管费用＝$B\times K_b\div K_h\div 365$；

（6）每批材料的天保管费用＝$A\times B\times K_b\div K_h\div 365$；

（7）实际存货天数下的每批材料的保管费用＝$Y\times A\times B\times K_b\div K_h\div 365$；

（8）实际存货天数下每批材料的占用利息＝$Y\times A\times B\times K_i\div 30$；

（9）实际存货天数下的每批材料的存货成本 $F_3=Y\times A\times B\times K_b\div K_h\div 365+Y\times A\times B\times K_i\div 30$。

四、缺货成本的计算

(1) 年停工加班费用 K_c;

(2) 年销售(因延误交付而支付的)损失 K_d;

(3) 年销售额 K_f,年产值 K_g,年采购总额 K_e;

(4) 由于采购延误导致的年停工加班费用$=K_c\times K_e\div K_g$;

(5) 由于采购延误导致的年销售(因延误交付而支付的)损失$=K_d\times K_e\div K_f$;

(6) 由于采购延误导致的年缺货总成本$=K_c\times K_e\div K_g+K_d\times K_e\div K_f$;

(7) 每1元材料的年缺货成本$=K_c\div K_g+K_d\div K_f$;

(8) 每1元材料的天缺货成本$=(K_c\div K_g+K_d\div K_f)\div 365$;

(9) 每件材料的天缺货成本$=B\times(K_c\div K_g+K_d\div K_f)\div 365$;

(10) 每批材料的天缺货成本$=A\times B\times(K_c\div K_g+K_d\div K_f)\div 365$;

(11) 实际缺货天数下的每批材料的缺货成本 $F_4=Z\times A\times B\times(K_c\div K_g+K_d\div K_f)\div 365$。

五、每批材料的采购成本的计算

$F=F_1+F_2+F_3+F_4$

$F=X\times A\times B\times K_a\div K_e\div 365+A\times B+Y\times A\times B\times K_b\div K_h\div 365+Y\times A\times B\times K_i\div 30+Z\times A\times B\times(K_c\div K_g+K_d\div K_f)\div 365$

$F=A\times B\times[X\times K_a\div K_e\div 365+1+Y\times K_b\div K_h\div 365+Y\times K_i\div 30+Z\times(K_c\div K_g+K_d\div K_f)\div 365]$

以上公司计算采购成本成立的条件是供应商的材料是一次性交付的,材料入库后也是一次性出库的,而且单价没有折扣,假如同一批材料不是一次性到货或者入库后并非一次性出库的,而且每一次到货的数量和出库的数量是不均匀的,则在每一块子成本中需要使用(数量、天数)的二元函数的定积分求值。$F=\iint t\times dtdq$(t为天数,q为数量)。

之所以考虑用每1元的材料来分配年度各项成本而不是以订货次数来分配,是因为现实中经常是一次订货并非是一个产品(一张订单上有很多产品),这一次产品1与产品2同时订货,而下一次产品1又是与产品3同时订货,那么这2次中产品1的订货成本就无法计算了,但是按照每1元的材料来计算,只要价格确定、数量确定,则不需要考虑订货次数的影响了,同样分配年存货和缺货成本也是这种原因。

注意:从公式中可以看出,如果减少 X、Y、Z 也就是订货天数(采购提前期)、存货天数、缺货天数都可以降低采购成本。相反就增加采购成本。

【例4-5】假设Q公司的年订货总成本为100万,年保管费用为1 000万,年停工加班费用200万,年销售(因延误交付而支付的)损失为100万,年采购总额6 000万,年销售额9 000万,年产值1亿,年均存货总额(年初存货与年末存货的1/2)600万,月利率0.5%。

某一次采购材料S:订货天数30天,存货天数5天,缺货天数2天,该批材料数量1 000个,单价10元/个,合格数量900个,废品单价6元/个(废品不存货,立刻处理,所以废品不占用存货成本)。尝试计算此次的采购成本F(供应商的材料是一次性交付的,材料入库后也是一次性出库的)。

已知：X＝30 天，Y＝5 天，Z＝2 天，A＝1 000 个，A（合格）＝900 个，B＝10 元/个，K_a＝100 万，K_b＝1 000 万，K_c＝200 万，K_d＝100 万，K_e＝6 000 万，K_f＝9 000 万，K_g＝1 亿，K_h＝600 万，K_i＝0.5%。

（1）订货成本 $F_1 = X \times A \times B \times K_a \div K_e \div 365 = 30 \times 1\,000 \times 10 \times 100 \div 6\,000 \div 365$

$= 5\,000 \div 365 = 13.698\,6$（元）

（2）材料成本 $F_2 = A \times B = 1\,000 \times 10 = 10\,000$ 元

（3）存货成本 $F_3 = Y \times A$（合格）$\times B \times K_b \div K_h \div 365 + Y \times A$（合格）$\times B \times K_i \div 30$

$= 5 \times 900 \times 10 \times (1\,000 \div 600 \div 365 + 0.5\% \div 30)$

$= 45\,000 \times (0.004\,566\,2 + 0.000\,166\,7) = 212.980\,5$（元）

（4）缺货成本 $F_4 = Z \times A \times B \times (K_c \div K_g + K_d \div K_f) \div 365$

$= 2 \times 1\,000 \times 10 \times (200 \div 100\,00 + 10 \div 9\,000) \div 365$

$= 20\,000 \times (0.02 + 0.011\,111\,1) \div 365$

$= 1.704\,7$（元）

（5）废品收入＝100×6＝600（元）

采购成本 $F = 13.698\,6 + 10\,000 + 212.980\,5 + 1.704\,7 - 600 = 9\,628.383\,8$（元）

如果按这样来计算采购成本，那么每一次采购的成本都可以计算出来，在实际工作中只要多减少 1 天的订货天数（采购提前期）、存货天数、缺货天数，那么节省下来的成本都有据可查了。

任务实训

熟悉企业采购成本计算

1. 实训背景资料 选择某企业，前往该企业调研。

2. 实训目标 了解该企业主要产品、采购成本组成，采购成本具体计算，进一步研究采购成本占营业收入的比重，了解企业的盈利情况。

3. 实训准备

（1）查资料了解该企业所处行业、主要从事业务，企业定位与发展规划。

（2）设计问卷、调研提纲。

（3）班级同学分组，明确分工。

（4）准备外出调研器材：笔记本、笔、照相机、电池等。

4. 实训步骤

（1）网络查询，现场访谈搞清企业生产的产品有哪些？采购成本都包括哪些内容？采购成本具体核算的方法。

（2）该企业采购成本中每一项是怎样核算的？

（3）该企业采购成本核算有哪些优缺点？

（4）根据企业的实际情况，在教师和企业人员的指导下分组讨论该企业采购成本核算缺点的改进内容。

5. 实训评价

小组	设计构想（35%）	设计效果（25%）	报告表述（25%）	分工合作情况（15%）	总分
1					
2					
3					
4					

注：考评满分 100 分，60 分以下为不及格，60～69 分为及格，70～79 分为中，80～89 分为良，90 分及以上为优。

任务小结

本任务主要介绍采购成本各组成部分的核算方法，采购成本各组成部分的核算都要结合企业实际情况和企业当时所处的市场情况来定，要求我们能够清楚地认识和掌握采购成本各组成部分的核算方法，为企业成本核算打下扎实的基础。

复习思考题

1. 某企业全年生产某种产品 10 万件，产品的单位变动成本 10 元，总固定成本 50 万元，该企业要求的成本利润率为 20%，该产品出厂的价格是多少？

2. 企业某产品的固定成本为 10 万元，单位变动成本为 10 元，目标利润率为 20%，当产量为 2 500 件时，每件产品的价格为多少元？

3. 简述有几种定价方法。

任务三　采购成本分析与控制

在激烈的市场竞争中，面临着需求多样化和个性化的双重挑战。面对这两种严峻挑战，企业的物资采购不但要能够满足生产过程对物料多样化的需求，以保证企业生产出个性化的产品，并且需要以最低的采购物流成本完成这一环节，从而使企业的生产成本整体降低。可见，采购物流成本的高低对于企业产品成本的构成及提升企业竞争力有着举足轻重的作用。尤其在采购占平均销售金额比重逐渐增加的趋势下，降低采购成本是采购人员提供企业附加值最直接的方式。

一、采购成本影响因素分析

影响采购成本的因素很多，概括起来可以归纳为企业内部因素、外部因素和意外因素 3 个方面。

（一）内部因素分析

1. 跨部门协作和沟通　采购业务涉及计划、设计、质保和销售等部门。由于需求预测不准，生产计划变化频繁，紧急采购多，采购成本高；由于设计部门未进行价值工程分析或推进标准化，过多考虑设计完美，导致物料差异大，形成不了采购批量，采购成本高；由于质量部门对质量标准过于苛刻，导致采购成本增加等。

2. 采购批量和采购批次　根据市场供需原理，物料的采购单价与采购数量成反比，即采购的数量越大，采购的价格就越低。企业间联合采购，可合并同类物料的采购数量，通过统一采购使采购价格大幅度降低，使各企业的采购费用相应降低。因此，采购批量和采购批次是影响采购成本的主要因素。

3. 交货条件和付款条件 交货条件也是影响采购价格的非常重要的因素，交货条件主要包括运输方式、交货期的缓急等。如果货物由采购方来承运，则供应商就会降低价格；反之就会提高价格。有时为了争取提前获得所需货物，采购方会适当提高价格。在付款条件上，供应商一般规定有现金折扣、期限折扣，以刺激采购方能提前用现金付款。

4. 采购方的议价能力与供应者的争价能力 采购方竞争的手法是压低价格、要求较高的产品质量或索取更多的服务项目，并且置竞争者于彼此对立的状态，所有这些都是以利润作为代价的。每个采购方的上述能力的强弱取决于众多市场情况的特点，也与这宗购买相对于买主整个业务的重要性有关。供应者们可能以提价或降低所购买产品的质量、服务相威胁，向采购方施加压力。供应者施加的压力可以使采购方因成本增加而产品售价未能同步增加而失去利润，供应商压力的强弱是与采购方压力相互消长的。

（二）外部因素分析

1. 市场供需状况 影响采购成本最直接的因素就是市场供需情况。在资源紧缺，供不应求时，供应商处于主动地位，便会乘机抬高价格；当企业所采购的物品供过于求时，采购企业处于主动地位，可以获得最优的价格。

2. 供货商生产技术、质量水平 一般供应商的生产技术先进、产品品质优秀，产品销售价格就高。因此，采购人员应根据需求部门对质量、技术功能及交货期的要求，合理选择供应商，达到良好的性价比。

3. 采购企业与供货商的合作关系 在全球经济一体化的大背景下，供求双方建立长期双赢的合作伙伴关系，通过双方共同努力，降低供应链成本，来实现降低采购成本的目的。

4. 供货商的销售策略 供应商报价与供应商的销售策略直接相关，如供应商为开拓市场获得订单，一般开始价格比较低，在占领市场后会提高价格。

5. 供应商成本 一般在新产品开发和投入阶段，采购数量少，供应商成本高；进入成长期后，随着采购量增加、技术成熟，供应商成本降低，供应商价格就会降低。这是影响采购成本最根本、最直接的因素。

（三）意外因素分析

自然灾害、战争等因素也会导致采购价格大幅上涨。

二、采购成本分析与控制

就企业采购来说，节约成本的方法有很多，归纳起来主要有以下7种：

（一）分析供应商价格组成，降低采购成本

在大型企业里，所需要的原材料有的多达万种以上，要对每种材料都做好供应商价格组成分析是不可能的，根据存货的ABC分析法，一般数量上仅占10%而其价值却占总采购成本70%的A类存货进行分析。采购人员要想知道供应商的实际成本结构并不容易，通常采购人员可从供应商的供应价格影响因素及定价方法着手，对供应商的成本组成进行分析。常用的方法有以下几个方面。

1. 根据利润表分析供应商的价格组成 采购人员要收集相关信息，可以从企业的财务

利润表入手，得到供应企业的成本组成。其计算方法为：

营业利润＝（营业收入－营业成本）－（营业费用＋管理费用＋财务费用）

倒推出营业收入，作为供应商的价格组成。

2. 根据盈亏平衡分析确定供应商的价格组成 盈亏平衡分析，又称为本量利分析或保本分析，它是通过对生产成本、销售利润和生产量之间相互制约关系的综合分析，来预测利润、控制成本。分析时将生产成本分为固定成本和变动成本。企业的产品销售收入扣除变动成本后的剩余，称为边际贡献或边际毛利，产品单位销售收入扣除单位变动成本后的剩余，称为单位边际贡献。当供应商有边际贡献后，再来分摊固定费用。盈亏平衡分析模型：

$$I=S-(C_v\times Q+F)=P\times Q-(C_v\times Q+F)=(P-C_v)Q-F$$

式中：I——销售利润；

P——产品销售价格；

F——固定成本总额；

C_v——单件变动成本；

Q——销售数量；

S——销售收入。

总成本 $C=F+C_v\times Q$，总收入 $S=P\times Q$。

列出盈亏平衡方程：$C=S$，即 $P\times Q=F+C_v\times Q$

盈亏平衡点 $Q=F\div(P-C_v)$

因此，供应商在制定产品价格时，产品的单价应该大于成本（即单位固定成本摊销与单位产品变动成本之和）。但是，在新产品上市或销售淡季，供应商会考虑用边际贡献来分摊固定成本，这时可以把价格压到单位总成本之下（不含单位固定成本），只要使供应商获得边际贡献即可成交。

一般来说，成本构成中固定成本比例越高，价格的弹性就越大，随市场季节变化及原材料的供应而变化的波动也就越强烈，因而这些产品在采购时可采用加大订购数量及在销售淡季订购等方法来降低采购成本，而对于变动成本比例较高的产品则要下力气改善与供应商的关系，形成供应链的管理模式，促进其管理水平的提高并降低管理费用，以求最大限度降低采购成本，保证采购产品质量。也就是说，作为采购人员要了解供应商的成本结构，就要了解其固定成本及变动成本的内容。

3. 根据学习曲线分析供应商的价格组成，降低采购成本 学习曲线是分析采购成本、实施采购成本降价的一个重要工具和手段。其基本概念是随着产品的累计产量增加，单位产品的成本会以一定的比例下降。这种单位产品成本的降低与规模效益并无关系。这是因为某产品在生产的初期，由于经验不足，产品的质量保证、生产维护等需要较多的精力投入以致带来较高的成本，随着累计产量的增加，管理渐趋成熟，所需要的人力、财力、物力逐渐减少，工人越来越熟练，质量越来越稳定，前期的工程、工艺技术调整与变更越来越少，突发事件及故障不断减少，物流不断畅通，原材料及半成品等库存控制日趋合理，前期生产期间的各种改进措施逐步见效，因而成本不断降低。这就意味着生产某产品的老企业压价的空间大。因此，需要采购人员调查供应商生产产品的生命周期从而采取措施降低采购成本。

依产品生命周期来制定降低采购成本的策略。采购项目在其产品生命周期的过程中，可以分为 4 个时期，各有其适用的手法。

（1）导入期。新技术的制样或产品开发阶段。供应商早期参与价值分析、目标成本法以及为便利采购而设计都是可以利用的手法。

（2）成长期。新技术正式产品化量产上市，且产品被市场广泛接受。采购可以利用需求量大幅成长的优势，进行杠杆采购获得成效。

（3）成熟期。生产或技术达到稳定的阶段，产品已稳定的供应到市场上。价值工程、标准化、招标竞价法的动作可以更进一步地找出不必要的成本，并做到节省成本的目的。

（4）衰退期。产品或技术即将过时或将衰退时，并有替代产品出现，因为需求量已在缩减之中，此时再大张旗鼓降低采购成本已无多大意义。

4. 充分考虑价格折扣分析供应商的价格 折扣是企业产品销售中常用的一种促销方式。了解折扣有助于采购人员在谈判过程中降低采购价格，概括起来大体有付款的现金折扣、购买的数量折扣、采购地的地理折扣、供应的季节折扣、产品的推广折扣等几种类型。有效地利用折扣是降低采购成本的一种手法。

（二）通过库存控制，降低采购成本

对于经常性、需求量大的原材料、零（配）件，需要在采购和库存成本之间做平衡分析，这种分析常采用经济批量和经济订货点来确定。

1. 经济批量的确定 经济批量又称经济订货量，是指使购进的存货总成本最低的采购批量。它回答了两个基本问题：经济订货量应该是多少？应何时发出订单？存货总成本包括3部分，即订货成本、储存成本和缺货成本。通过经济批量的基本模型可计算出经济订货量。经济批量前提假设：

（1）物料需求均衡，且一定时期的需求量已知。

（2）物料补充瞬时完成。

（3）物料单价为常数，即不存在价格折扣。

（4）订货提前期确定，即不会发生缺货情况，意味着不考虑保险库存，缺货成本为零。

（5）物料存储成本正比于物料的平均存储量。

（6）订货成本不因订货量大小而变动，即每次订货成本为已知常数。

设存货全年的需求量为 A，订货单价为 P，则全年购置成本为 $A\times P$；企业每次的订购量为 Q，则全年的订货次数就为 A/Q；每次订货成本为 B，则订货的变动成本为 $A/Q\times B$；订货的固定性支出，如采购地办事机构的固定开支为 F_1，则

$$订货成本=A\times P-A/Q\times B+F_1$$

企业全年的平均储存量就为 $Q/2$，假设每单位存货量的年储存成本为 C，则储存变动成本为 $Q/2\times C$，储存固定成本，如仓库的折旧费、仓库管理人员的工资等为 F_2。则

$$储存成本=Q/2\times C+F_2$$

在不允许缺货的情况下，即缺货成本为0，则

全年存货的总成本＝订货成本＋储存成本＋缺货成本＝$A\times P+A/Q\times B+F_1+Q/2\times C+F_2+0$

因为 A、P、B、F_1、C、F_2 等要素为常数项，往往属于决策的非相关成本，所以决策的相关成本只是订货的变动成本、储存的变动成本。对于上式，Q 可以作为因变量进行求导，即求极小值，则可得：

$$每次订货批量（经济批量）Q=\sqrt{\frac{(2AB)}{C}}$$

$$C 年最佳订货次数 N=A/Q$$

2. 经济订货点的确定 经济订货点又称再订货点，就是订购下一批存货时本批存货的尚存储存量。确定订货点时必须考虑成本的节约，订货点过长，年储存成本增加；订货点过短，一旦供货延期或销量增加将会造成停工待料。最理想的订货点应该是当下批材料运达仓库时，仓库库存正好用完，这一储存量是在正常情况下的最低储备量，又称正常储备量。当发生延期到货或使用量增加时，为防止缺货而增加的储备称为安全储备量。因此，经济订货点的公式为

经济订货点＝正常储备量＋安全储备量＝日均需求量×订货天数＋安全储备量

经济订货批量有助于企业在采购时树立成本效益观念，重视资金的时间价值，合理安排采购计划，减少不必要的资金占用。

任何可以节省费用的手段都应该是采购过程中值得考虑的对象，但必须是合情、合理，更要合法，有利于与供应商伙伴互动关系。至于上述几种方法应该优先使用哪种，哪种方法较好，则有赖于采购人员依照不同状况进行专业判断后确定。

（三）采用 JIT 方法，控制采购成本

JIT 采购又称为准时化采购，它是由准时化生产（just in time）管理思想演变而来的。它的基本思想：把合适的数量、合适质量的物品，在合适的时间供应到合适的地点。采购的数量和时间安排也影响着价格、运输成本和库存持有成本。准时化采购和准时化生产一样，它不但能够最好地满足用户需要，而且可以极大地消除库存、最大限度的消除浪费，从而极大地降低企业的采购成本和经营成本，提高企业的竞争力，正是因为 JIT 采购对于提高企业经济效益有着显著的效果，20 世纪 80 年代以来，西方经济发达国家非常重视对 JIT 采购的研究与应用。据资料统计，到目前为止，绝大多数的美国企业已经开始全部或局部应用 JIT 采购方法，并取得了良好的应用效果。

由于实施 JIT 采购对企业的基础工作、人员素质、管理水平等要求较高，在我国实施 JIT 采购方法的企业数量还不太多，主要集中在诸如汽车、电子等行业，应用水平也有待于进一步提高。作为一种先进的物资采购模式和管理方法，在工程建设机械行业的应用可以说也是大势所趋。因此，工程建设机械行业有必要对 JIT 采购模式的原理、特点和实施过程进行深入了解，以便能够结合企业实际，尽早采用，从而提高整个行业参与全球化竞争的能力，促进企业长足发展。

（四）实施标准化采购，降低采购成本

实施规格的标准化，为不同的产品项目或零件使用共通的设计、规格，或降低订制项目的数目，以规模经济量，达到降低制造成本的目的。但这只是标准化的其中一环，应扩大标准化的范围，既可加大原物料取得的便利性，又可以减少自制原材料所需的技术投入，同时也可降低生产所需的成本，提高其标准化程度，减少差异性带来的后续成本。

（五）利用互联网平台进行采购，降低采购成本

企业的采购如果管理不善，采购的原料价格过于昂贵或者质量低下，无论在生产过程中如何管理和控制，其产品都将直接受到影响。而采购过程中之所以经常出现问题，是由于过多的人为因素和信息闭塞造成的，通过互联网可以减少人为因素和信息不畅通问题，在最大

限度上降低采购成本。

（1）利用互联网将生产信息、库存信息和采购系统连接在一起，可以实现实时订购，企业可以根据需要订购，最大限度降低库存，实现零库存管理，这样的好处是，一方面减少资金占用和减少仓储成本；另一方面可以避免价格波动对产品的影响。

（2）通过互联网实现库存、订购管理的自动化和科学化，可最大限度减少人为因素的干预，同时能以较高效率进行采购，可以节省大量人力和避免人为因素造成不必要损失。

（3）通过互联网可以与供应商进行信息共享，可以帮助供应商能按照企业生产需要进行供应，同时又不影响生产和增加库存产品。用户可以最快速度获得需要支持，避免过多中间环节，实现零周转。

（4）通过在互联网上发布求购信息和实时视频会议系统，可以让全球的供应商报价与竞价，从而选择综合成本最低的供应商。比如一温州个体户，在网上发布了求购鲨鱼皮的消息，3 天内，就收到了韩国、日本、秘鲁的多家水产商的报价，最低价格到温州为 50 元/千克，而当时温州的价格为 150～200 元/千克。

利用互联网实现采购成本降低必须注意以下几个问题：①必须与企业的内部经营管理系统，特别是库存系统和生产系统（商业部门是销售系统）进行数据共享，使得采购部门能及时了解信息在网上发布订购信息；②企业站点要设立专门网页提供企业需要的产品的种类、型号、数量和供货时间以及联系方式等；③最好是与少数几家供应商建立长期合作关系，并实现采购信息与供应商共享，加强双方的互惠互利合作，获得长期商业利益，因为 80％的利润来自 20％产生利润的地方。

（六）通过集中采购，降低采购成本

集中采购的优势在家电行业、农副产品、连锁店最为明显。然而，要做到集中采购，听起来容易做起来难，有时不单单靠公司采购部一个部门就能够完成。

以海尔集团为例，电缆是海尔众多产品都要使用的部件，为了做到集中采购，采购部门和产品设计部门通力合作，对空调、洗衣机、电冰箱等产品所用到的电缆进行了统一的重新设计，能够标准化的标准化，能采用通用部件的尽量使用通用部件。通过这些措施，海尔集团所采购的电缆由原来的几百种减少为十几种。采购产品种类减少，才能顺理成章地实现集中采购。据透露，仅此一项改进，就使得海尔集团在电缆采购上节约了 20％的成本。

（七）利用管理会计方法，降低采购成本

1. 目标成本法 目标成本是预计目标售价减去目标利润得出的。产品的目标成本确定后，与公司目前的相关产品成本或本行业的先进水平相比较，确定成本差距。设计小组通常运用质量功能分解、价值工程、流程再造等方法来寻求满足要求的产品与工序设计方案，把这一差距缩小。质量功能分解旨在识别顾客需求，并比较分析其与设计小组计划满足的需求差距，以支持价值工程的设计过程，以此达到降低成本的目的。

2. 定额管理法 与采购过程有关的定额，包括生产消耗定额、物资储存定额、采购费用定额等。工作中常常通过制定先进合理的物资消耗定额，采用标准化、通用化和系列化，确定最经济合理的物资消耗标准；在保证质量的前提下，尽量采用以廉代贵，综合利用原材料，提高材料利用的经济性、效益性。在充分采用准时制的情况下，制定与经济订购批量相适应的储存定额；采购过程中，采用多种采购方式，就近组织物资供应，选

用恰当的运输方式等方法，制定采购费用定额。降低企业采购成本，定额管理是一种行之有效的方法。

任务实训

典型企业采购成本控制案例分析

1. 实训背景资料 典型企业采购成本控制案例。

2. 实训目标 熟悉典型企业经营状况、采购成本组成，采购成本具体计算，采购成本控制效果。

3. 实训准备

(1) 查资料了解该企业所处行业、主要从事业务，企业定位与发展规划。

(2) 班级同学分组，明确分工。

(3) 准备实训器材：笔记本、笔、照相机等。

4. 实训步骤

(1) 网络查询，阅读资料搞清该企业生产的产品有哪些？该企业盈利如何？采购成本都包括哪些内容？

(2) 该企业采购成本中每一项是怎样核算的？

(3) 该企业采购成本控制方法有哪些？

(4) 该企业采购成本控制效果如何？

(5) 该企业采购成本控制成功或失败的原因是什么？

(6) 小组讨论，在教师和企业人员的指导下对采购成本控制失败的企业提出一些改进的意见和建议。

5. 实训评价

小组	设计构想（35%）	设计效果（25%）	报告表述（25%）	分工合作情况（15%）	总分
1					
2					
3					
4					

注：考评满分100分，60分以下为不及格，60～69分为及格，70～79分为中，80～89分为良，90分及以上为优。

任务小结

本任务主要介绍采购成本控制的重要性，采购成本的影响因素及采购成本的分析与控制。要求重点掌握采购成本的影响因素及采购成本的分析与控制，今后为企业降低采购成本提高经营利润打下扎实的基础。

复习思考题

1. 控制采购成本的重要性有哪些？

2. 采购成本的影响因素有哪些？

3. 依产品生命周期降低采购成本的策略有哪些？

4. 某企业平均每年A配件用量为50 000千克，每套进货价为50元，其储存成本为10元。现有两个竞争厂家向该企业提供订货。甲厂交货期为5天，每次固定订货成本为100元；乙厂交货期为8天，每次固定订货成本为64元；假设没有安全存量。要求：

(1) 分别计算由每一厂家供货，公司的经济订货批量。

(2) 计算每一位供应商年需订货批次。

(3) 仅考虑与经济批量有关的存货总成本，公司应从哪一厂家订货？

(4) 对每位供应商再订货点是多少？

5. 翔实物资公司2014年需要A种物资500吨，每吨单价400元，每次采购费用为800元，仓库储存费用率为20%。请计算该公司2014年的经济订货批量和订货次数（要求先写出计算公式，再将相关数据代入公式进行计算）。

案例分析

邯钢成本控制案例

自1991年以来，河北省邯郸钢铁总厂（以下简称邯钢）作为一家始建于1958年的老厂，企业经济效益大幅度提高，利润连年快速增长，整体实力逐年壮大，已经由过去的一个普通的地方中型钢铁企业跃居全国11家大型钢铁企业行列。然而在1990年，邯钢还是与国内其他企业一样，面临内部成本上升、外部市场疲软的双重压力，经济效益大面积滑坡，短短的几年时间，邯钢在激烈的市场竞争环境中有效的遏制住成本持续上升连续亏损的势头，走出经济效益滑坡的低谷，完成了由一般的亏损企业到明星企业的转变，邯钢人是如何取得成功的？

1. “模拟市场核算，实行成本否决”产生的背景 1990年全国开展治理整顿，压缩基本建设，钢铁市场整体呈疲软状态。当时，国内钢铁企业大都面临3个问题：一是原材料和运输涨价，减利因素增大，企业成本增高，效益下降。二是市场竞争日趋激烈，有些钢厂品种少、质量差、成本高的问题日渐突出。三是债务负担重，生产经营十分困难。

伴随着钢铁市场的疲软，钢材的售价一跌再跌。邯钢这个河北省知名的上缴利税超亿元的大户，连续5个月出现亏损，企业到了难以生存的地步。然而，企业的运作是为了生存、盈利和发展。现实的情况很残酷，此时的邯钢处于赔钱状态，而赔钱的根本问题是产品的生产成本高。邯钢当家人刘含章认为邯钢生产成本高，归根结底是职工没有真正当家理财，主人公地位没有得到落实，企业是厂长负责制，但真正对每台机器、每件产品负责的是自己直接操作的职工。人民是历史创造的动力，只有全厂职工工人当家理财，企业才能搞好搞活。显然，那种单纯靠提高产量、靠大投入增效益的路子走不通了，必须围绕降低成本做文章。因为成本是反映企业生产经营状况的一个综合指标，抓成本可以促使产量提高、可以促使质量改变、可以促使消耗降低、可以促使专业管理和基础工作加强。邯钢人清楚地意识到，既然他们的产品都赔钱，那么为什么不能搞一个所有产品都不赔钱的成本指标，并把它分解落实到分厂、分段、班级和个人。每个单位、每个人都完成自己承担的指标，企业自然不会赔钱了。因此，邯钢从1991年开始推行以“模拟市场核算，实行成本否决”为核心的企业内部改革，将每一个产品的目标成本指标逐层分解到分厂、车间、班组和职工，使厂内的每个环节都承担降低成本的责任，使得职工真正地做到人人当家理财。

2. 模拟市场核算的具体做法 邯钢试行“模拟市场核算”的核心就是确定目标成本，而对于一个企业来说，成本是无法确定甚至是难以预测的。邯钢同一般企业追求目标利润最大化的做法不同，它主要是控制目标成本，从市场价格和目标利润倒推出某项产品的目标成本。表明了邯钢的成本计量方法由过去以“计划价格”为依据的“正算法”，改变为以市场价格为依据的“倒推法”，即将过去从产品的原材料进价开始，按厂内工序逐步结转的“正算”方法，改变为从产品的市场销售减占目标利润开始，按厂内工序逐步推算的“倒推”方法，是目标成本等指标真实地反映市场的需求变化。

邯钢在实行“模拟市场核算”的过程中，针对产品的不同情况，确定相应的目标利润，原来亏损但有市场的产品要做到不赔钱或微利，原来盈利的产品要做到增加盈利。成本降不下来的产品，停止生产。同时明确目标成本的各项指标是刚性的，执行起来不将就、不照顾、不讲客观原因。

3. 实行成本否决的具体做法 邯钢实行成本构建的核心思想：成本指标没有完成，别的工作干得再好，也要否决全部奖金。因为刘含章认为成本是反映企业生产经营状况的一项综合指标，所以成本否决的实质就是以“否决”为手段，以降低成本为核心内容的激励机制，使邯钢各环节、各部门把降低成本、提高效益放在企业管理的中心地位，以确定邯钢总体成本目标的实现。

邯钢在实行成本否决的过程中，一是将产品目标成本中的各项指标层层分解到分厂、车间、班组、岗位和职工个人，使厂内的每个环节都承担降低成本的责任，把市场压力及厂家隐身消化于各个环节；二是通过层层签订承包协议，联利计酬，把分厂、车间、班组、岗位和职位个人的责、权、利与企业的经济效益紧密地结合在一起。

邯钢通过独特的“模拟市场核算，实行成本否决”做法，在成本控制方面取得显著的成效，是进行控制管理的成功典范。

（资料来源：http：//www.doc88.com/p-07169624453.html）

思考题

1. 邯钢在1990年面临怎样的一个市场环境？这对邯钢有怎样的影响？
2. 邯钢在1990年连续5个月出现亏损，甚至到难以生存的地步的根源是什么？
3. 邯钢采取了哪些措施使企业自1991年以来扭亏为盈，利润连年快速增长？

项目五 <<<

运输成本管理

项目导入

运输成本在企业物流成本的内容中占据很重要的位置，是其主要的组成部分。企业对物流成本的控制在一定程度上主要由其对运输成本的控制来决定。一般综合分析计算，运输费用在社会物流费用中约占50%。由于运输是物流中最重要的功能要素之一，物流合理化在很大程度上依赖于运输合理化，而选择合理的运输方式、运输工具等都是降低物流运输成本的有效措施。

知识目标

1. 掌握运输成本的概念、特点、构成、分类
2. 掌握各种运输方式成本的构成和计算
3. 了解运输成本的分析和控制

能力目标

1. 能够运用所学知识结合案例，从多角度考虑物流成本管理的思维能力
2. 能够判别企业物流成本的分类

任务一　运输成本管理认知

一、运输成本概念

(一) 运输成本的概念和特点

运输成本是一定时期内，企业为完成货物运输业务而发生的全部费用，包括从事货物运输业务的人员费用、车辆（包括其他运输工具）的燃料费、折旧费、维修保养费、货物装卸费、租赁费、养路费、过路费、年检费、事故损失费（包含逾期和滞留费用）、相关税金等。

运输成本的特点是不包含原料费，而燃料、工资、折旧以及修理等项支出占的比重较大，在各种不同的运输工具或者运输方式之间，运输成本有不同的构成类别和范围，也存在着各种比价关系。

运输成本可以从广义和狭义区分，广义的运输成本由供应子系统、生产子系统、销售子系统和废弃子系统中的显性成本和隐形成本构成。显性成本存在于运输、仓储、装卸、搬运配送、流通加工和信号传递等具体的基础设施、设备资源和运作过程中，隐性成本存在于因运输运作不畅导致的库存费用增加所形成的库存资金，机会成本和市场反应慢的损失及管理

不善造成的货物损失和损坏的成本。而狭义的运输成本则可以理解成设备和工具，将物品从一个地点向另一个地点运送的物流活动所产生的成本。

（二）中国物流企业的高运输成本的主要原因分析

我国物流市场的主要特点为：①起步晚，发展快，潜力大；②成本高，资源利用率低；③法规和标准的制定滞后；④运输工具和相关基础设施的专业化基础薄弱；⑤行业跨度大，管理体制的分割对整合的影响很大。

我国物流企业运输成本远远高于欧美国家及日本，究其原因大概可以分为以下几个方面：

1. 由于行业集中度低，缺乏具备规模效益的物流企业 目前，我国国有物流企业小而多、小而散、小而全的状况，从国内来说，会加剧市场的过度竞争，造成国有物流企业资源的无谓消耗，削弱国有经济的实力；从竞争日益激烈的国际市场来说，尤其是我国加入世贸组织以来，必然加剧与国外企业的竞争。

2. 缺乏行业标准、信息沟通不畅 首先，各种货物运输方式之间装备标准不统一。如，海运与铁路装备标准的差异，在一定程度上影响着我国海铁联运规模的扩展；其次，物流器具标准不配套。由于各处运输装备、装卸设备标准之间缺乏有效衔接，降低了托盘在整个物流过程中的通手性，严重影响了物流配送系统的运作效率，也在一定程度上延缓了货物运输、储备、搬运等过程的机械化和自动化水平的提高；再次，物流包装标准与物流设施标准之间缺乏有效的衔接。虽然目前我国对商品包装已有初步的国家和行业标准，但在与各种运输装备、装卸设施，仓库设施相衔接的物流任务化包装标准方面还比较欠缺，这对各种运输工具的装载率、装卸设备的荷载率、仓储设施空间利用率方面的影响较大。

3. 运作效率低，成本高昂 现在中国的物流企业，大多是从过去的储运公司变更而来，而过去的储运公司大多是国有企业，这些国有企业长期以来在条块分割、“分灶吃饭”等体制因素的影响下，各部门、地区、企业受利益驱动，盲目投资，大批建设自有仓库，大量自购运输工具。据有关行业统计，2000 年国营物流企业仓库闲置率为 35%，而运输工具闲置率为 49%。其结果，不仅使地区产业结构严重雷同，而且各物流企业的设施严重过剩，现代化大生产和专业化分工协作的内在联系也被人为割断，企业“大而全，小而全”的现象比比皆是，但却没有与国外可以相抗衡的企业，很多企业缺乏竞争力。

二、运输成本的构成

（一）物流运输成本的构成

物流运输成本是为完成货物运输而支出的各种成本，一般以单位运输产品的营运支出来表示。任何种类的运输方式，其运输成本均由两大部分构成：场站成本和途中运输成本。场站成本包括货物的装卸、仓库、码头、管理经营机构和保养等成本。这项成本的大小只和货物的体积、重量等有关，与运输距离无关；途中运输成本包括运输人力耗费、线路折旧、管理维修、运输工具磨损、动力消耗、保险等。这部分成本的大小和货物运输距离成正比。

由于各种运输方式的特点不同，其运输的组成项目也不同，因此各种运输方式的运输成本构成也不一致。

水运运输企业的运输成本可分为船舶成本和企业管理成本两大类，其中船舶成本是指船舶从事运输生产所发生的各项成本，如船员工资、燃料、材料、基本折旧、修理、港口成本、事故损失费和其他分摊的成本等。

铁路运输成本是由综合机务、车辆、车站等直接从事运输生产的单位发生的各种成本来进行计算的，各项成本中包括员工工资、材料、燃料、物料、电力、固定资产的折旧和管理成本等。

汽车运输成本项目分为车辆成本和企业管理成本两大类。车辆成本包括员工工资、燃料成本、轮胎成本、营运车辆保修成本、大修理提存、折旧成本、养路费。

各种运输方式运输成本的组成各不相同，各项成本在总成本中所占的比重也不相同。在铁路运输成本中，铁路线路的维修包括在内，内河运输成本中则不包括航道维护成本，而公路运输成本中养路费则占很大比重。在铁路运输成本中，员工工资的比重较大，这是因为铁路运输中除了有庞大的运输组织工作人员外，还有线路维修和线路建筑物维修及机车车辆维修的人员；水运则不计航道和航标工作人员，工资支出所占比重相对铁路小；汽车运输只计驾驶员及助手的工资，服务和管理人员的工资计入管理成本，工资在成本中的比重则较小。必须指出的是，运输成本与运输服务收费是不同的。运输服务收费是承运企业向客户提供运输劳务所收取的成本，即运价，一般是由运输成本、税金和利润 3 部分构成，各种运输方式收费项目和计算方法各不相同。实际操作中，承运人和托运人通过谈判达成运输收费协议。

（二）运输成本与运距的关系

由于运输成本是由与运距无关的场站成本和随运距增长而递增的途中成本所组成，使得运输距离越长，虽然运输总支出增加了，但场站作业成本分摊到单位运输成本（运输成本率）中的成本却越少，从而使单位运输成本降低，即运输成本率递减规律。各种运输方式中，一般场站成本低、途中成本高的运输方式适合于短距离运输；场站成本高、途中成本低的运输方式对长途运输有利。水路运输的场站成本大于铁路运输，而铁路运输的场站成本又大于公路运输。但途中成本的情况则刚好相反，公路运输最大，铁路运输次之，水路运输最小。所以汽车适于短距离运输，而水运则适于长距离的大批量货物运输。这种情况，恰好反映了运输成本中各种运输方式成本构成中的比重是不一样的，反映出各种运输方式的技术经济特点（图 5-1）。

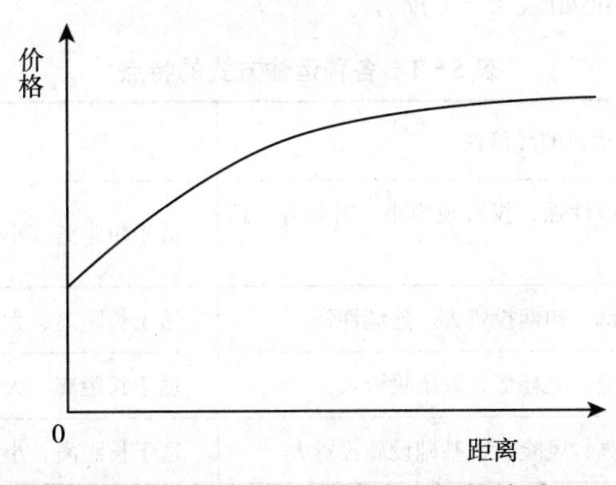

图 5-1　运距和运输成本之间的关系

（三）运输成本与运量的关系

各种运输方式所能完成的货运周转量，也影响着运输成本的水平。我们同样可以把运输成本分成两部分：一部分与运量有关，随运量的增长而增长，称为可变成本；另一部分与运量无关，不随运量的增长而变化的成本，称为固定成本或不变成本。如水路运输中的船舶燃料成本、港口成本及装卸成本中的装卸机械动力成本、装卸计件工资等均为可变成本，随运量增长而变化；而船舶折旧、企业管理成本、装卸成本中的机械折旧成本等为固定成本，与运量变化无关。铁路、公路运输成本也可以同样分成这两部分。

这样，当货运量周转量增加时，可变成本随吨千米数增加而相应增长，而与吨千米增长无关的固定成本则相对保持不变，分摊到单位运输成本（运输成本率）中的这部分固定成本相对减少，单位运输成本（运输成本率）下降。反之，货运吨千米数下降，尽管可变成本也下降，但固定成本基本不变，分摊到单位产品上的固定成本就会相对增加，而使单位运输成本提高（图 5-2）。

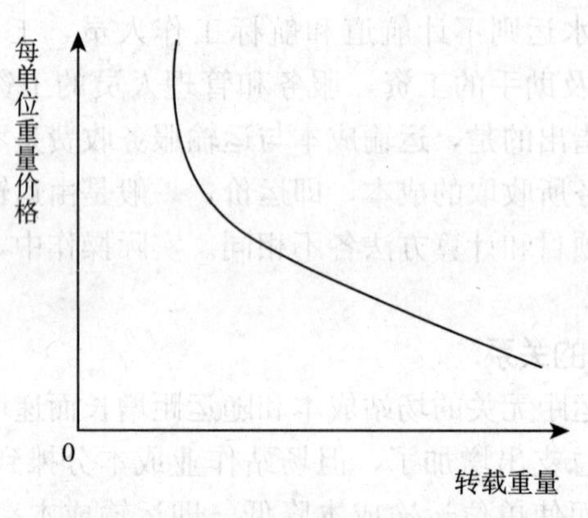

图 5-2　重量和运输成本之间的关系

（四）运输成本与运输方式的关系

合理选择运输方式是保证运输质量、提高运输效益的一个重要方面。各种运输都有各自的特点，不同特性的物资对运输活动的要求也不完全相同，当同时存在多种运输方式可供选择的情况下，就有一个选优抉择的问题。选择运输方式是一个非程序化决策问题，要制定一个统一规定的标准是困难的，只能在组织货物运输时，按照一定原则，因地制宜地进行。各种具体运输方式的经济特征如表 5-1 所示。

表 5-1　各种运输方式的特点

运输方式	运输的经济性	运输适用性
公路	运输组织灵活、适应性强、投资规模小、时效好、运输成本较高	适于短距离、小宗货运、可实现门到门服务
铁路	运量大、运输成本低、初期投资大、连续性强	适于长距离、大宗、运输时间相对较长的货物
水运	运量大、运输成本低、能耗低、系统投资大	适于长距离、大宗、运输时间相对较长的货物
航空	速度快、运输成本高、风险大、基础设施投资大	适于长距离、小宗、时间要求紧的高附加值货物

评价运输活动的优劣，通常是用安全性、及时性、准确性和经济性 4 项标准来衡量，这也是运输成本研究所要实现的目标，因此，也可作为选择运输方式的基本原则。

1. 安全性原则　选择货物运输方式，保证运输安全是考虑的首要原则，包括人身安全、设备安全和被运货物的安全。为了保证运输安全，首先应了解被运货物的特性，如重量、体积、贵重程度、内部结构以及其他物理化学性质（易碎、易燃、危险性等），然后选择安全可靠的运输方式。

2. 及时性原则 运输的及时性是由运输速度和可靠性决定的，能否准确及时到货是选择运输方式考虑的又一重要原则。运输速度的快慢和到货及时与否不仅决定着物资周转速度，而且对社会再生产的顺利进行影响至关重要，由于运输不及时会造成用户所需物资的缺货，有时还会给国民经济造成巨大损失。因此，应根据被运货物的急需程度选择合适的运输方。

3. 准确性原则 货物运输的准确性是指在运输过程中准时准点到货，无差错事故。做到不错发、不漏交、准确无误地完成任务。货物运输的准确性在很大程度上决定于发送和接收环节，但与运输方式也有一定的关系，汽车运输可做到门到门运输，中转环节少，不易发生差错事故；铁路运输受客观环境因素影响小，容易做到准时准点到货。

4. 经济性原则 货物运输的经济性是衡量运输效果的一项综合性指标，因为安全性、及时性、准确性 3 个原则中考虑的因素在一定程度上均可转化成经济因素，但是这里的经济性原则强调的是从运输成本上考虑选择运输成本低的运输方式。运输成本是影响物流系统经济效益的一项主要因素，因此按经济性原则选择运输方式是遵循的主要原则。

根据上述原则选择运输方式，实际是一个多目标决策问题。不过，这种多目标决策一般比较简单，无须进行复杂的定量计算，只需通过定性分析和少量的简单计算即可达到满意效果。一般认为运输成本和运输时间是最为重要的选择因素，具体进行选择时则应从运输需要的不同角度综合地加以权衡。进行决策时，通常是在保证运输安全的前提下再权衡运输速度和运输成本。一般来说，运输成本与运输速度是两项相互矛盾的指标，运输成本低的运输方式一般速度比较慢，速度快的运输方式则成本较高。

必须注意的是运输服务与运输成本之间，运输成本与其他物流成本之间存在效益背反。若要保证运输的安全、可靠、迅速，成本就会增大；若要减低仓储成本而频繁地使用飞机，成本也会增大。由于运输成本与其他物流成本之间存在着效益背反关系，所以在选择运输方式时，应当以物流总成本作为依据，而不仅只考虑运输成本。

任务实训

物流运输企业分析

1. 实训背景资料 选择有一定代表性的第三方物流运输企业，前往该地调研。

2. 实训目标 直观地了解运输成本的基本情况，增强对运输成本知识的理解。

3. 实训准备

（1）了解该物流公司所处领域、业务功能和区位等方面优势；企业定位与发展规划。

（2）设计问卷调研提纲。

（3）班级同学分组，明确分工。

（4）根据具体情况，对企业物流运输成本的内容进行总结概括，限期一周。

4. 实训步骤

（1）描述企业概况；包括企业发展现状（主管业务、人员、设备、技术、成本管理等）。

（2）运输成本控制现状分析。

（3）运输成本控制问题分析。

（4）根据企业的实际情况，结合现代物流运输成本的基本情况，在教师和企业人员的指导下分组讨论物流运输成本改进建议。

5. 实训评价

小组	设计构想（35%）	设计效果（25%）	报告表述（25%）	分工合作情况（15%）	总分
1					
2					
3					
4					

注：考评满分100分，60分以下为不及格，60～69分为及格，70～79分为中，80～89分为良，90分及以上为优。

任务小结

本任务介绍了物流运输成本的概念，中国高运输成本的原因，物流成本的构成与分析等。运输成本在企业物流成本的内容中占据很重要的位置，是其主要的组成部分。企业对物流成本的控制在一定程度上主要由其对运输成本的控制来决定。一般综合分析计算，运输费用在社会物流费用中占50%左右，因此加强运输成本管理是物流企业管理的一项重要内容。

复习思考题

1. 简述运输成本的含义和特点。
2. 物流成本与相关要素的关系。
3. 简述物流运输方式的特点。
4. 简述选择运输方式的基本原则。

任务二　运输成本计算

一、公路运输成本计算

现代公路运输主要是以汽车运输为主，因此我们只研究汽车运输成本问题。在了解汽车运输即公路运输计算方式之前，有必要了解汽车运输的概念和所包含的内容。汽车运输成本是以货币的形式表示来反映汽车运输企业完成一定的运输工作量所支付的各种生产费用的总和。

汽车运输成本计算公式：运输总成本＝运输支出＋辅助营运费用＋营运间接费用

（一）公路货物运输计价标准

1. 计费重量

（1）计量单位。通常有3种计量单位：①整批货物运输以吨为单位；②零担货物运输以千克为单位；③集装箱运输以箱为单位。

（2）重量确定。①一般货物，按毛重计算；②整批货物吨以下计至100千克，尾数不足

100 千克的，四舍五入；③零担货物起码计费重量为 1 千克，重量在 1 千克以上，尾数不足 1 千克的，四舍五入；④零担运输轻泡货物以货物包装最长、最宽、最高部位尺寸计算体积，按每立方米折合 333 千克计算重量；⑤包车运输按车辆的标记吨位计算；⑥散装货物按体积由各省、自治区、直辖市统一规定重量换算标准计算重量。

2. 计费里程 货物运输计费里程以千米为单位，尾数不足 1 千米的，进整为 1 千米。

(1) 货物运输的营运里程，按交通部和各省、自治区、直辖市交通行政主管部门核定、颁发的《营运里程图》执行。《营运里程图》未核定的里程由承、托双方共同测定或经协商按车辆实际运行里程计算。

(2) 出入境汽车货物运输的境内计费里程以交通主管部门核定的里程为准；境外里程按毗邻国（地区）交通主管部门或有权认定部门核定的里程为准。未核定里程的，由承、托双方协商或按车辆实际运行里程计算。

(3) 货物运输的计费里程按装货地点至卸货地点的实际载货的营运里程计算。

(4) 因自然灾害造成道路中断，车辆需绕道行驶的，按实际行驶里程计算。

(5) 城市市区里程按当地交通主管部门确定的市区平均营运里程计算，当地交通主管部门未确定的，由承托双方协商确定。

3. 计时包车货运计费时间 包车货运计费时间以小时为单位，起码计费时间为 4 小时；使用时间超过 4 小时，按实际包用时间计算。整日包车，每日按 8 小时计算；使用时间超过 8 小时，按实际使用时间计算。时间尾数不足半小时舍去，达到半小时进整为 1 小时。

4. 运价单位 运价单位通常分为 4 种情况：①整批运输：元/（吨·千米）。②零担运输：元/（千克·千米）。③集装箱运输：元/（箱·千米）。④包车运输：元/（吨位·小时）。

（二）货物运价价目

1. 基本运价 货物基本运价价目包括 3 种：①整批货物基本运价。指整批普通货物在等级公路上运输的每吨每千米运价。②零担货物基本运价。指零担普通货物在等级公路上运输的每千克每千米运价。③集装箱基本运价。指各类标准集装箱重箱在等级公路上运输的每箱每千米运价。

2. 吨（箱）次费 吨次费：对整批货物运输在计算运费的同时，按货物重量加收吨次费；箱次费：对汽车集装箱运输在计算运费的同时，加收箱次费。箱次费按不同箱型分别确定。

3. 普通货物运价 普通货物实行等级计价，以一等货物为基础，二等货物加成 15%，三等货物加成 30%。

4. 特种货物运价

(1) 长大笨重货物运价。①一级长大笨重货物在整批货物基本运价的基础上加成 40%～60%；②二级长大笨重货物在整批货物基本运价的基础上加成 60%～80%。

(2) 危险货物运价。①一级危险货物在整批（零担）货物基本运价的基础上加成 60%～80%；②二级危险货物在整批（零担）货物基本运价的基础上加成 40%～60%。

(3) 贵重、鲜活货物运价。贵重、鲜活货物在整批（零担）货物基本运价的基础上加成 40%～60%。

5. 特种车辆运价 按车辆的不同用途，在基本运价的基础上加成计算。特种车辆运价和特种货物运价两个价目不准同时加成使用。

6. 非等级公路货运运价 非等级公路货物运价在整批（零担）货物基本运价的基础上加成10%～20%。

7. 快速货运运价 快速货物运价按计价类别在相应运价的基础上加成计算。

8. 集装箱运价

（1）标准集装箱运价。标准集装箱重箱运价按照不同规格箱型的基本运价执行，标准集装箱空箱运价在标准集装箱重箱运价的基础上减成计算。

（2）非标准集装箱运价。非标准集装箱重箱运价按照不同规格的箱型，在标准集装箱基本运价的基础上加成计算，非标准集装箱空箱运价在非标准集装箱重箱运价的基础上减成计算。

（3）特种箱运价。特种箱运价在箱型基本运价的基础上按装载不同特种货物的加成幅度加成计算。

9. 出入境汽车货物运价 出入境汽车货物运价，按双边或多边出入境汽车运输协定，由两国或多国政府主管机关协商确定。

（三）货物运输其他收费

1. 调车费 应托运人要求，车辆调往外省、自治区、直辖市或调离驻地临时外出驻点参加营运，调车往返空驶者，可按全程往返空驶里程、车辆标记吨位和调出省基本运价的50%计收调车费。

2. 延滞费

（1）发生下列情况，应按计时运价的40%核收延滞费。①因托运人或收货人责任引起的超过装卸时间定额；②应托运人要求运输特种或专项货物需要对车辆设备改装、拆卸和清理延误的时间；③因托运人或收货人造成不能及时装箱、卸箱、掏箱、拆箱、冷藏箱预冷等。

（2）由托运人或收、发货人责任造成的车辆在国外停留延滞时间延滞费按计时包车运价的60%～80%核收。

（3）因承运人责任引起货物运输期限延误，应根据合同规定，按延滞费标准，由承运人向托运人支付违约金。

3. 装货（箱）落空损失费 应托运人要求，车辆开至约定地点装货（箱）落空造成的往返空驶里程，按其运价的50%计收装货（箱）落空损失费。

4. 道路阻塞停运费 汽车货物运输过程中，如发生自然灾害等不可抗力造成的道路阻滞，无法完成全程运输，需要就近卸存、接运时，卸存、接运费用由托运人负担。已完运程收取运费；未完运程不收运费；托运人要求回运，回程运费减半；应托运人要求绕道行驶或改变到达地点时，运费按实际行驶里程核收。

5. 车辆处置费 应托运人要求，运输特种货物、非标准箱等需要对车辆改装、拆卸和清理所发生的工料费用，均由托运人负担。

6. 车辆通行费 车辆通过收费公路、渡口、桥梁、隧道等发生的收费，均由托运人负担。

7. 运输变更手续费 托运人要求取消或变更货物托运手续，应核收变更手续费。因变更运输，承运人已发生的有关费用，应由托运人负担。

(四) 货物运费计算

1. 整批货物运费计算

整批货物运费＝吨次费×计费重量＋整批货物运价×计费重量×计费里程＋货物运输其他费用

2. 零担货物运费计算

零担货物运费＝计费重量×计费里程×零担货物运价＋货物运输其他费用

3. 集装箱运费计算

重（空）集装箱运费＝重（空）箱运价×计费箱数×计费里程＋箱次费×计费箱数＋货物运输其他费用

4. 计时包车运费计算

包车运费＝包车运价×包用车辆吨位×计费时间＋货物运输其他费用

二、铁路运输成本计算

铁路运输生产由众多基层运营单位共同参与才能完成，各个基层运营单位所发生的运输支出仅是运输总支出的一个组成部分，由于铁路运输企业实行分级核算制，基层运营单位、铁路分局、铁路局等各级单位只核算本省的运输支出，并以所取得的运输清算收入来弥补运输支出，以确定其财务成果，对运输支出不做逐级上转。因此，铁路分局和铁路局是通过账外的汇总来计算确定其运输总成本。

(一) 铁路运输成本概念

铁路运输总成本是指全路、铁路局、铁路分局等铁路运输企业在一定时期内为完成一定数额的客货运输周转量而发生的运输总支出。运输总成本主要计算客运支出、货运支出和营运支出 3 项指标，其中营业支出为货运支出和客运支出的总和。为了正确计算各项总成本，需将全部营业支出按规定的要求和计算办法准确地划分为客运支出和货运支出两个部分。

(二) 铁路运输单位成本

铁路运输单位成本是指单位运输周转量应负担的运输支出，也称平均成本。具体分为单位客运支出、单位货运支出和单位营业支出 3 项指标。

单位客运支出＝客运支出/旅客人千米数［元/（万人·千米）］

单位货运支出＝货运支出/货物吨千米数［元/（万吨·千米）］

单位营业支出＝营业支出/换算吨千米

(三) 铁路运输专项成本

铁路运输专项成本是分别按不同等级、席别的旅客和不同运输方式、不同品类的货物而计算的运输成本，目前主要有以下几种专项成本：

1. 客运专项成本 客运专项成本是指按不同列车级别和席别计算客运成本。目前我国客车主要分为特快、直快、普快、市郊等级别和软座、硬座、软卧、硬卧等席别。因此客运专项成本可计算直快硬卧人千米成本、普客硬座人千米成本、特快软座人千米成本、市郊列车人千米成本、行包吨千米成本等多种运输成本。

2. 货运专项成本 货运专项成本是指按不同的运输方式和不同品类货物的货运成本，如整车运输成本、集装箱运输成本、零担运输成本以及煤炭吨千米成本、钢铁吨千米成本、石油吨千米成本、木材吨千米成本等。

3. 分线运输成本 分线运输成本是指某一铁路线路进行货物运输生产所发生的运输支出并按期完成的客货周转量计算的各种运输成本，具体计算可按照上述的各项指标进行。

4. 作业成本 作业成本是指铁路运输企业为完成某项具体运输生产作业而发生及应负担的运输支出，如汽车千米成本、机车台成本、车辆千米成本、调车作业成本。

三、水路运输成本计算

水路运输是以船舶为主要运输工具、以港口或港站为运输基地、以水域（海洋、河、湖等）为运输活动范围的一种客货运输。在蒸汽机发明及其用于交通动力前即已出现，为目前各主要运输方式中兴起最早、历史最长的运输方式。其技术经济特征是载重量大、成本低、投资省，但灵活性小，连续性也差。较适于担负大宗、低值、笨重和各种散装货物的中长距离运输，其中特别是海运，更适于承担各种外贸货物的进出口运输。

（一）水路运输成本概念

国内水路货物运输实行的是市场运价，所以在确定水路货物运价时，应以运输价值为基础，并考虑运输市场的供求关系、竞争导向因素、不同运输方式之间的比价关系以及货物的运费负担能力。水路货物运价的制定包括货运基本价格的制定，货类分级及级差率的确定，运价里程与计算里程的确定，运价率表的制定等。

（二）货运基本价格的制定

货运基本价格，简称“基价”，也称基本价率，是指基准的运价率。基价确定方法有两种，即综合基价和组合基价。

1. 综合基价 综合基价是指以综合运输成本为基础进行测算的货运基本价格。其理论公式为：

$$综合基价=\frac{运输成本+利润+税金}{计划期换算货物周转量}\ [元/（吨·千米）]$$

式中：运输成本——计划期部门或航区预计货运成本；

利润——按规定利润率计算办法所得的利润额；

税金——计划期按国家规定的工商税率计算出来的税金；

计划期换算货物周转量——以基本货类、基本船型为基础，各货类、船型按运输生产效率的一定比例换算而得的货物周转量。

综合基价确定后，不同货种、不同运距的货物运价率可按下式确定：

$$运价率=综合基价×里程×级差系数（元/吨）$$

以综合基价为基础而确定的货物运价，是一种均衡里程运价。它既能反映货物运价的总体水平，也能反映不同运距、不同货种的运价差别，测算也比较方便。但是此法不能较好地体现运输成本随运距变化的情况，不能反映运距的变化对停泊成本和航行成本的不同影响。

2. 组合基价 组合基价是指由航行基价和停泊基价组合而成的货运基本价格。它是递远递减运价的基础。比综合基价（均衡里程运价）合理。其理论计算公式为：

$$组合基价=航行基价×里程+停泊基价（元/吨）$$

$$航行基价=\frac{航行成本+利润+税金}{计划期换算周转量}\ [元/（吨·千米）]$$

$$停泊基价=\frac{停泊成本+利润+税金}{计划期换算货运量}（元/吨）$$

式中：航行成本、停泊成本——分别指与船舶航行、停泊有关的成本；

航行基价、停泊基价中的利润、税金——船舶在航行、停泊期间应分摊的利润和税金；

计划期换算周转量、货运量——以基本货类、基本船型为基础，各货类、船型按运输生产效率进行换算而得的货物周转量、货运量。

组合基价确定后，不同货种、不同运距的货物运价率按下式计算：

$$运价率=组合基价\times级差系数（元/吨）$$

以组合基价为基础而确定的货物运价，是一种递远递减运价。随着运距的增加，每吨千米停泊基价在逐步减少，而航行基价为不变值，从而每吨千米运价随运距的增加也逐渐减少。采用递远递减运价能较好地体现运输成本随运距变化的情况，比均衡里程运价更为合理。

3. 我国北方沿海、长江航区的航行基价与停泊基价

（1）航行基价。从理论上说，由于航行成本基本上随运输距离的增加而同步增加，故每吨每千米（或每吨每海里[①]）的航行成本可视为不变值。但运距的变化与单位航行成本并不绝对相等，一般是运距短的单位航行成本高，运距长的单位航行成本低。自然条件和地理位置不同的某些航区，各航行区段的单位航行成本有显著差别，所以沿海以运距的长短分别规定不同的航行基价，长江则以上游区段、中游区段、下游区段分别规定有差别的航行基价。

（2）停泊基价。停泊基价的制定主要依据单位停泊成本。由于行驶在各航区的船舶的结构、装备等有较大差异，分摊到每货运吨的停泊成本也不同，沿海航区的船舶停泊基价一般小于内河航区。

（三）货物分级及级差率的确定

1. 货物分级和分级数的确定

（1）货物分级。对货物分级应主要从运输效率和运输成本上来分析确定，通常要考虑货物的积载因数、货物运输及装卸的难易程度、货物的理化性质、货物的运费承担能力及与其他运输方式的比价等。不同级别的货类在运价上是有差别的，贵重货物高于普通货物，危险货物高于一般货物，成品货物高于原材料，轻质货物高于重质货物。

（2）货物分级数的确定。货物分级数的多少要能合理体现各种货类在运价上的差别和便于计算核收。我国沿海（包括北方沿海、华南沿海）、长江、黑龙江及部分地方航区采用10级分类制。

2. 级差率的确定

（1）级差率。级差率是指同一航线不同级别货物运价率之间的递增（或递减）率。其计算公式为：

$$级差率=\frac{后级运价率-前级运价率}{前级运价率}\times100\%$$

$$后级运价率=前级运价率\times（1+级差率）（元/吨）$$

级差率的数值可以是正数，也可以是负数。若为正数，则说明后一级的运价率高于前一级；反之，后一级的运价率低于前一级。

---

① 海里为非法定计量单位，1海里=1 852米。

（2）级差系数。级差系数是指各级货物的运价率对基级货物运价率（基价）的比例关系，可根据各级级差率推算。如果已知级差系数和基价，则其他级别的运价率可按下式确定：

各级运价率＝基价×相应的级差系数

（四）运价里程与计算里程的确定

运价里程是指由水运主管部门统一颁布的为测定两港间运价率而特设的里程。它不同于实际里程和航行里程，比较稳定，不得任意更改，只有在航道或港区发生永久性变化时，才由水运主管部门统一修订。

在制定运价率表时，为便于运作和简化，往往把运价里程划分为若干区段。每一区段适合从某一里程起至下一里程止的特定范围。若两港间的运价里程落在某一里程区段内，则按统一规定的里程计算，这一里程称为计算里程。

我国对沿海航区和长江航区里程区段的划分以及相应采用的计算里程均有不同规定。

1. 沿海航区（包括北方、华南沿海）

（1）里程区段的划分。我国沿海航区里程区段的划分如表 5-2 所示。

表 5-2　我国沿海里程区段划分

里程区段（海里）	区段数	每段里程（海里）	里程区段（海里）	区段数	每段里程（海里）
1～50	1	50	201～400	5	40
51～100	5	10	401～1000	10	60
101～200	5	20	1000 以上		100

（2）各区段计算里程的确定。各里程区段又划分为若干小区段。如表 5-2 中 51～100 海里区段中，以每 10 海里划分为 5 个小区段，即 51～60 海里、61～70 海里直至 91～100 海里，其计算里程以各区段的中间值为准，并仅保留整数。例如，大连—天津运价里程为 247 海里，属 241～280 海里区段，其计算里程为 260 海里，天津—青岛运价里程为 461 海里，属 451～520 海里区段，其计算里程为 490 海里。

2. 长江航区

（1）里程区段的划分。长江航区里程区段的划分，是以每 10 千米为一里程区段，即 1～10千米、11～20 千米、21～30 千米，依次类推。

（2）各里程区段计算里程的确定。按各区段的终值为准，即将运价里程的个位逢十进整。例如，上海—张家港运价里程为 170 千米，计算里程即为 170 千米，南京—南通运价里程为 264 千米，计算里程即为 270 千米。

（五）运价率表的制定

确定了基价、级差率及运价里程之后，就可以计算出任何两港间的各级运价率，将所得数据汇列成表即可得运价率表。货物运价率表有两种形式，即分航区运价率表和主要航线运价率表。前者是按北方沿海、华南沿海、长江和黑龙江 4 大航区分别制定货物运价。后者的制定步骤为：

（1）列出主要航线起讫港并确定其所在航区。

（2）查运价里程并确定计算里程。

（3）确定航行基价、停泊基价和级差系数。

(4) 计算各级货物的运价率。

【例 5-1】上海—青岛为北方沿海航线，其运价里程为 404 海里，属 401～460 海里区段，则计算里程为 430 海里。其航行基价在 200 海里区段为 0.007 5 元/（吨·海里），201～400海里区段为 0.007 0 元/（吨·海里），400 海里以上为 0.006 5 元/（吨·海里）。三级货物的级差系数为 110.25%，停泊基价为 2.6 元/吨。于是运价率＝（0.007 5×200＋0.007 0×200＋0.006 5×30＋2.6）×110.25%＝6.28（元/吨）。

四、航空运输成本计算

航空运输主要是民用航空运输。它包括运输飞行和专业飞行。运输飞行分为旅客运输和货邮运输。专业飞行主要指一些特定飞行项目，如防火、造林、探矿、测量、播种、除草、人工降雨、海上抢险等。

民航企业按月计算成本，其成本项目分为飞行费用与收音机维修费用两大类。飞行费用大部分是直接计入费用，费用发生时，可以直接计入有关的机型成本，主要内容有空勤人员工资及福利费，航空燃料消耗费，飞机、发动机折旧费，飞机、发动机大修理费，飞机租赁费，飞机保险费，飞机起降服务费以及旅客供应服务费等。飞机维修费一般由材料费、人工费以及间接维修费三个项目组成，凡属可以直接汇集某一机型成本的维修费为直接计入费用，不能直接汇集于某机型成本的费用先要通过飞机维修费账户进行归集，然后按一定标准分配到各个机型成本中去。民航运输企业各种机型的飞行费用和飞机维修费之和组成各机型总成本。将各机型总成本相加就得到民航运输总成本。将民航运输总成本除以运输周转量就得到运输单位成本。每月月末，民航运输企业应编制民航运输成本计算表。

任务实训

运输成本计算

1. 实训背景资料　选择有一定代表性的第三方物流运输企业，提前设计运输成本费用表（表 5-3），前往该地调研。

表 5-3　某物流运输企业运输成本费用

费用	影响因素			备　注
运输方式	考虑车辆载重量、选择车型等			
配送时间	考虑车辆进入特殊区域的时间限制等			
配送路线选择	考虑最经济路线			
配送方式	零担或整车、集装箱等			
不同费用	路线 1	路线 2	路线 3	
燃油费				
装卸费				
人员工资费				
路桥费				

（续）

费用		影响因素		备 注
其他	租赁费			
	车辆折旧费			
	事故损失费			
	货物保险费			
费用合计				

2. 实训目标 根据运输各环节作业，熟悉各环节费用的支出，掌握运输成本的计算。

3. 实训准备

（1）老师提前发放背景资料。

（2）学生完成运输成本计算表。

（3）教师进行现场指导，体现以学生为主体的教学特色。

4. 实训步骤

（1）安排学生分组阅读背景资料。

（2）整理背景资料。

（3）设计并计算运输成本计算表。

5. 实训评价（小组互评、自评、老师评价）

项目名称	内容	分值（分）	实际分值（分）
评价标准	工作态度	10	
	沟通、协调能力	15	
	运输成本项目设计的合理性	15	
	运输成本项目构成全面性	30	
	运输成本计算的准确性	30	
合计		100	

测评小组：　　　　　　　　　　　　被测评人：

任务小结

本任务主要介绍公路运输、铁路运输、水路运输、航空运输的运输成本构成及计算方法，熟练掌握相关术语及运输费用计算，精确计算相关成本，为物流企业物流运输成本的核算提供可靠的数据依据。

复习思考题

1. 连云港到上海的交通路线图如图 5-3 所示。

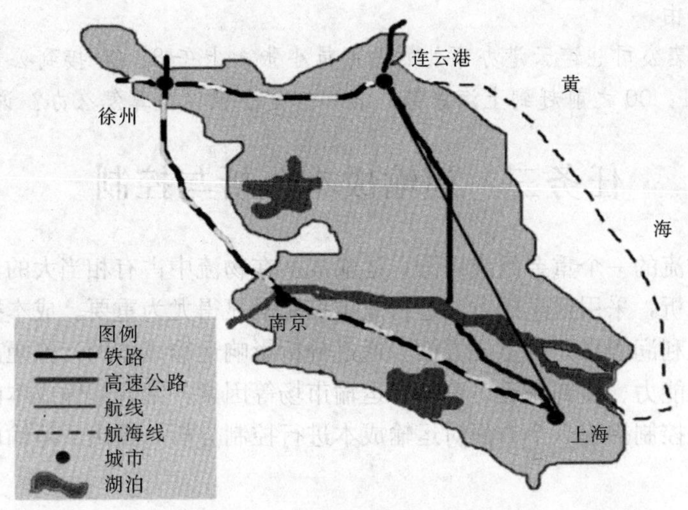

图 5-3 连云港到上海交通线路

2. 连云港到上海的 2528/2525 次列车火车时刻表及火车票价表如表 5-4 所示。

表 5-4

车站	时间	里程（千米）	硬座票价（元）	软座票价（元）	硬卧票价（元）	软卧票价（元）
连云港东	17：28 发车	0	0.0	0.0	0.0	0.0
上海	05：40 到达	972	102.0	170.0	201.0	312.0

3. 连云港到上海的机票如表 5-5 所示。

表 5-5

承运航空公司	航班号	起飞机场	降落机场	起飞时间	到达时间	机型	餐食	价格信息（元）
中国东方航空公司	MU5521	连云港白塔阜机场	上海虹桥机场	9：00	10：10	737	无	500（经济舱）

4. 从连云港到上海的单人汽车票价在 100 元左右，用时为 6 小时左右。

5. 在各种运输工具中轮船的运费最低。

6. 不同运输工具的速度如下：

火车时速：80～120 千米；汽车时速：60～100 千米；

海轮时速：30～50 千米；飞机时速：600～1 000 千米。

7. 不同运输工具的货运量如下：

货轮：一次运量可达几万吨或几十万吨；货运列车：一次运量可达上千吨；货运卡车：一次运量可达几吨；大型客机：一次可搭乘乘客 400 人。

问题 1：连云港市是我国重要的海盐产地，每年有大量的海盐销售到许多地区。上海某公司现需要从连云港运进 10 万吨海盐，从经济的角度，最适合的交通工具是什么？说说理由。

问题 2：随着连云港与上海经济联系的加强，两地的物资交流也频繁起来。连云港某化工集团现急需从上海购进 1 千吨化工用品（固体），你认为该化工集团最可能采用的交通工具是什么？说说理由。

问题 3：上海某公司驻连云港办事处的业务员小张，上午 8：00 接到公司总部电话，要求他务必在上午 11：00 之前赶到上海总部。假如你是小张你打算怎么办？说说理由。

任务三　运输成本分析与控制

运输是现代物流的一个重要组成部分，运输成本在物流中占有相当大的比重，因而对运输成本进行科学分析，采用科学的方法进行成本控制就显得尤为重要。成本控制分析是减低费用、挖掘“第三利润源泉”的重要方面。通过分析影响运输成本的运输距离、载货量、货物的疏密度、装载能力、装卸搬运、责任、运输市场等因素，结合运输成本的特点，从经济计量、作业过程、控制措施 3 个方面对运输成本进行控制分析，提出了运输成本控制分析的基本思路。

一、运输成本影响因素

影响运输成本的主要有运输距离、载货量、货物的疏密度、装载能力、装卸搬运、责任、运输市场等因素。

（一）运输距离

运输距离是影响运输成本的主要因素，运输成本由固定成本和变动成本组成。固定成本包括运输设备和工具等固定资产的折旧、业务人员和管理人员的工资等。固定成本一般不受运输活动变化的影响，不随运输距离改变而变化，相对比较固定。变动成本是从事运输时发生的费用，如燃油费、维修费、运输人员的补贴等，与具体的运输活动直接相关，它们随运输距离的变化而变化。运输距离越远，费用就越高。运输的变动成本一般与运输距离的增减成正比，即运输距离增加时，变动成本也随之增加，反之则减少。在 $C=(F/n+C_v s)/s$ 中，固定成本 F 不随运输距离改变而变化，运输的变动成本一般与运输距离的变化成正比。假设运输量 n、单位运输距离的变动成本 C_v 不变，则单位运输距离的单位运输量的固定成本 $(F/n)/s$ 随运输距离 s 的增加而降低，C 单位距离的单位运输量的总成本也随之降低。从上可知，单位运输距离的成本是随运输距离的增加而减少的，运输距离越长，被分摊到每单位距离的固定成本就越少，则运输成本越低。这就是运输的距离经济效益，即短距离的运输比长距离的运输成本高。所以企业在进行运输活动时应延长长距离的干线运输，缩短短距离的终端运输，减少运输成本，增加企业效益。

（二）载货量

载货量是影响运输成本的重要因素，运输量越大、单位运输成本就越低。费用水平与物流量的变化成反比，即物理量增加时，费用水平（单位固定成本）下降。变动成本是从事运输时发生的费用，如燃油费、维修费、运输人员的补贴等，与具体的运输活动直接相关，它们随物理量的变化而变化。运输量越大，费用就越高。运输的变动成本一般与运输量的增减成正比，即物理量增加时，物流的绝对值也随之增加，反之则减少。在运输活动中，固定成本随运输量的增加而被分摊。在固定资产规模不变的情况下，可以认为固定成本在一定时间内是保持不变的，运输量越大，单位运输量的固定成本越小，单位运输成本会随之下降。这就是运输的规模经济效益。因此在运输活动中，应尽量使运输工具在准许的载重量下进行满载，提高运输量，降低运输成本。

（三）货物的疏密度

货物密度是指货物重量与体积之比。货物密度是把货物重量与空间的因素结合起来考虑运输成本。通常，密度小的货物每单位所占的运输成本比密度大的要高。在重量和空间方面，单独的一辆运输卡车更多受到空间的限制，而不是重量的限制。即使该货物的很轻，车辆一旦装满，就不可能再增加装运的数量。如货物重量是 6 吨，密度是 1∶3，体积是 18 立方米。运输卡车最大载重量是 7 吨，载货空间是 12 立方米。需要用两辆卡车运输。在 $C=(F/n+C_v s)/s$ 中，假设运输量 n、运输距离 s 不变，如固定成本 F、变动成本 c_v 分别增加一倍，即每单位运输量的固定成本和变动成本分别增加一倍，单位距离的单位运输量的运输成本 C 也会增加一倍。同样运输卡车最大载重量是 7 吨，载货空间是 12 立方米，如货物重量是 6 吨，密度是 1∶1，体积是 6 立方米。在装完此货物后，还能再装其他货物 1 吨。在 $C=(F/n+C_v s)/s$ 中，固定成本 F 不随运输量改变而变化。假设变动成本 C_v、运输距离 s 不变，即每单位运输量的固定成本和变动成本随运输量 n 的增加而减小，单位距离的单位运输量的运输成本 C 将降低。所以运输的货物密度大，相对地可以把固定成本分摊到增加的数量上，使单位货物承担的运输成本降低。货物密度越大，运输成本分摊到单位重量就越小，因此增加产品的密度一般可以降低运输成本。企业在运输货物时，应根据货物的密度进行搭配，把多种货物混装，进行相互嵌套，充分利用运输工具的空间，降低运输成本。

（四）装载能力

装载能力这一因素是指产品的具体尺寸及其对运输工具的空间利用程度的影响。由于有些产品具有古怪的尺寸形状，以及超重或超长等特征，通常不能很好地进行装载，并因此浪费运输工具的空间。因运输工具的空间不能好好利用，从而使得单位运输成本增加，装载能力还受到装运规模的影响；大批量的产品往往能够相互嵌套、便利装载，减少运输成本；而小批量的产品则有可能难以装载，即使装载也使得运输成本较高。

（五）装卸搬运

运输中转在货物转运时运输成本必然增加，中转的装卸费用算入运输成本。在直达运输时，装货和卸货只有运输的两端各一次。但在转运时，中途需要装卸，运输成本随转运的次数增加而增加。企业在进行货物运输活动中，应尽量采用直达运输，减少货物转运。在实际的运输活动中，以上因素可能会同时产生影响，托运人、承运人和企业的物流人员必须根据以上因素对运输成本影响程度的大小，合理安排运输，降低运输成本，提高企业的经济效益。

（六）保险费用

运输工程中承运人的责任，主要关系到货物损坏风险和导致索赔事故。承运人必须通过向保险公司投保来预防可能发生的索赔，否则有可能要承担任何可能损坏的赔偿责任；风险越大保费越高，从而导致运输成本的增加；托运人可以通过改善保护性包装，或通过减少货物灭失损坏的可能性，降低风险，最终降低运输成本。

（七）其他因素

运输市场对运输成本的影响还主要体现在来回程货物是否平衡、燃油费、装卸费增加等因素。首先，运输的起点和终点相向运输货物是否平衡，必然会引起运输成本的增减。如果来回程货物不平衡，会出现返回空载的现象，造成运力的浪费，使运输成本增加。其次，市场上的燃油费等费用增加或减少也会影响运输成本。

二、降低运输成本的措施

合理的货物运输可以降低运输成本。合理运输的主要形式有如下5种：

（一）运输系统优化

1. 分区产销平衡合理运输 这种方式是指在物流活动中，对某种货物使其由一定的生产区固定于一定的消费区。在产销平衡的基础上，按着近产近销的原则，使货物走最少的里程，组织运输活动。

2. 直达运输 越过商业物资仓库环节或铁路交通等中转环节，把货物从产地或起运地直接运到销地或客户，减少中间环节的一种运输方式，节省了运输时间与费用，灵活度较大。但相对而言对企业各部门分工协作程度的要求较高，企业内部计划、财会、业务、仓库等各个机构应加强联系，建立相应的联系制度来满足其需求。

3.“四就”直拨运输 指在组织货物调运的过程中，对当地生产或由外地到达的货物不运进批发站仓库，而采取直拨的办法，把货物直接分拨给基层批发、零售中间环节。这种方式可以减少一道中间环节，在时间与成本方面收到双重的经济效益。在实际的物流工作中，可以根据不同的情况，采取就厂直拨、就车站直拨、就仓库直拨、就车船过载的具体运作方式。

4. 合整装车运输 这种方式是指在组织铁路货运当中，同一发货人的不同品种发往同一到站、同一收货人的零担托运货物，由物流部门进行组配，放在一个车皮内，以整车运输的方式托运到目的地；或把同一方向、不同到站的零担货物，集中组配在一个车皮内，运到一个适当的车站再中转分运。采用合整装车运输的方法，可以减少一部分运输费用，节约劳动力。

（二）提高装载效率

提高运输工具的实载率，降低运输成本。实载率的含义有两个：一个是单车实际载重与运距之乘积和标定载重与行驶里程之乘积的比率，这是在安排单车、单船运输时判断装载合理与否的重要指标；另一个是车船的统计指标，即在一定时期内实际完成的货物周转量（吨千米）占载重吨位与行驶千米乘积的百分比。

这种方式充分利用车船载重吨位和装载容积，对不同的货物进行搭配运输或组装运输，使同一运输工具能装载尽可能多的货物。这种方式一方面最大限度地利用了车船的载重吨位，另一方面充分使用车船的装载容积，提高了运输工具的使用效率。

（三）选择运输手段

依靠科技进步是运输物流成本管理与控制的重要途径。合理的运输手段可以最大限度地利用运输工具的载重吨位，充分使用车船装载容量。合理的运输手段包括如下3种：

（1）托盘化运输。全程以托盘作为任务货载进行运输，可以缩短运输中转时间，加快中转速度，提高实际操作的可靠性和机械化程度。

（2）集装箱化运输。集装箱作为现代运输的重要载体，既是一种包装容器，又是一种有效的运输工具。通过集装箱运输，可以提高装载效率，减轻劳动强度，起到强化外包装的作用，节约大量商品包装费用和检验费用，并防止货损货差。

（3）特殊运输工具和运输技术。新运输技术和运输工具的运用，解决了原先运输的许多难题。例如，专用散装罐车解决了粉状、液体物运输损耗大、安全性差等问题；袋鼠式车皮和大型拖挂车解决了大型设备整体运输问题；集装箱船比一般船能容纳更多的箱体，集装箱高速直达加快了运输速度等。

（四）选择运输方式（表 5－6）

表 5－6　各种运输方式的经济指标排序

运输方式	载运量	速度	通用性	直达性	机动性	运输能耗	运价
公路	4	3	1	1	1	4	4
铁路	2	2	2	2	3	3	3
水路	1	4	3	4	4	1	1
航空	5	1	4	3	2	5	5

从表 5－6 中我们可以看出，在各种运输方式中，如何选择适当经济的运输方式是物流合理化的重要问题。一般来讲，应从物流系统要求的服务水平和允许的物流成本来决定。可以使用一种运输方式也可以使用联运方式。决定运输方式，可以在考虑具体条件的基础上，对下述 5 个具体项目认真研究考虑：

1. 货物品种　关于货物品种及性质、形状，应在包装项目中加以说明，选择适合这些货物特性和形状的运输方式，货物对运费的负担能力也要认真考虑。

2. 运输期限　运输期限必须与交货日期相联系，应保证运输时限。必须调查各种运输工具所需要的运输时间，根据运输时间来选择运输工具。运输时间的快慢顺序一般情况下依次为航空运输、汽车运输、铁路运输、水路船舶运输。各运输工具可以按照它的速度编组来安排日程，加上它的两端及中转的作业时间，就可以算出所需的运输时间。在商品流通中，要研究这些运输方式的现状，进行有计划的运输，希望有一个准确的交货日期是基本的要求。

3. 运输成本　运输成本因货物的种类、重量、容积、运距不同而不同。而且，运输工具不同，运输成本也会发生变化。在考虑运输成本时，必须注意运费与其他物流子系统之间存在着互为利弊的关系，不能只考虑运输费用来决定运输方式，要由全部总成本来决定。

4. 运输距离　从运输距离看，一般情况下可以依照以下原则：300 千米以内，用汽车运输；300～500 千米的区间，用铁路运输；500 千米以上，用船舶运输。一般采取这样的选择是比较经济合理的。

5. 运输批量　运输批量的影响，因为大批量运输成本低，应尽可能使商品集中到最终消费者附近，选择合适的运输工具进行运输是降低成本的良策。一般来说，15 吨以下的商品用汽车运输，20 吨以上的商品用铁路运输，数百吨以上的原材料之类的商品，应选择船舶运输。

（五）减少运输事故

做好安全意识的宣传工作；做好营运驾驶员的管理工作；提高安全管理人员的素质；建立健全各项安全生产管理制度；加强对营运车辆的管理；注重安全投入。加大安全科技投入，运用先进科技手段实施现代化的安全管理，如安装电视控系统、卫星定位系统（GPS）、射频识别技术（RFID），把现代化、自动化、信息化应用到安全生产管理中。

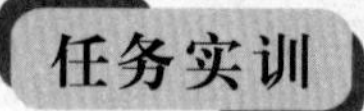

运输成本控制

1. 实训背景资料 选择有一定代表性的第三方物流企业，前往该地调研。

2. 实训目标 直观地了解企业运输成本控制的基本情况，增强对物流成本控制的理解。

3. 实训准备

（1）了解该物流公司所处领域、业务功能和区位等方面优势；企业定位与发展规划。

（2）设计问卷调研提纲。

（3）班级同学分组，明确分工。

（4）根据具体情况，对企业物流运输成本的内容进行总结概括，限期一周。

4. 实训步骤

（1）描述企业概况，包括企业发展现状（主管业务、人员、设备、技术、成本管理等）。

（2）运输成本控制现状分析。

（3）成运输本控制问题分析。

（4）根据企业的实际情况，结合现代物流成本的基本情况，在教师和企业人员的指导下分组讨论运输成本改进建议。

5. 实训评价

小组	设计构想（35%）	设计效果（25%）	报告表述（25%）	分工合作情况（15%）	总分
1					
2					
3					
4					

注：考评满分100分，60分以下为不及格，60～69分为及格，70～79分为中，80～89分为良，90分及以上为优。

任务小结

运输成本管理是物流企业管理的基础，对提高整体管理水平，提高经济效益有重大影响，本任务重点介绍了影响运输成本的因素和降低运输成本的措施。由于运输是物流中最重要的功能要素之一，物流成本在很大程度上依赖于运输合理化。而选择合理的运输方式、运输工具等都是降低物流运输成本的有效措施。

复习思考题

1. 简述运输成本的影响因素。
2. 简述如何有效地降低运输成本。

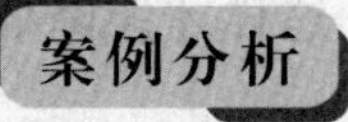

案例分析

百盛物流运输成本案例分析

据有关资料显示，在一家连锁餐饮企业的总体配送成本中，运输成本占到60%左右，而其中的55%～60%是可以控制的。因此，紧紧围绕运输环节来实现降低物流成本是可以实现的。由于连锁餐饮业的行业特点，原材料价格相差不大，企业竞争的焦点聚焦在物流成本的控制上。

（1）提高车辆利用率。车辆利用率是影响运输成本的一个重要因素，提高车辆利用率可以从提高车辆运输工具实载率、灵活安排作业时间、组织轻重货物混合装配等方面着手。提高运输工具实载率，充分利用运输卡车空间，这样每次可以转载更多的货物，一次运输可以配送多家餐厅，表面感觉好像延长了卡车的运输时间，其实它还能减少卡车运输里程，总体上还是减少了运输成本。由于餐饮行业的特殊需求时间，灵活安排卡车的运输时间，不要用朝九晚五的上班时间限制卡车发车和送货时间，以配合不同连锁餐饮企业对运输作业的需求。合理安排卡车运输时间，改变仓库、收货和卡车发车的作业时间，提高卡车的利用率，降低运输成本。组织轻重配装，也就是把轻重货物和实重货物混合装车，这样也可以充分利用卡车装载体积，还能达到装载重量，提高了卡车的利用效率，相应地减少了运输成本。

（2）合理安排运输排程。运输排程问题主要涉及运输距离、运输时间、运输环节等方面。合理安排运输排程，也可以减少运输成本。关于运输时间方面，百盛物流与连锁餐饮业餐厅是先约定好进货时间的，百盛物流配送中心就根据餐厅约定好的进货时间，制定好各个运输时刻表，按时送货，满足连锁餐厅的需求。我们知道，餐厅的生意是受不同季节影响的，因此百盛对连锁餐厅的运输时刻表应该设计出旺季、淡季、一般三套方案。如果变化非常大，就有必要对我们制定好的运输时刻表根据情况变化而重修修改。安排好运输时间，然后再根据不同餐厅的位置和订货量，设计出不同的运输送货路线，尽量达到路线最短、所用车辆和司机最少。

（3）设计最优运输路线。设计最优运输路线把运筹学、物流信息管理的内容应用到了物流运输成本管理中。百盛物流根据不同的餐厅，从最简单的模型开始，从起点到一个目的地终点就有很多的路径可以选择，要找出其中最短的路径。实际上，一次运输可以有不同的终点，先到哪个目的地就是一个很难的问题，可供选择的路径更多，怎么样去串联才可以达到最佳的效果。另外，它还有很多的限制条件，比如车辆装载能力、车辆个数等，限制条件越多，复杂度越高。需要用线性规划、整数规划等工具来解决这些问题，引进相应的数学软件，结合连锁餐饮业的物流配送需求，做出优化运输路线安排的软件。

（4）歇业时间送货。利用餐厅的歇业时间送货，不但避开了城市交通高峰期，而且餐厅没有顾客，也不用担心打扰到顾客。因为餐厅一般位于城市的繁华区域，夜间停车也会比较方便，这样可以有充分的时间卸货。同时，因为可以在半夜送货，卡车也可以二次出车，提高了卡车的利用率。但是，这种配送方式也存在弊端。在餐厅的歇业时间送货，餐厅的工作人员没有办法当场验收货物，如果货物出现差错的话，很难分清责任。

因此，这种方式需要物流配送中心和餐厅建立一种比较信任的合作关系，这样才能降低成本。

思考题

1. 百盛企业是如何进行运输成本管理的？

2. 百盛企业运输成本管理的启示是什么？

项目六 <<<

仓储成本管理

项目导入

国外经常报道中国企业的物流成本太高，但我国的运输成本、人工成本、仓库租赁成本等都较国外低，中国物流成本高从何而来？通过对比国内外企业在物流统计和物流认识上的落差，来讲述现代企业成本核算中产品在库存中的成本界定因素。通过仓储管理实务手法的讲授并结合国内外同行业具体的实例分析让你掌握国内外最先进的仓储管理方法，并明白仓储成本过高是企业可供挖掘的物流成本的最大瓶颈。仓储成本的降低是整体供应链成本降低中最易产生效益的环节，作为物流专业学生应该如何减低仓储成本呢？

知识目标

1. 了解仓储成本管理的含义及特点
2. 掌握仓储成本的构成
3. 了解影响仓储成本的因素
4. 掌握降低仓储成本的途径

能力目标

1. 掌握按支付形态计算仓储成本
2. 掌握按成本项目计算仓储成本
3. 掌握按适用对象计算仓储成本

任务一　仓储成本管理认知

一、仓储成本的含义

仓储成本是指仓储企业在开展仓储业务活动中各种要素投入的以货币计算的总和。仓储成本是物流成本的重要组成部分，对物流成本的高低有直接影响。

大多数仓储成本不随存货水平变动而变动，而是随存储地点的多少而变。仓储成本包括仓库租金、仓库折旧、设备折旧、装卸费用、货物包装材料费用和管理费等。

二、仓储成本的特点

1. 重要性　仓储成本是物流成本的重要组成部分，而物流成本又占国民经济总产值的很大部分。据世界银行分析，发达国家物流成本占GDP（国内生产总值）的10%左右，美国低于 10%，中国估计约为 18%。如果中国物流成本占 GDP 的比重降到 15%，每年将为全社会直接节约 2 400 多亿元，将会给社会和企业带来可观的经济效益。

2. 效益背反性 为了降低仓储成本，采购次数增多，采购批量降低，运输成本就会随之增加；同样，为了增加客户按满意度，提升物流服务水平，就会增加仓储的管理、人工等费用的支出。

3. 复杂性 在现行的会计制度下对物流成本的核算缺乏统一的标准。因此，增加仓储成本核算的复杂性和难度。

三、仓储成本的构成

仓储成本主要包括：库存持有成本、订货成本或生产准备成本、库存缺货成本和在途持有成本。

（一）库存持有成本

库存持有成本即为保有和管理库存而需承担的费用开支。具体可分为机会成本、库存服务成本、仓储空间成本和库存风险成本 4 个方面。

1. 机会成本 库存投资的资金成本是指库存商品占用了可以用于其他投资的资金，不管这种资金是从企业内部筹集还是从外部筹集（比如销售股票或从银行贷款等），对于企业而言，都因为保持库存而丧失了其他投资的机会，因此，应以使用资金的机会成本来计算库存持有成本中的资金成本。事实上，资金成本往往占持有成本的大部分。

2. 库存服务成本 库存服务成本由按货物金额计算的税金和为维持库存而产生的火灾和盗窃保险组成。一般情况下，税金随库存水平的不同而不同。库存水平对保险费率没有什么影响。

3. 仓储空间成本 仓储空间成本不同于仓储成本，它只包括那些随库存数量变动的成本。仓储空间成本通常和 4 类常见设施有关：公共仓库、租用仓库、公司自营或私人仓库。不同的仓储条件下，仓储空间成本是不同的。

（1）公共仓库。公共仓库的费用通常是基于移入和移出仓库的产品数量（搬运费用）以及储存的库存数量（储存费用）来计算的。

（2）租用仓库。租用仓库是指通过签约占用别人仓库的规定的使用时间计算库存持有成本。

（3）自营仓库。在公司自营或私人仓库条件下，一般直接计算库存物资的库存持有成本。

4. 库存风险成本 库存风险成本一般包括如下几项：废弃成本、损坏成本、损耗成本、移仓成本。

（1）废弃成本是指由于再也不能以正常的价格出售而必须处理掉的成本。

（2）损坏成本是仓库营运过程中发生的产品损毁而丧失使用价值的那一部分产品成本。

（3）损耗成本多是因为盗窃造成的产品缺失而损失的那一部分产品成本。

（4）移仓成本是指为避免废弃而将库存从一个仓库所在地运至另一个仓库所在地时产生的成本。

（二）订货成本或生产准备成本

订货成本或生产准备成本是指向外部的供应上采购订单的成本或指向内部的生产的生产

准备成本。

1. 订货成本 订货成本是指企业为了实现一次订货而进行的各种相关活动的费用，如办公费、差旅费等费用支出。订货成本中有一部分与订货次数无关，如采购部的基本支出，这部分费用属于固定成本；另一部分与订货次数密切相关，订购或运输次数越多，订货成本就越高，这部分费用属于变动成本（如差旅费、运费等支出）。

2. 加工准备成本 加工准备成本是指当库存的某些物资由企业自己生产而不是由外部供应时，企业为加工一批货物而进行更改生产线准备的成本，其中与加工产品数量有关的费用如材料费用、人工费用、其他直接费用等属于变动费用；另一部分设备折旧费、保险费用、管理人员工资等属于固定成本。

（三）库存缺货成本

由于库存供应中断而造成的损失。包括原材料供应中断造成的停工损失、产成品库存缺货造成的延迟发货损失和销售机会丧失带来的损失、失去客户的损失，企业采用紧急采购来解决库存的中断而承担的紧急额外采购成本等。

任务实训

物流企业仓储成本构成

1. 实训背景资料 选择有一定代表性的第三方物流企业，前往该地调研。

2. 实训目标 直观地了解仓储成本的构成，为成本计算提供依据。

3. 实训准备

（1）选定物流企业。

（2）了解仓储成本理论上构成。

（3）分组。

4. 实训步骤

（1）联系物流企业。

（2）准备调研问题。

（3）深入企业调研。

（4）设计仓储成本构成项目表。

5. 实训评价

小组	调研准备（15%）	沟通能力（30%）	仓储成本项目设计（40%）	团队合作（15%）	总分
1					
2					
3					
4					

注：考评满分100分，60分以下为不及格，60～69分为及格，70～79分为中，80～89分为良，90分及以上为优。

任务小结

本任务介绍了仓储成本的概念，是指在保护、管理、储藏物品的相关物流活动中发生的各种费用总和，仓储成本物流成本的重要组成部分。仓储成本具有重要性、效益背反和复杂性的特点。为学习仓储成本计算奠定了基础。

复习思考题

1. 简述仓储成本的含义。
2. 简述仓储成本的特点。
3. 简述仓储成本的构成。

任务二　仓储成本计算

一、仓储成本计算目的

（一）库存保管费用预算的编制

企业核算仓储管理费用的一个主要目的在于掌握和了解库存费用成本的状况，以及企业保管库存管理的绩效，据此合理地编制仓库管理成本预算。运用单位库存费用，预测计划期间内的保管数量及其相关成本费用，计划预算总库存费用，从而合理地调度企业的物流资源，评价和管理库管绩效，控制和管理物流成本。

（二）进行收益性分析

企业能否合理有效地分析仓储库存费用对企业的物流收益性分析至关重要。仓储库存费用的详细测算，能够帮助企业正确地分析不同出货、不同产品、不同顾客以及不同配送线路的经济收益。此外，仓库库存费用的合理计算对企业内不同部门的收益性分析也具有积极的作用，如果企业在全面细致地反映各种活动所产生的仓储库存成本，那么利用转账价格，就能将库存费用分摊到企业的不同领域或部门，从而更好地分析判断企业各部门的运作效率以及对成本费用的影响。

（三）确立配送计划

库存成本的计算可以作为制订配送计划的工具，利用库存仓储费用的成本信息，可以帮助企业合理规划配送线路或网络，确立自建仓库的依据和范围，以及合理规划各仓库对应配送地区和半径。

二、仓储成本的计算项目

货物的仓储成本主要是指货物保管的各种支出，其中一部分为仓储设施和设备的投资，另一部分则为仓储保管作业中的活劳动或者物化劳动的消耗，主要包括工资和能源消耗等。根据货物在保管过程中的支出，可以将仓储成本分成以下几类：

1. 保管费　为存储货物所开支的货物养护、保管等费用，包括：用于货物保管的货架、货柜的费用开支，仓库场地的房地产税等。

2. 仓库管理人员的工资和福利费　仓库管理人员的工资一般包括固定工资、奖金和各种生活补贴。福利费可按标准提取，一般包括住房基金、医疗以及退休养老支出等。

3. 折旧费或租赁费 仓储企业有的是以自己拥有所有权的仓库以及设备对外承接仓储业务，有的是以向社会承包租赁的仓库及设备对外承接业务。自营仓库的固定资产每年需要提取折旧费，对外承包租赁的固定资产每年需要支付租赁费。仓储费或租赁费是仓储企业的一项重要的固定成本，构成仓储企业的成本之一。对仓库固定资产按折旧期分年提取，主要包括：库房、堆场等基础设施的折旧和机械设备的折旧等。

4. 修理费 修理费主要用于设备、设施和运输工具的定期大修理，每年可以按设备、设施和运输工具投资额的一定比率提取。

5. 装卸搬运费 装卸搬运费是指货物入库、堆码和出库等环节发生的装卸搬运费用，包括搬运设备的运行费用和搬运工人的成本。

6. 管理费用 管理费用指仓储企业或部门为管理仓储活动或开展仓储业务而发生的各种间接费用，主要包括仓库设备的保险费、办公费、人员培训费、差旅费、招待费、营销费、水电费等。

7. 仓储损失 仓储损失是指保管过程中货物损坏而需要仓储企业赔付的费用。造成货物损失的原因一般包括仓库本身的保管条件，管理人员的人为因素，货物本身的物理、化学性能，搬运过程中的机械损坏等，实际中，应根据具体情况，按照企业的制度标准，分清责任合理计入成本。

8. 税费 由仓储企业承担的税费也可以看作费用的支出。包括仓储营业税或企业所得税在仓储中的分摊以及仓库场地的房地产税。

三、仓储成本的计算方法

仓储成本的计算可以采用按支付形态计算仓储成本、按仓储项目计算仓储成本、按适用对象计算仓储成本。

（一）按支付形态计算仓储成本

把仓储成本分别按仓储搬运费、仓储保管费、材料费、人工费、仓储管理费、仓储占用资金利息等支付形态分类，就可以计算出仓储成本总额。这种计算方法从利润表中“管理费用”“财务费用”“营业费用”等项目中，按规定比例提取一定数值乘以一定比率，如人数比率、面积比率、费用比率等，计算出仓储部门的费用，再讲仓储成本总额与其他会计期间进行比较，针对超支项目分析原因，并提出改进建议。

【例 6－1】 速通快递公司现有职工 200 人，物流工作人员 80 人，全公司面积 6 000 平方米，物流设施面积 5 000 平方米。表 6－1 中仓储费用比例＝1～8 项的仓储费用之和除以 1～8项管理等费用之和，按支付形态计算仓储成本。

表 6－1 速通快递公司 2013 年 12 月仓储成本计算表

序号	项 目	管理等费用（元）	计算基准	仓储成本（元）	备注
1	仓储租赁费	15 000	100%	15 000	金额
2	材料耗用费用	10 000	100%	10 000	金额
3	人工费用	700 000	40%	280 000	人数比率
4	燃料动力费用	10 000	83.3%	8 330	面积比率

（续）

序号	项　目	管理等费用（元）	计算基准	仓储成本（元）	备注
5	保险费用	10 000	83.3%	8 330	面积比率
6	维护维修费用	30 000	83.3%	24 990	面积比率
7	装卸搬运费用	20 000	83.3%	16 660	面积比率
8	仓储保管费用	50 000	83.3%	41 650	面积比率
9	仓储管理费用	30 000	47.9%	14 370	费用比率
10	低值易耗品费	30 000	47.9%	14 370	费用比率
11	资金占用费用	28 000	47.9%	13 412	费用比率
12	税费	30 000	47.9%	14 370	费用比率
13	仓储成本合计	963 000		461 482	

计算基准公式：

人数比率＝（物流工作人数÷全公司人数）×100%＝80÷200×100%＝40%

面积比率＝（物流设施面积÷全公司面积）×100%＝5 000÷6 000×100%＝83.3%

仓储费用比率＝(15 000＋10 000＋280 000＋8 330＋8 330＋24 990＋16 660＋41 650) ÷ (15 000＋10 000＋700 000＋10 000＋10 000＋30 000＋20 000＋50 000) ×100%＝404 960÷845 000≈47.9%

（二）按仓储项目计算仓储成本

【例 6-2】结合例 6-1 中的数据，速通快递公司 2013 年 12 月按项目计算仓储成本，如表 6-2 所示。

表 6-2　速通快递公司 2013 年 12 月仓储成本计算表　　单位：元

序号	项　目	管理等费用	仓储租赁费	仓储保管费	仓储管理费	材料消耗费	搬运等费用
1	仓储租赁费	15 000	15 000				
2	材料耗用费用	10 000	2 000	2 000	1 000	4 000	1 000
3	人工费用	700 000	100 000	290 000	160 000		150 000
4	燃料动力费用	10 000	1 500	2 000	3 000	3 500	
5	保险费用	10 000	3 000	4 000	1 000		2 000
6	维护维修费用	30 000	5 000	22 000	3 000		
7	装卸搬运费用	20 000				5 000	15 000
8	仓储保管费用	50 000		50 000			
9	仓储管理费用	30 000	3 000	4 000	3000	20 000	
10	低值易耗品费	30 000				30 000	
11	资金占用费用	28 000	20 000	8 000			
12	税费	30 000	6 600	16 500	6 900		
13	仓储成本合计	963 000	156 100	376 500	177 900	64 500	168 000
14	仓储成本构成（%）	100	16.2	39.1	18.5	6.7	17.5

（三）按适用对象计算仓储成本

按适用对象核算仓储成本，可以分析出仓储成本都用在哪一种对象上。如可以分别把商品、地区、顾客或营业单位作为适用对象来进行计算。

按客户核算仓储成本的方法，又可分按标准单价计算和按实际单价计算两种计算方式。按客户计算仓储成本，可用来作为选定客户、确定物流服务水平等制订客户战略的参考。

按商品核算仓储成本是指通过把按功能计算出来的仓储费，用以各自不同的基准，分配各类商品的方法计算出来的仓储成本。这种方法可以用来分析各类商品的盈亏，在实际运用时，要考虑进货和出货差额的毛收入与商品周转率之积的交叉比率。

任务实训

物流企业仓储成本计算

1. 实训背景资料 选择有一定代表性的第三方物流企业，前往该地调研仓储成本计算方法。

2. 实训目标 仓储成本计算方法。

3. 实训准备

（1）了解仓储成本计算方法。

（2）准备计算器。

4. 实训步骤

（1）联系物流企业。

（2）准备调研项目。

（3）深入企业调研仓储成本计算方法。

（4）根据实际业务计算实际仓储成本。

5. 实训评价

小组	调研准备（15%）	计算能力（30%）	仓储成本计算结果（40%）	团队合作（15%）	总分
1					
2					
3					

注：考评满分 100 分，60 分以下为不及格，60～69 分为及格，70～79 分为中，80～89 分为良，90 分及以上为优。

任务小结

本任务介绍了仓储成本管理计算目的，主要在于掌握和了解库存费用成本的状况，以及企业保管库存管理的绩效，据此合理地编制仓库管理成本预算仓储成本管理计算项目，以及仓储成本计算方法，仓储成本的计算可以采用按支付形态计算仓储成本、按仓储项目计算仓储成本、按适用对象计算仓储成本。

复习思考题

1. 简述仓储成本计算目的。
2. 简述仓储成本计算项目。
3. 简述仓储成本的计算方法。

任务三　仓储成本分析与控制

仓储成本分析是以会计核算资料为基础，结合业务核算和统计核算资料，采用多种分析计算方法，对仓储成本的静态结构和动态变化进行分析研究，揭示其降耗增效的机会和规律。通过仓储成本分析开发出的信息资料，是正确核算仓储成本、制造仓储服务收费价格等策略的依据。

一、仓储成本的影响因素

仓储成本主要受商品堆存期、商品堆存量、商品周转率、商品积载因数、商品的品种、商品的保管条件等因素的影响。

1. 商品的堆存期　物流需求方的商品在物流中心的堆存时间是影响仓储成本的一个因素，商品在物流中心堆存的时间越长，累计占用的仓库面积越大，仓储成本越高。

2. 商品的堆存量　物流需求方的商品在物流中心堆存的数量越多，占用的仓库面积越大，且入库、出库的工作量也越大，仓储成本越高；如果商品的堆存高度越高，占用的仓库面积越小，也会影响到仓储成本。

3. 商品的周转率　在库商品的周转率越低，商品在仓库的平均堆存天数越多，占用仓库的面积越多，占用仓库的时间越长，仓库的利用率越低，仓储成本会越高。

4. 商品的积载因数　商品的积载因数影响到仓库的利用率，商品的积载因数越高，表示每吨货所需占用的库容量越大，仓库的利用率降低，仓储成本升高。

5. 商品的品种　物流需求方的商品的品种越多，需要码的垛就越多，实际占用仓库的面积越大，仓库的利用率就越低，仓储成本越高。

6. 商品的保管条件　按照商品不同的保管要求，有些商品对温度要求很高，如奶制品、熟食品等，需要仓库配备相应的冷藏措施；有些商品对湿度也有要求，如糕点、饼干类产品要求仓库通风性强，保持干燥。仓库为满足不同客户的商品储存要求，需配备相应的设施、设备，仓储成本会随之升高。

二、仓储成本分析

仓储成本可以通过仓库利用率、平均保管损失、商品损耗率、平均收发时间、收发货差错率、平均仓储成本、仓储收入成本率进行分析。

1. 仓库利用率

（1）仓库面积利用率。

$$仓库面积利用率=\frac{报告期商品实际堆放面积（米^2）}{报告期仓库总面积（米^2）}$$

报告期仓库的总面积：从仓库的围墙线算起，整个围墙所占用的面积。

(2) 仓库容积利用率。

$$仓库容积利用率=\frac{报告期平均每日实际使用的容积（米^3）}{报告期仓库的有效容积（米^3）}$$

2. 平均保管损失

$$平均保管损失=\frac{保管损失金额（元）}{平均储存量（吨）}$$

它是衡量和考核仓库保管人员工作质量的重要标志。保管损失的计算范围通过核算追查原因、找出漏洞，加强保管人员的岗位责任制。

3. 商品损耗率

$$商品损耗率=\frac{商品损耗率（吨或千克）}{商品库存总量（吨或千克）}\times 1\,000$$

该指标主要用于那些易于干燥、风化、挥发、失重或破碎商品保管工作的考核。商品损耗指自然损耗。

4. 平均收发时间

$$平均收发时间=\frac{收发货的总时间（小时）}{收发货的总笔数（笔）}$$

它是反映仓库工作人员劳动效率的质量指标。注意：收货时间与发货时间的规定。

5. 收发货差错率

$$收货货差错率=\frac{报告期收发货差错累计笔数}{报告期收发货总笔数}$$

它是竞争上岗、考核奖金的依据。

6. 平均仓储成本

$$平均仓储成本=\frac{商品仓储成本（元）}{平均储存量（吨）}$$

7. 仓储收入成本率

$$仓储收入成本率=\frac{商品仓储成本收入}{仓储成本费用}\times 100\%$$

三、降低仓储成本的途径

仓储成本管理是仓储企业管理的基础，对提高整体管理水平，提高经济效益有重大影响，但是由于仓储成本与物流成本的其他构成要素，如运输成本、配送成本，以及服务质量和水平之间存在二律背反的现象，因此，降低仓储成本要在保证物流总成本最低和不降低企业的总体服务质量和目标水平的前提下进行，常见的措施有：

(一) 采用 ABC 分类法，降低仓储成本

存货的 ABC 分类控制法，是运用数理统计原理，根据“关键的少数和一般的多数”理论，将仓储的货物分为 A、B、C 三类。A 类存货在品种上占总数的 5%～15%，而其资金占用较多，一般占储存总数的 60%～80%，应进行重点管理。B 类存货为一般存货，品种数占 20%～30%，资金占用也是 20%～30%，应进行常规管理。C 类存货品种数量繁多，占总数的 60%～80%，资金占用比例为 5%～15%，不必花费太多精力，一般凭经验管理即可。

采用ABC分类控制库存方法时，对于A类存货，由于占用资金较大，应严格按照最佳库存量的方法，采取定期订货方式，设法将库存降到最低限度。并对库存变动实行经常或定期检查，严格盘存。C类存货物资虽然品种数量较多，但占用资金不多。一般按订货点组织订货，在库管上定期盘点，适当控制库存。对B类存货，可进一步再分类，对金额偏高的可参照A类存货管理，金额偏低的参照C类管理。

（二）提高存储密度，提高仓容利用率

这样做的主要目的是减少储存设施的投资，提高单位存储面积的利用率，以降低成本、减少土地占用。具体有下列3种方法：

（1）采取高垛的方法，增加储存的高度。具体方法有采用高层货架仓库、集装箱等都可比一般堆存方法大大增加储存高度。

（2）缩小库内通道宽度以增加储存有效面积。具体方法有采用窄巷道式通道，配以轨道式装卸车辆，以减少车辆运行宽度要求，采用侧叉车、推拉式叉车，以减少叉车转弯所需的宽度。

（3）减少库内通道数量以增加有效储存面积。具体方法有采用密集型货架，采用不依靠通道可进车的可卸式货架，采用各种贯通式货架，采用不依靠通道的桥式起重机装卸技术等。

（三）充分利用现代仓储技术和设备，提高作业效率

如采用计算机定位系统、计算机存取系统、计算机监控系统等计算机管理技术，仓储条码技术，现代化货架，专业作业设备、叉车、新型托盘等。能够及时且准确地掌握实际储存情况，避免人工存取容易出现差错的弊端，提高作业效率。

（四）加速周转，提高单位仓容产出

储存现代化的重要课题是将静态储存变为动态储存，周转速度一快，会带来一系列的好处：资金周转快，资本效益高，货损货差小、仓库吞吐能力增加、成本下降等。具体做法诸如采用任务集装存储，建立快速分拣系统，都有利于实现快进快出，大进大出。

（五）加强劳动管理，降低管理成本

工资是仓储成本的重要组成部分，劳动力的合理使用，是控制人员工资的基本原则。我国是具有劳动力优势的国家，工资较为低廉，较多使用劳动力是合理的选择。但是对劳动进行有效管理，避免人浮于事，出工不出力或者效率低下也是成本管理的重要方面。

（六）充分利用电子商务下仓储管理信息化、网络化、智能化的优势，有效控制进销存系统，使物流、资金流、信息流保持一致

电子计算机监控系统用电子计算机指示存取，可以避免人工存取容易出现差错的弊端，如果在储存物上采用条形码技术，使识别计数和计算机联结，每次存、取一件物品时，识别装置自动将条形码识别并将其输入计算机，计算机会自动做出存取记录。这样只需向计算机查询，就可了解所存物品的准确情况，因而无须再建立一套对仓储物实有数的监测系统，减少查货、清点工作。

任务实训

降低仓储成本措施

1. 实训背景资料　根据前面实训项目的计算结果，分析仓储成本超支还是节约，对于超支部分采取措施降低成本支出。

2. 实训目标 降低仓储成本策略。

3. 实训准备

（1）仓储成本计算结果。

（2）其他会计期间数据。

（3）分组。

4. 实训步骤

（1）根据上个实训项目提供数据进行分析。

（2）其他会计期间数据进行比较。

（3）进行差异分析。

（4）提出降低成本措施。

5. 实训评价

小组	调研准备（15%）	差异分析（30%）	改进建议（40%）	团队合作（15%）	总分
1					
2					
3					
4					

注：考评满分100分，60分以下为不及格，60～69分为及格，70～79分为中，80～89分为良，90分及以上为优。

任务小结

本任务介绍了仓储成本影响因素，主要受商品堆存期、堆存量、周转率、品种、保管条件等因素影响，并对仓储成本仓容利用率、商品损耗率、出入库差错率等相关指标分析，提出降低仓储成本的措施，有效控制仓储成本支出。

复习思考题

1. 影响仓储成本的因素有哪些？
2. 降低仓储成本的措施有哪些？
3. 你认为我国仓储成本高在何处？应如何改进？

案例分析

月山啤酒集团案例分析

月山啤酒集团在几年前就借鉴国内外物流公司的先进经验，结合自身的优势，制订了自己的仓储物流改革方案。第一，成立了仓储调度中心，对全国市场区域的仓储活动进行重新规划，对产品的仓储、转库实行统一管理和控制。由提供单一的仓储服务，到对产成品的市场区域分布、流通时间等全面的调整、平衡和控制，仓储调度成为销售过程中降低成本、增加效益的重要一环。第二，以原运输公司为基础，月山啤酒集团注册成立具有独立法人资格的物流有限公司，引进现代物流理念和技术，并完全按照市场机制运作。作为提供运输服务的“卖方”，物流公司能够确保按规定要求，以最短的时间、最少的投入和最经济的运送方式，将产品送至目的地。第三，筹建了月山啤酒集团技术中心。月山啤酒集团应用建立在互联网信息传输基础上的ERP系统，筹建了月山啤酒集团技术中心，将物流、信息流、资金流全面统一在计算机网络的智能化管理之下，建立起各分公司与总公司之间的快速信息通道，及时掌握各地最新的市场库存、货物和资金流动情况，为制定市场策略提供准确的依据，并且简化了业务运行程序，提高了销售系统工作效率，增强了企业的应变能力。通过这一系列的改革，月山啤酒集团获得了很大的直接和间接经济效益。首先，集团的仓库面积由7万多平方米下降到不足3万平方米，产成品平均库存量由12 000吨降到6 000吨。其次，这个产品物流体实现了环环相扣，销售部门根据各地销售网络的要货计划和市场预测，制订销售计划，仓储部门根据销售计划和库存及时向生产企业传递要货信息；生产厂有针对性地组织生产，物流公司则及时地调度运力，确保交货质量和交货期。再次，销售代理商在有了稳定的货源供应后，可以从人、财、物等方面进一步降低销售成本，增加效益，经过一年多的运转，月山啤酒物流网取得了阶段性成果。实践证明，现代物流管理体系的建立，使月山集团的整体营销水平和市场竞争能力大大提高。

思考题

1. 结合案例分析仓储成本分析的意义。
2. 分析月山啤酒集团是如何控制仓储成本的。
3. 分析月山集团是怎样通过控制仓储成本，获得经济效益的。

项目七 <<<

流通加工成本管理

项目导入

谈到麦当劳的物流，不能不说到夏晖公司，他们与麦当劳的合作，至今在很多人眼中还是一个谜。麦当劳没有把物流业务分包给不同的供应商，夏晖也从未移情别恋，这种独特的合作关系，不仅建立在忠诚的基础上，麦当劳之所以选择夏晖，在于后者为其提供了优质的服务。麦当劳要求夏晖提供一条龙式物流服务，包括生产和质量控制在内。这样，在夏晖设在台湾的面包厂中，就全部采用了统一的自动化生产线，制造区与熟食区加以区隔，厂区装设空调与天花板，以隔离落尘，易于清洁，应用严格的食品与作业安全标准。所有设备由美国 SASIB 专业设计，生产能力每小时 24 000 个面包。在专门设立的加工中心，物流服务商为麦当劳提供所需的切丝、切片生菜及混合蔬菜，拥有生产区域全程温度自动控制、连续式杀菌及水温自动控制功能的生产线，生产能力每小时 1 500 千克。你认为夏晖除了提供优质的服务之外，是如何控制流通加工成本，如何提升利润空间的？

知识目标

1. 流通加工的概念，流通加工成本的概念及构成
2. 流通加工的作用
3. 流通加工的类型
4. 流通加工成本计算范围、计算对象
5. 影响流通加工成本因素

能力目标

1. 流通加工直接材料费用的计算
2. 流通加工直接人工费用的核算
3. 流通加工制造费用的核算
4. 流通加工标准成本的制定，成本差异计算与分析方法
5. 降低流通加工成本途径

任务一 流通加工成本管理认知

流通加工是为了提高物流速度和物品的利用率，在物品进入流通领域后，按客户的要求进行的加工活动，即在物品从生产者向消费者流动的过程中，为了促进销售、维护商品质量

和提高物流效率，对物品进行一定程度的加工。

一、流通加工成本的含义

（一）流通加工的概念

我国国家标准《物流术语》中对流通加工的定义是："物品在生产地到使用地的过程中，根据需要施加包装、分割、计量、分刷标志、拴标签、组装等简单作业的总称。"流通加工通过改变或完善流通对形态来实现"桥梁和纽带"的作用。随着社会经济的增长，国民收入的增加，消费者的需求出现多样化，在客观上促使流通领域发生变革，流通加工正是顺应这一变革而出现的一种新的加工形式。

流通加工是现代物流系统构架中重要结构之一。流通加工能够提高物流系统的服务水平，提高物流效率和物品的利用率，更重要的是流通加工对物流活动具有增值作用。在各个国家流通加工实际上都已广泛地开展，日本、美国等物流发达国家则更为普遍。随着我国加入 WTO（世界贸易组织）及经济体制改革的不断深入，工业企业都面临着如何提高自我改造、自我发展、自我积累的艰巨任务，作为新兴的物流企业必须面临着这场变革，提高自身的服务水平。作为物流环节的流通加工，是一项具有广阔前景的经营形式，必将为物流领域带来巨大的效益。

（二）流通加工成本的含义与构成

从整个物流系统来讲，流通加工几乎涉及了所有的物流功能要素，是物流活动在流通加工过程中的体现。一般的流通加工，集装卸搬运、包装、保管、配送于一体，通过一系列物流活动，实现流通加工的目的。流通加工成本是指流通加工活动中所消耗的物化劳动和活劳动的货币表现，即产品在流通加工过程中的人力、物力和财力的耗费，以及与流通加工有关的资金占用、物品损耗、保险和税收等成本构成。具体包括流通加工业务人员的工资福利、加工设施年折旧、燃料与动力消耗、设施设备维修保养费、业务费等。根据流通加工的成本属性，其主要成本应由以下费用构成：

1. 流通加工设备费用　流通加工设备费用是指流通加工设备购置费用。流通加工设备因流通加工形式不同而不同，购置这些设备所支出的费用，以流通加工费用的形式转移到被加工产品中去。

2. 流通加工材料费用　流通加工材料费用是指流通加工过程中需要消耗一些材料的费用，是在流通加工过程中，投入加工过程中的一些材料消耗所需要的费用。

3. 流通加工劳务费用　在流通加工过程中从事加工活动的管理人员、工人及有关人员工资、奖金等费用的总和。

4. 流通加工其他费用　流通加工中耗用的电力、燃料、油料等费用。

二、流通加工的作用

流通加工的作用有以下几方面：

1. 提高加工材料利用率，合理利用边角料　利用流通加工环节进行集中：下料可将生产厂直接运来的简单规格产品按使用部门的要求下料。集中下料可以优材优用、小材大用，合理套裁，取得很好的技术经济效果。北京、济南、丹东等城市对平板玻璃进行流通加工（集中裁制、开片供应）后，玻璃利用率从 60%左右提高到 85.95%。

2. 方便用户，便于运输 用量小或临时需要的使用单位缺乏进行高效率初级加工的能力，而依靠流通加工可使其省去再进行初级加工的设备及人力，从而方便了用户。目前发展较快的初级加工有：将水泥加工成生混凝土，将原木或板方材加工成门窗、冷拉钢筋及冲制异型零件和钢板打孔等。

3. 提高加工效率及设备利用率，减少损耗 建立集中加工点采用效率高、技术先进、林工量大的专门机具和设备，可提高加工质量，提高设备利用率和加工效率，从而降低了加工费用及原材料成本。例如，一般的使用部门在对钢板下料时采用气割的方法，留出较大的加工余量，这样出材率低，加工质量也不好。集中加工后利用高效率的剪切设备，在一定程度上可以防止上述缺点。

4. 充分发挥各种输送方式的优势，节省运力 流通加工环节将实物的流通分成两个阶段。一般说来，从生产厂到流通加工点这段输送距离长，而从流通加工点到消费环节这段距离短。第一阶段是在数量有限的生产厂与流通加工点之间进行定点、直达、大批量的远距离输送，可以采用船舶、水车等大量输送的手段；第二阶段则是利用汽车和其他小型车辆来输送经过流通加工后的多规格、小批量、多用户的产品。这样可以充分发挥各种输送手段的优势，加快输送速度，节省运力和运费。

5. 改变功能，提高收益 在流通过程中可以进行一些改变产品某些功能的简单加工。其目的除上述几点外，还在于提高产品销售的经济效益。例如，内地的许多制成品（如洋娃娃玩具、时装、轻工纺织产品、工艺美术品等）在深圳进行简单的装饰加工后改变了产品的外观或功能，仅此一项就可使产品售价提高 20%以上。所以，在物流领域中流通加工可以成为创造高附加值的活动。这种高附加值的形成主要着眼于满足用户的需要来提高服务功能而取得的，是贯彻物流战略思想的表现，是一种低投入、高产出的加工形式。

6. 提升利润空间，是物流的重要利润来源 流通加工是一种低投入、高产出的加工方式，往往以简单加工解决大问题。实践中，有的流通加工通过改变商品包装，使商品档次升级而充分实现其价值；有的流通加工可将产品利用率大幅提高 30%，甚至更多。这些都是采取一般方法以期提高生产率所难以做到的。实践证明，流通加工提供的利润并不亚于从运输和保管中挖掘的利润，因此我们说流通加工是物流业的重要利润来源。

三、流通加工的类型

根据不同的目的，流通加工具有不同的类型：

1. 为适应多样化需要的流通加工 生产部门为了实现高效率、大批量的生产，其产品往往不能完全满足用户的要求。这样，为了满足用户对产品多样化的需要，同时又要保证高效率的大生产，可将生产出来的单一化、标准化的产品进行多样化的改制加工。例如，对钢材卷板的舒展、剪切加工；平板玻璃按需要规格的开片加工；木材改制成枕木、板材、方材等加工。

2. 为方便消费的流通加工 根据下游生产的需要将商品加工成生产直接可用的状态。例如，根据需要将钢材定尺、定型，按要求下料；将木材制成可直接投入使用的各种型材；将水泥制成混凝土拌合料，使用时只需稍加搅拌即可使用等。

3. 为保护产品的流通加工 在物流过程中，为了保护商品的使用价值，延长商品在生产和使用期间的寿命，防止商品在运输、储存、装卸搬运、包装等过程中遭受损失，可以采取稳固、改装、保鲜、冷冻、涂油等方式。例如，水产品、肉类、蛋类的保鲜、保质的冷冻加工、防腐加工等；丝、麻、棉织品的防虫、防霉加工等。还有，如为防止金属材料的锈蚀而进行的喷漆、涂防锈油等措施，运用手工、机械或化学方法除锈；木材的防腐朽、防干裂加工；煤炭的防高温自燃加工；水泥的防潮、防湿加工等。

4. 为弥补生产加工不足的流通加工 由于受到各种因素的限制，许多产品在生产领域的加工只能到一定程度，而不能完全实现终极的加工。例如，木材如果在产地完成成材加工或制成木制品的话，就会给运输带来极大的困难。所以，在生产领域只能加工到圆木、板、方材这个程度，进一步的下料、切裁、处理等加工则由流通加工完成；钢铁厂大规模的生产只能按规格生产，以使产品有较强的通用性，从而使生产能有较高的效率，取得较好的效益。

5. 为促进销售的流通加工 流通加工也可以起到促进销售的作用。比如，将过大包装或散装物分装成适合依次销售的小包装的分装加工；将以保护商品为主的运输包装改换成以促进销售为主的销售包装，以起到吸引消费者、促进销售的作用；将蔬菜、肉类洗净切块以满足消费者要求等。

6. 为提高加工效率的流通加工 许多生产企业的初级加工由于数量有限，加工效率不高。而流通加工以集中加工的形式，解决了单个企业加工效率不高的弊端。它以一家流通加工企业的集中加工代替了若干家生产企业的初级加工，促使生产水流通加工平有一定的提高。

7. 为提高物流效率的流通加工 有些商品本身的形态使之难以进行物流操作，而且商品在运输、装卸搬运过程中极易受损，因此需要进行适当的流通加工加以弥补，从而使物流各环节易于操作，提高物流效率，降低物流损失。例如，造纸用的木材磨成木屑的流通加工，可以极大提高运输工具的装载效率；自行车在消费地区的装配加工可以提高运输效率，降低损失；石油气的液化加工，使很难输送的气态物转变为容易输送的液态物，也可以提高物流效率。

8. 为衔接不同运输方式的流通加工 在干线运输和支线运输的节点设置流通加工环节，可以有效解决大批量、低成本、长距离的干线运输与多品种、少批量、多批次的末端运输和集货运输之间的衔接问题。在流通加工点与大生产企业间形成大批量、定点运输的渠道，以流通加工中心为核心，组织对多个用户的配送，也可以在流通加工点将运输包装转换为销售包装，从而有效衔接不同目的的运输方式。比如，散装水泥中转仓库把散装水泥装袋、将大规模散装水泥转化为小规模散装水泥的流通加工，就衔接了水泥厂大批量运输和工地小批量装运的需要。

9. 生产—流通一体化的流通加工 依靠生产企业和流通企业的联合，或者生产企业涉足流通，或者流通企业涉足生产，形成的对生产与流通加工进行合理分工、合理规划、合理组织，统筹进行生产与流通加工的安排，这就是生产—流通一体化的流通加工形式。这种形式可以促成产品结构及产业结构的调整，充分发挥企业集团的经济技术优势，是目前流通加工领域的新形式。

10. 为实施配送流通加工 这种流通加工形式是配送中心为了实现配送活动，满足客户的需要而对物资进行的加工。例如，混凝土搅拌车可以根据客户的要求，把沙子、水泥、石子、水等各种不同材料按比例要求装入可旋转的罐中。在配送路途中，汽车边行驶边搅拌，到达施工现场后，混凝土已经均匀搅拌好，可以直接投入使用。

四、流通加工的主要形式

常见的流通加工形式，包括剪板加工、集中开木下料、配煤加工、冷冻加工、分选加工、精制加工、分装加工、组装加工、加工定制等。

1. 剪板加工 剪板加工是指通过在固定地点设置剪板机进行下料加工，或设置各种切割设备将大规格钢板切小或切成毛坯的流通加工。

2. 集中开木下料 它是指在流通加工点，将原木锯截成各种木材，同时将碎木、碎屑集中加工成各种规格板材，还可进行打眼、凿孔等初级加工。

3. 配煤加工 它是指在使用地区设置加工点，将各种煤及一些其他发热物质，按不同配方进行掺配加工，生产出各种不同发热量的燃料，如无锡燃料公司开展的动力配煤加工等。

4. 冷冻加工 冷冻加工是指为解决鲜肉、鲜鱼等在流通中保鲜及搬运装卸问题，所采取的低温冷冻的加工方式。

5. 分选加工 分选加工是指针对农副产品规格、质量离散较大的情况，为获得一定规格的产品而采取的人工或机械分选加工方式。

6. 精制加工 在农牧副渔等产品的产地和销售地设置加工点，去除无用部分，甚至可以进行切分、洗净、分装等加工。

7. 分装加工 分装加工是指为了便于销售，在销售地区按所要求的零售起点进行新的包装、大包装改小、散装改小包装、运输包装改销售包装等。

8. 组装加工 组装加工是指采用半成品（高容量）包装出厂，在消费地由流通部门所设置的流通加工点进行拆箱组装，随即进行销售。

9. 加工定制 企业委托外厂进行加工和改制，是弥补企业自身加工能力不足的一项措施，如加工非标准设备、工具、配料、半成品等，可分为带料加工和不带料加工，前者由使用单位供料，加工厂负责加工，后者由加工厂包工包料。

五、不合理流通加工的主要形式

流通加工是在流通领域中对生产的辅助性加工，从某种意义上讲，它有效地补充和完善了生产产品的使用价值。但是，设计不当会对生产加工和流通加工产生负效应，所以应尽量避免不合理的流通加工。

（一）流通加工地点设置的不合理

流通加工布局是否合理是流通加工能否有效的根本性因素。

1. 流通加工地点设置在需求地 为衔接少品种、大批量生产与多样化需求的流通加工，加工地应该设置在需求地区才有利于实现大批量的干线运输与多品种末端配送的物流优势。

2. 流通加工地点设置在生产地 如果将流通加工地设置在生产地区，其不合理之处在于：多样化需求要求的产品多品种、小批量，由产地向需求地的长距离运输会出现体积、重量增加的不合理；在生产地增加了一个流通加工环节，同时增加了近距离运输、装卸、储存等一系列物流活动。在这种情况下，不如由原生产单位完成这种加工而无须另外设置专门的流通加工环节，社会效益与企业效益会更好。

一般而言，为方便物流的流通加工应设在产出地。如果将其设置在消费地，不但不能解决物流问题，反而又在流通中增加了一个中转环节。即使是产地或需求地设置流通加工的选择是正确的，还有流通加工在小地域范围的正确选址问题，如果处理不善，仍然会出现不合理。这种不合理主要表现在交通不便，流通加工与生产企业或客户之间距离较远，流通加工点的投资过高（如受选址的地价影响），加工点周围社会、环境条件不良等。

（二）流通加工作用不大，形成多余环节

有的流通加工过于简单或对生产及消费者作用都不大，甚至有时流通加工盲目，同样未能解决品种、规格、质量、包装等问题，相反却实际增加了环节与成本，这也是流通加工设置（无论设置在何地）不合理而容易被忽视的一种形式。

（三）流通加工方式选择不当

流通加工方式包括流通加工对象、流通加工工艺、流通加工技术和流通加工程度等。流通加工方式的确定实际上是与生产加工的合理分工。分工不合理本来应由生产加工完成的，却错误地由流通加工完成，都会造成不合理。

流通加工不是对生产加工的代替，而是一种补充。所以，一般而言，如果工艺复杂，技术装备要求较高或加工可以由生产过程延续或轻易解决者，都应由生产加工完成。如果流通加工方式选择不当就会出现与生产加工争夺市场、争夺利益的恶果。

（四）流通加工成本过高，效益不好

流通加工之所以能够有生命力，重要优势之一是有较大的产出投入比，因而的流通加有效起着补充完善的作用。如果流通加工成本过高，则不能实现以较低投入实现更高使用价值的目的。除了一些从政策层面要求必须进行加工的外，都应看成是不合理的流通加工。

六、流通加工合理化的途径

流通加工合理化的含义是实现流通加工的最优配置，在满足社会需求这一前提的同时，合理组织流通加工生产，并综合考虑运输与加工、加工与配送、加工与商流的有机结合，以达到最佳的加工效益。

实现流通加工合理化的途径有以下几种：

1. 加工和合理运输结合 在干、支线运输转运点，设置流通加工，既充分利用了干、支线转换本来就必须停顿的环节，又可以大大提高运输效率及运输转载水平。

2. 加工和配送结合 将流通加工设置在配送点中，一方面按用户和配送的需要进行加工；另一方面加工又是配送业务流程中分货、拣货、配货之一环，加工后的产品直接进入配货作业，这就无须单独设置一个加工环节，使流通加工有别于独立的生产，而使流通加工与中转流通紧密地结合起来。同时，配送之前有加工可使配送服务水平大大提高。这是当前对流通加工做合理选择的重要形式，如煤炭、水泥等产品的流通中已表现得较为突出。

3. 加工和配套结合 在流通中往往有配套需求，而配套的主体来自各个生产单位，但全部依靠现有的生产单位有时无法实现完全配套，如进行适当流通加工可以有效促成配套，大大提高流通的桥梁与纽带作用。

4. 加工和商流相结合 通过加工有效促进销售，使商流合理化也是流通加工合理化的考虑方向之一。

5. 加工和节约相结合 节约能源、节约设备、节约人力、节约耗费是流通加工合理化考虑的重要因素，也是目前我国设置流通加工考虑其合理化较普遍的形式。

对于流通加工合理化的最终判断，是看其是否能实现社会和企业本身的效益，而且是否取得了最优效益。对流通加工企业而言，与一般生产企业一个重要不同之处是流通加工企业更应树立以社会效益为第一观念，只有这样才有生存价值和发展空间。

任务实训

流通加工成本调研

1. 实训背景资料 找一家流通加工企业进行调研，分析流通加工基本现状、存在问题。

2. 实训目标 流通加工基本情况分析。

3. 实训准备

(1) 联系企业。

(2) 设计流通加工的相关问题。

(3) 分组。

4. 实训步骤

(1) 深入企业调研。

(2) 资料整理。

(3) 找出问题。

(4) 讨论解决方案。

5. 实训评价

小组	调研准备（15%）	整理并分析问题（25%）	讨论解决方案（30%）	团队合作（20%）	汇报 10%	总分
1						
2						
3						
4						

注：考评满分 100 分，60 分以下为不及格，60～69 分为及格，70～79 分为中，80～89 分为良，90 分及以上为优。

任务小结

本任务介绍了流通加工的概念，流通加工成本的概念，同时介绍了流通加工具有方便运输、方便客户、提高设备利用率、提升利润空间等作用，流通加工类型，常见的流通加工形式等内容。流通加工是在流通领域中对生产的辅助性加工，从某种意义上讲，它有效地补充和完善了生产产品的使用价值。但是，设计不当会对生产加工和流通加工产生负效应，所以应尽量避免不合理的流通加工，在满足社会需求这一前提的同时，合理组织流通加工生产，并综合考虑运输与加工、加工与配送、加工与商流的有机结合，以达到最佳的加工效益。

复习思考题

1. 流通加工及流通加工成本的含义是什么？

2. 流通加工的作用是什么？

3. 简述流通加工的分类。
4. 简述流通加工不合理的形式及如何实现合理化。

任务二　流通加工成本计算

一、流通加工成本的计算范围

流通加工成本的范围包括：物流范围、功能范围和形态范围。

（一）物流范围

物流范围指的是物流的起点和终点的长短。人们通常所讲的物流有：原材料物流，即原材料从供应商转移到工厂时的物流；工厂内物流，即原材料、半成品、成品在工厂的不同车间、不同地点的转移和存储；从工厂到仓库的物流；从仓库到客户的物流，这个范围相当广阔。所以从哪里开始到哪里为止，对于流通加工成本的核算影响很大。按物流的范围划分，物流成本可以分为：供应物流成本、企业内物流成本、销售物流成本、回收物流成本及废弃物流成本。流通加工的成本的大多数属于销售物流成本范围，指的是为了进行销售，产品从成品仓库运动开始，经过流通环节的加工制造，再运输至用户的仓库或现场的物流活动。人们通常所讲的加工成本是指在生产过程中消耗的物化劳动与活劳动的货币表现。虽然流通加工属于生产过程的延伸与补充，但是产品一旦进入流通领域，其生产过程的成本范围已经终结，产品的物化形态随着商流的转移，进入销售物流成本的范围。流通加工成本的范围涉及加工过程的物流成本和加工成本，包括加工对象从供应商转移到加工单位的物流成本；加工单位内部物流成本与加工成本；从加工单位到客户的物流成本，这个范围可以说涉及了该商品的整个销售过程。流通加工成本范围应该定义为按客户要求进行加工活动的开始到交到客户手里的全过程，即按客户的要求进行的加工活动的动态范围。一方面，按照流通加工的时空范围，界定流通加工的物流成本，包括运输、储存、装卸搬运、配送等活动内容；另一方面，按照流通加工的物态范围，界定流通加工的作业成本。这种方法可以看出流通加工成本的实际耗费，比按成本形态计算成本的方法能更进一步找出影响流通加工成本的症结，为进行流通加工作业管理，设定合理化目标提供决策依据。

（二）功能范围

物流功能范围是指在运输、保管、包装、装卸、信息等诸物流功能中，把哪些功能、哪些业务、哪些活动作为流通加工成本的对象。流通加工是将已完成加工的各种原材料、零部件或产品及时提供给生产商或销售渠道或最终顾客，并保证产品的适用状态。从成本角度上说，产品的适用状态是以尽可能低的总物流成本及时地送交给最终顾客。流通加工的功能取决于物流系统的基本要素的构成。它包括客户服务、订单处理、加工、包装、储存、运输、物流信息等多功能的组合。组织流通加工服务，就是指从顾客下订单直至产品最终送到顾客手中为止的整个过程中，为了确保产品能在恰当的时间、恰当的地点供应并运送到顾客而采取的一系列提高顾客满意度及物流效率的活动。因此，能否够很好地满足顾客要求，能否保证顾客的生产顺利进行，是流通加工服务衡量标准，也是最基本的指标。有多少符合客户要求的产品，有多少产品在客户可以接受的范围之内，不仅仅是流通加工单一功能的问题，它涉及产品特性、包装规格和要求、存储条件、周转量、运输环境等要素设计配套的仓库系统、装卸搬运系统及标准化的操作流程。流通加工还涉及为客户进行企业物流流程的诊断和分析、物流策略的分析和设计、物流实施策略的规划和设计等。其中包括物流信息服务：客户实现网上下单，货物跟踪查询，网上货物库存状态查询；资金收付服务：代理客户向收货方收取运费、服务费及贷款；对长期客户及大客户，还可以在加工期间代垫资金，按月结算。总之，流通加工的功能范围是一种定制类的多功能组合，其成本大小取决服务水平与服务成本的对应关系。

（三）形态范围

按物流成本支付形态划分，流通加工成本可分为材料费、人工费、维护费、一般经费和特别经费。这些费用对应的成本科目构成了成本核算的范畴。在核算对象中，还涉及外部运输费、保管费等物流开支。这么多开支项目，把哪些列入流通加工的成本对象中，对流通加工成本的大小影响颇大。把流通加工成本划分为业务人员的工资福利、加工设施折旧、燃料与动力消耗、设施设备维修保养费、业务费等支付形态，容易进行流通加工成本分析。所以以上 3 方面的选择，决定着流通加工成本的大小。在确定核算范围时，绝不可盲目或大意，而应立足于本企业的实际情况，来决定自己的合理的成本核算范围。成本只有在相同的条件下进行比较时，才能得出正确的结果。

二、流通加工成本计算对象

确定流通加工成本对象是物流企业设置流通加工成本明细账，归集和分配业务费用，计算成本的基本前提。流通加工成本核算对象，也就是明确物流企业在流通加工业务过程中所发生的资源耗费的承担对象。考虑到物流企业所承接的流通加工业务运作的特点，可结合流通加工成本形态核算对象。

（一）按流通加工支付形态划分

把流通加工成本划分为业务人员的工资福利、加工设施年折旧、燃料与动力消耗、设施设备维修保养费、业务费等支付形态，从中可以了解物流成本总额，也可以了解什么经费项目花费最多。对认识流通加工成本合理化的重要性，以及考虑在物流成本管理应以什么为重点，十分有效。

（二）按流通加工功能形态划分

按照流通加工活动的功能，将流通加工分为：包装加工、分割加工、计量加工、分工、刷标志加工、拴标签加工、组装加工等作业内容。流通加工的功能对象，有利于区分流通加工作业成本。这种方法可以看出哪种流通加工更耗费成本，比按形态计算成本的方法能更进一步找出影响流通加工成本的症结，而且可以计算出流通加工成本功能耗费，为进行流通加工作业，设定合理化目标提供决策依据。

（三）按流通加工对象形态划分

按流通加工适用对象核算成本，可以分析出流通加工成本都用在哪一种对象上，如可以分别把商品、物流中心、用户作为适用对象来进行计算。按商品核算流通加工成本是指按流通加工全过程出来的物流成本，这种方法可以用于采用不同的基准，将物流成本分配到流通加工对象。用来分析流通加工对盈亏，在实际运用时，要考虑进货和出货差额的毛收入与商品周转率之积的交叉比率。按物流中心核算物流成本，就是要算出各物流中心单位流通加工成本与销售金额或毛收入的对比，用来了解物流中心流通加工成本中存在的问题，以加强管理。按顾客核算流通加工成本的方法，又可分按标准单价计算和按实际单价计算两种计算方式。通过不同客户的流通加工成本，可作为选定顾客、物流服务水平、制定顾客战略的依据。

(四) 按流通加工作业成本划分

以作业为基础的成本划分，是把消耗的资源按资源动因分配到作业，以及把作业收集的作业成本按作业动因分配到成本对象的核算方法。其理论基础：生产导致作业的发生，作业消耗资源并导致成本的发生，产品消耗作业。因此，作业成本法计算成本就是把各种资源库成本分配给各作业，再将各作业成本库的成本分配给最终产品或劳务。以作业为中心，不仅能提供相对准成本信息，而且能提供改善作业的非财务信息。以作业为纽带，能把成本信息和非财务信息很好地结合起来，即以作业为基础分配成本，同时以作业为基础进行成本分析和管理。应用作业成本法核算物流成本并进行可分为如下 4 个步骤：

(1) 界定物流系统中涉及的各个作业。作业是工作的各个单位，作业的类型和数量会随着的不同服务水平而不同。

(2) 物流系统中涉及的资源。资源是成本的源泉，资源包括直接人工、直接材料、生产维持成本（如采购人员的工资成本）、间接制造费用，以及生产过程以外的成本（如广告费用）。资源的界定是在作业界定的基础上进行的，每项作业涉及相关的资源，与作业无关的资源应从物流核算中剔除。

(3) 资源动因，将资源分配到作业。作业决定着资源的耗用量，这种关系称作资源动因。资源动因联系着资源和作业，它把总分类账上的资源成本分配到作业。

(4) 成本动因，将作业成本分配到产品或服务中。作业动因反映了成本对象对作业消耗的逻辑关系，例如，计量、刷标志、拴标签、组装等作业形式，完全可以根据作业对成本动因（单位加工成本），乘以业务量，计算出作业成本，再将作业成本分配到相应的产品中去。

三、流通加工成本计算方法

(一) 流通加工直接材料费用的计算

1. 流通加工直接材料费用的内容　流通加工的直接材料费用是指对流通加工产品加工过程中直接消耗的材料、辅助材料、包装材料以及燃料和动力等费用。与工业企业相比，在流通加工过程中的直接材料费用，占流通加工成本的比例不大。

(1) 材料消耗量的核算。为了正确计算在流通加工过程中材料的消耗量，企业应当采用连续记录法，及时记录材料的消耗数量，记录生产过程中材料消耗量的原始凭证，如“领料单”“限额领料单”“领料登记表”等。为了正确计算材料消耗量，期末，对于在生产过程中只领未用的材料，应当填写“退料单”，“退料单”也是记录材料消耗的原始凭证。因此，企业要规范材料发出的手续，才能准确计算材料消耗的数量。

(2) 消耗材料价格的核算。在实际工作中，物流企业可以按照实际成本计价组织材料核算，也可按计划成本计价组织材料核算，但无论采用哪种计价方式，加工过程中消耗的材料，都应当是材料的实际成本。

当采用实际成本计价组织材料核算时，由于同一材料的购入时间和地点不同，各批材料购进的实际单价可能不一致，因此，物流企业必须采用一定的方法，正确计算消耗材料的实际价格。

当采用计划成本计价组织材料核算时，物流企业应当正确计算消耗材料应分摊的材料成本差异，将消耗材料的计划成本调整为实际成本。消耗材料的实际成本，等于计划成本加上应分摊的材料成本超支差异，或减去应分摊的材料成本节约差异。

2. 直接材料费用的归集 在直接材料费用中，材料费用数额是根据全部领料凭证汇总编制“耗用材料汇总表”确定的。在归集直接材料费用时，凡能分清某一成本计算对象的费用，应单独列出，以便直接计入该加工对象的产品成本计算单中；属于几个加工成本对象共同耗用的直接材料费用，应当选择适当的方法，分配计入各加工成本计算对象的成本计算单中。

3. 直接材料费用的分配 需要分配计入各加工成本对象的直接材料费用，在选择分配方法时，要遵循合理、简便的原则。分配方法中重要的因素是分配标准，分配方法通常是以分配标准命名的。分配方法的简单原则，主要指分配方法中的分配标准，其资料应当容易取得，便于计算。

在直接材料费用中，流通加工所消耗的材料和燃料费用的分配，一般可以选用重量（体积、产品产量）分配法、定额耗用量比例分配法、系数分配法（标准产量分配法）；流通加工所消耗的动力费用约分配，可以选用定额耗用量比例分配法、系数分配法（标准产量分配法）、生产工时分配法、机器工时分配法等。

（二）流通加工直接人工费用的核算

1. 流通加工直接人工费用的内容 流通加工成本中的直接人工费用，是指直接进行加工生产的生产工人的工资总额和按工资总额提取的职工福利费，生产工人工资总额包括计时工资、计件工资、奖金、津贴和补贴、加班工资、非工作时间的工资等。

2. 流通加工直接人工费用的归集 计入产品成本中的直接人工费用的数额，是根据当期“工资结算汇总表”和“职工福利费计算表”来确定的。

“工资结算汇总表”是进行工资结算和分配的原始依据，它是根据“工资结算单”按人员类别（工资用途）汇总编制的，“工资结算单”应当依据职工工作卡片、考勤记录、工作量记录等工资计算的原始记录编制。

“职工福利费计算表”是依据“工资结算汇总表”确定的各类人员工资总额，按照规定的提取比例经计算后编制的。

3. 流通加工直接人工费用的分配 采用计件工资形式支付生产工人工资，一般可以直接计入所加工产品的成本，不需要在各种产品之间进行分配。采用计时工资形式支付的工资，如果生产工人只加工一种产品，也可以将工资费用直接计入该产品成本，不需要分配；如果加工多种产品，则需要选用合理方法，在各种产品之间进行分配。按照工资总额一定比例提取的职工福利费，其归集方法与工资相同。

直接人工费用的分配方法有生产工时分配法、系数分配法等。流通加工生产工时分配法中的生产加工工时，可以是产品的实际加工工时，也可以是按照单位产品加工定额工时，还可以是实际加工量的定额总工时。

（三）流通加工制造费用的核算

1. 制造费用的内容 流通加工制造费用是物流中心设置的生产加工单位为组织和管理生产加工所发生的各项间接费用。主要包括流通加工生产单位管理人员的工资及提取的福利费，生产加工单位房屋、建筑物、机器设备等的折旧和修理费、生产单位固定资产租赁费、机物料消耗、低值易耗品摊销、取暖费、水电费、办公费、差旅费、保险费、试验检验费、季节性停工和机器设备修理期间的停工损失以及其他制造费用。

在构成流通加工成本的直接材料费用、直接人工费用和制造费用等项目中，制造费用属于综合性费用，明细项目比较多，除机器设备等的折旧费和修理费外，制造费用的大部分为一般费用。尽管有些制造费用和加工产品产量的变动有关，但制造费用多为固定费用，不能按照业务量制定定额，只能按会计期间编制制造费用预算，控制制造费用总额。

2. 制造费用的归集 制造费用是通过设置制造费用明细账，按照费用发生的地点来归集的。制造费用明细账按照加工生产单位开设，并按费用明细账项目设专栏组织核算。流通加工制造费用表的格式可以参考工业企业的制造费用表的一般格式。由于流通加工环节的折旧费用、固定资产修理费用等占成本比例较大，其费用归集尤其重要。

3. 制造费用的分配 制造费用是各加工单位为组织和管理流通加工所发生的间接费用，其受益对象是流通加工单位当期所发生的全部产品。当加工单位只加工一种产品时，制造费用不需要在受益对象之间分配，直接转入流通加工成本；若加工多种产品时，则需要在全部受益对象之间分配，包括自制材料工具，以及生产单位负责进行的在建工程，都要负担制造费用。在选择制造费用分配方法时，同样注意分配标准的合理和简便。在实际工作中制造费用分配方法有生产工时分配法、机器工时分配法、系数分配法、直接人工费用比例分配法等。下面以生产工时分配法为例说明。

生产工时分配法，是以加工各种产品的生产工时为标准分配费用的方法。按照生产工时比例分配制造费用，能将劳动生产率与产品负担的费用水平联系起来，使分配结果比较合理。由于生产工时是分配间接计入费用常用的分配标准之一，因而必须正确组织产品生产工时的核算。做好加工工时的记录和核算工作，不仅是计算产品成本的一项重要的基础工作，而且对于分析和考核劳动生产率水平加强生产管理和劳动管理也有着重要意义。生产工时一般指加工产品实际总工时，也可以是按实际加工量和单位加工量的定额工时计算的定额总工时。

【例 7-1】 某物流中心第一流通加工部门，本月制造费用明细账归集的制造费用总额为 100 000 元，本月实际加工工时为 50 000 小时，其中加工甲产品 28 000 小时，乙产品 22 000 小时，采用生产工时分配法编制制造费用分配如表 7-1 所示。

表 7-1 制造费用分配

加工单位：第一流通加工 2013 年 12 月

产品名称	加工工时（小时）	分配率	分配金额（元）
甲产品	28 000		56 000
乙产品	22 000		44 000
合 计	50 000	2	100 000

（四）加工费用在完工产品和期末在产品之间的分配

1. 在产品数量的计算 在产品指流通加工单位或某一加工步骤正在加工的在制品、在产品，完成全部加工过程、验收合格以后就成为完工产品。

按成本项目归集加工费用，并在各成本计算对象之间进行分配以后，企业本期（本月）发生的加工费用，已经全部计入各种产品（各成本计算对象）的成本计算单中。登记在某种产品成本计算单中的月初在产品成本加上加工费用，即生产费用合计数或称作累计生产费用，有以下 3 种情况：

(1) 该产品本月已经全部完工，没有月末在产品，则加工费用合计数等于本月完工产品加工总成本。如果月初也没有在产品，则本月加工费用等于本月完工产品加工总成本。

(2) 该产品本月全部没有完工，则加工费用合计数等于月末在产品加工成本。

(3) 该产品既有已经完工的产品，又有正在加工的月末在产品，这时，需要将加工费用合计数在本月完工产品和月末在产品之间进行分配，以正确计算本月完工产品的实际总成本和单位成本。用公式表示为：

月初在产品加工成本＋本月发生加工费用＝本月完工产品成本＋月末在产品加工成本

根据上述公式，本月完工产品加工成本为：

本月完工成本＝月初在产品加工成本＋本月发生加工费用－月末在产品加工成本

无论采用哪一种方法，各月末在产品的数量和费用的大小以及数量或费用变化的大小，对于完工产品成本计算都有很大影响。欲计算完工产品的成本，需取得在产品增减动态和实际结存的数量资料，因而须正确组织在产品收发结存的数量核算。

2. 加工费用在完工产品和期末在产品之间的分配 如何既较合理又简便地在完工产品和月末在产品之间分配费用，是在产品成本计算工作中又一个重要而复杂的问题。在产品结构复杂、零部件种类和加工工序较多的情况下更是如此。企业应该根据在产品数量的多少、各月在产品数量变化的大小、各项费用比重的大小，以及定额管理基础的好坏，采用适当的分配方法。常用的方法有：在产品不计算成本法、在产品按固定成本计价法、在产品按所耗原材料费用计价法、约当产量比例法、在产品按完工产品计价法、在产品按定额成本计价法和定额比例法。下面以在产品按所耗原材料费用计价法为例说明。

采用这种分配方法时，月末在产品只计算其所耗用的原材料费用，不计算工资及福利费等加工费用，就是说，不计算工资及福利费等加工费用，这种方法适用于各月末在产品数量较大，各月在产品数量变化也较大，但原材料费用在成本中所占比重较大的产品。

【例 7－2】假定某物流中心的流通加工部门，加工某种产品的月末在产品只计算原材料费用，月初在产品耗用原材料费用为 3 200 元；本月发生原材料费用为 5 800 元；本月完工 750 件，月末在产品 250 件，原材料是加工开始时一次性投入的，因而每件完工产品和不同完工程度的在产品所耗用的原材料数量相等，原材料费用可以按完工和月末在产品的数量比例分配。分配计算如下：

$$\text{材料费用分配率}=\frac{3\,200+5\,800}{750+250}=9$$

完工产品的原材料费用＝750×9＝6 750（元）

月末在产品原材料费用＝250×9＝2 250（元）

完工产品成本＝6 750＋2 250＝9 000（元）

任务实训

1. 实训背景资料 根据表 7－2 中的资料，对直接材料、直接人工、制造费用进行归集与分配。

新华工厂 2014 年 2 月加工甲、乙、丙三种产品，所发生的各项加工费用和有关资料整理见表 7－2。

表 7－2　新华工厂各项目加工费用

产品名称	加工数量	加工工时（小时）	完工数量	直接材料（元）	加工工人工资（元）	计提的福利费（元）	制造费用（元）	合计（元）
甲产品	800 台	1 600	800 台	32 000	2 800	392		
乙产品	1 200 件	825		35 000	1 550	217		
丙产品	1 500 件	1 250	1 000 件	27 500	3 000	420		
合 计		3 675		94 500	7 350	1 029	18 375	121 254

2. 实训目标　流通加工成本计算。

3. 实训准备

（1）制造费用（水费、电费、维修费用、折旧费用等）。

（2）分配率计算方法。

（3）分组。

4. 实训步骤

（1）根据实训项目背景资料提供数据进行归集。

（2）制造费用分配率计算。

（3）计算甲、乙、丙产品应负担的制造费用。

（4）计算出甲、乙、丙产品总加工成本。

5. 实训评价

小组	实训准备（15%）	分配率计算（30%）	甲、乙、丙应负担的制造费用（40%）	团队合作（15%）	总分
1					
2					
3					
4					

注：考评满分 100 分，60 分以下为不及格，60～69 分为及格，70～79 分为中，80～89 分为良，90 分及以上为优。

任务小结

本任务介绍了流通加工成本范围包括：物流范围、功能范围和形态范围；流通加工成本核算对象，也就是明确物流企业在流通加工业务过程中所发生的资源耗费的承担对象。考虑到物流企业所承接的流通加工业务运作的特点，可结合流通加工成本形态核算对象、流通加工直接材料的计算方法、流通加工直接人工费用的计算方法、流通加工制造费用的计算方法。

复习思考题

1. 简述流通加工成本的计算范围。
2. 简述流通加工成本的计算对象。
3. 简述制造费用项目包含的内容。

任务三　流通加工成本分析与控制

一、流通加工成本分析

对流通加工成本的分析，可通过编制流通加工成本报表进行分析。在对流通加工成本报表分析的过程中，在研究各项成本指标的数量变动和指标之间的数量关系，测定各种因素变动对成本指标的影响程度时，常用以下几种分析方法。

（一）比较分析法

比较分析法也称对比分析法。它是通过两个或两个以上相关指标进行对比确定数量差异的一种方法，用以说明两个事物间的联系与差距。比较分析法是财务分析中最常见的一种方法。财务分析法过程包括比较、分解和综合 3 个阶段，其中比较分析是基础。在实际工作中，比较分析法的形式有：实际指标与计划指标对比、同一指标纵向对比，同一指标横向对比。通过比较分析法揭示企业业绩完成、发展趋势和先进程度。

（1）实际指标与计划指标对比。用于说明企业业绩的计划完成情况和程度，将指标的实际数同计划数进行对比，分析实际与计划的差异，为进一步的财务分析提供依据。但在进行此项比较中，应注意计划本身的合理性与可行性。

（2）同一指标纵向对比。这是同一指标在不同时间上的对比，一般是用本期实际指标与历史指标进行对比。通过比较，可以观察企业经营状况、财务活动发展规律趋势，有助于规划未来，及时发现薄弱环节，并积极采取措施进行改进。

（3）同一指标横向对比。这是同一指标在不同条件下的对比，一般是将本企业与同类型、同行业企业对比，用以发现差距，找出不足，促使指标朝先进方向发展。

运用比较分析法要注意指标的可比性与指标差异的确定。指标可比性是指要求指标间口径相同，包括指标内容、计算方法、评价标准和时间单位等方面一致，以及业务经营规模和业务范围的基本一致。指标差异的确定是指差异如果是绝对数，则采用两个指标相减的差额来表示；如果是相对数，则将两个基本点指标相除，以取其两者之比率来表示。

（二）趋势分析法

趋势分析法也是其企业成本分析中常见的一种方法。它是比较分析法的延伸，是将连续数年（一般 3 年以上）的财务报表以某 1 年作为基期，计算每期各项指标对基期同一项目指标的趋势百分比，借以表示其在各期间的上、下变动趋势，从而判断企业的经营成果和财务状况。在实际工作中，一般选择第 1 年作为基础，如果第 1 年不适宜，也可选择其他年份。下面以表 7－3 中的数据为例，计算某期增长趋势百分比。

$$某期增长趋势百分比=\frac{本期金额}{基期金额}\times 100\%$$

表 7－3　某物流加工中心 2009—2013 年的加工收入资料　　单位：元

年份	2009	2010	2011	2012	2013
加工收入	20 000	19 000	21 000	18 000	21 600

设以 2009 年为基期：

$$2013\text{ 年比 }2009\text{ 年增长百分比}=\frac{21\ 600}{20\ 000}\times100\%-1=8\%$$

如分别以上年为基期，则其各年环比增长为：

$$2010\text{ 年比 }2009\text{ 年增长百分比}=\frac{19\ 000}{20\ 000}\times100\%-1=-5\%$$

$$2011\text{ 年比 }2010\text{ 年增长百分比}=\frac{21\ 000}{19\ 000}\times100\%-1=10.5\%$$

$$2012\text{ 年比 }2011\text{ 年增长百分比}=\frac{18\ 000}{21\ 000}\times100\%-1=-15\%$$

$$2013\text{ 年比 }2012\text{ 年增长百分比}=\frac{21\ 600}{18\ 000}\times100\%-1=20\%$$

通过计算分析，如果以 2009 年为基期，2013 年比 2009 年的加工收入增长 8%，通过各年加工收入的环比分析，2010 年比 2009 年的加工收入降低 5%，进一步分析原因，并采取相应的措施进行处理；2011 年比 2010 年的加工收入增长 10.5%；2012 年比 2011 年的加工收入降低 15%，采用分解分析，找出不足，有效进行控制；2013 年比 2012 年的加工收入增长 20%。

（三）比率分析法

在错综复杂、相互联系的经济现象中，某些指标之间存在着一定的关联，这种关联可组成各种比率。比率分析法就是将两项相互依存、相互影响的财务指标进行计算，形成比率，以分析评价企业财务状况和经营水平的一种方法。它是从财务现象到财务本质的一种深化。比率分析法比比较分析法更具有科学性和可比性，它适用于不同流通加工企业之间的对比。

（四）标准成本差异分析法

标准成本差异分析法是指以预先制定的标准成本为基础，用标准成本与实际成本进行比较，对成本差异进行分析的一种方法。标准成本的制定是使用该方法的前提和关键，其中成本差异计算和分析是标准成本差异分析法的重点。借此可以促成成本控制目标的实现，并据以进行经济业绩考评。

企业为了消除或减少不利差异，应对差异进行分析，找出原因，核心是按标准成本记录成本的形成过程和结果，并借以实现对成本的控制，寻找决策，以便采取有效管理措施提高经济效益。

流通加工标准成本应按直接材料、直接人工和制造费用 3 个成本项目分别制定。

1. 标准成本的制定

（1）直接材料标准成本的制定。制定直接材料的标准成本要考虑的两个基本因素是直接材料的数量标准与直接材料的价格标准。直接材料数量标准的确定，以正常生产条件下单位产品耗用材料数量，与正常范围内允许发生的耗损及不可避免的废品所耗费的材料数量为依据；直接材料的价格标准，是指在取得某种材料时应支付的平均单位价格，包括买价和采购费用。直接材料标准成本计算公式如下：

某产品流通加工直接材料标准成本＝直接材料标准数量×直接材料标准价格

（2）直接人工标准的制定。直接人工标准的制定，要考虑直接人工数量标准与直接人工价格（工资率）标准两个因素。直接人工数量标准，是指正常生产条件下单位产品所需的标准工作时间，包括工艺过程的时间与必要的间歇或停工时间及不可避免的废品损失时间；直接人工价格（工资率）标准，是指现行的工资福利标准确定的每一单位工作时间的工资和福利费。直接人工标准成本计算公式如下：

某产品流通加工直接人工标准成本＝直接人工标准数量×直接人工标准价格

（3）制造费用标准成本的制定。制造费用标准成本的制定，需考虑数量标准与费用率标准两个因素。制造费用的数量标准，也是指正常生产条件下生产单位产品所需的标准工作时间；制造费用的费用率标准，是指每标准工时所负担的制造费用，制造费用分为固定性制造费用预算和变动性制造费用预算两部分。费用率标准的计算公式如下：

①固体制造费用标准成本。固体制造费用的价格标准是根据每小时的标准分配率，它根据固定制造费用预算和直接人工标准总工时来计算的。

固定制造费用分配率＝固定费用预算总额÷直接人工标准总工时

固体制造费用标准成本＝单位产品直接人工的标准工时×每小时固定费用的标准分配率

②变动制造费用标准成本。

变动制造费用标准分配率＝变动制造费用预算总额÷直接人工标准总工时

变动制造费用成本＝单位产品直接人工的标准工时×每小时变动制造费用的标准分配率

（4）单位产品流通加工标准成本的制定。单位产品的流通加工标准成本是在流通加工直接材料标准、直接人工标准成本、制造费用标准成本的基础上汇总而成的。

2. 标准成本差异分析 标准成本差异是标准成本同实际成本的差额。实际成本低于标准成本的差异为节约差异，实际成本高于标准成本差异为超支差异。由于标准成本是根据消耗数量与价格两个基本因素计算而成，因而差异的分析，也要从消耗数量与价格两个因素入手。

（1）直接材料成本差异分析。直接材料成本差异分析，分为直接材料数量差异和直接材料价格差异。直接材料数量差异是直接材料实际耗用量同标准用量之间的差异。其计算公式为：

直接材料数量差异＝（实际数量－标准数量）×标准价格

出现差异之后要进行差异分析，并应及时采取纠偏措施。造成数量差异的主要原因，有用料上的浪费和质量事故造成的材损等，同时要考虑采购部门购入材料的质量及仓储保管质量。

直接材料价格差异，是指直接材料的实际价格同标准价格之间的差异。其计算公式为：

直接材料价格差异＝（实际价格－标准价格）×实际数量

材料价格差异由采购部门负责，造成价格差异的原因，一般是市场价格的变化、采购批量的增减、采购费用的升降等，如表 7－4 所示。

表 7－4 成本差异的计算与分析

成本项目	标准成本			实际成本		
	用量标准	价格标准	标准成本	实际数量	实际价格	实际成本
直接材料	4 千克/件	3 元/千克	12 元/件	300 千克	2.4 元/千克	720 元
直接人工	3 小时/件	6 元/小时	18 元/小时	260 小时	8 元/小时	2 080 元
变动制造费用	2 小时/件	3 元/小时	6 元/小时	150 小时	4 元/小时	600 元
			36 元			3 400 元

实际采购甲材料300千克，实际甲产品产量为90件。

直接材料价格与差异：

材料价格差异＝实际采购数量×(实际价格－标准价格)

＝300×(2.4－3.0)＝－180（元）

通过计算可以看出，由于甲材料采购价格下降所导致材料价格差异节约180元，但要注意材料质量。

直接材料用量差异：

材料用量差异＝标准价格×(实际用量－标准用量)

＝3×[300－(90×4)]＝3×(－60)＝－180（元）

说明企业注意材料用量的有效控制和管理，使材料节约了180元。

(2) 直接人工差异分析。直接人工差异分析，分为直接人工效率差异和直接人工工资率差异分析。直接人工效率差异，是指直接人工实际工作时间数同其标准工作时间数之间的差异。其计算公式为：

直接人工效率差异＝(实际工时－标准工时)×标准工资率

直接人工工资率差异，是指直接人工实际工资率与标准工资率之间的差异。其计算公式为：

直接人工工资率差异＝(实际工资率－标准工资率)×实际工时

造成直接人工成本差异的原因主要有：工资水平的提高、工艺改进引起工时的变化、劳动生产率的升降等。

工资率差异：

工资率差异＝实际工时×(实际工资率－标准工资率)

＝260×(8－6)＝＋520（元）

说明：有可能涨工资、加班多等原因造成工资率上升。

人工效率差异的计算：

人工效率差异＝标准工资率×(实际工时－标准工时)

＝6×(260－3×90)＝6×(－10)＝－60

说明：工作效率没提高，可能是员工新人多，设备不好用，材料质量有问题等原因造成工作效率下降。

(3) 制造费用差异分析。制造费用差异是制造费用的实际发生额与标准发生额之间的差异。制造费用一部分与当期生产量发生联系，而大部分则与企业的生产规模发生联系。因此，对制造费用差异分析，要按变动性制造费用与固定性制造费用进行分析。对变动性制造费用差异分析，要对包含效率差异与耗用差异两部分进行分析。其计算公式为：

变动性制造费用耗用差异＝（实际分配率－标准分配率）×实际工时

变动性制造费用效率差异＝（实际工时－标准工时）×标准分配率

固定性制造费用数额的大小，一般与一定的生产规模相联系，故对固定性制造费用差异的分析，不仅要对耗用差异、效率差异进行分析，还要对生产能力利用的差异进行分析。其计算公式为：

固定性制造费用耗费差异＝固定制造费用实际发生额－固定制造费用预算额

固定性制造费用效率差异＝（实际工时－标准工时）×标准分配率

固定性制造费用能力差异＝固定制造费用预算数－按实际工时计算的标准固定制造费用或－标准分配率×（正常生产能力工时－实际工时）

变动制造费用耗用差异：

变动制造费用耗用差异＝实际工时×（实际变动制造费用比率－标准变动制造费用比率）

＝150×(4－3)＝150×1＝＋150（元）

变动制造费用效率差异：

变动制造费用效率差异＝标准变动制造费用比率×（实际工时－标准工时）

＝3×(150－90×2)＝－90（元）

二、影响流通加工成本的因素

加工成本是产品成本的重要组成部分，主要由电耗、水耗、物料损耗、设备维护费用、人工费用、管理费用等构成。现实管理中，常用产品出成率、设备利用率、加工产品合格率、计划完成率、原料包装残留量等指标对加工成本进行控制与考核。在加工过程中，影响加工成本的因素很多，但归纳起来，离不开人员、设备、材料、方法、环节这 5 类主要因素。

（一）人员因素

人是指岗位人员配备是否充足、合理，人员的熟练程度与操作规范程度，人员的积极性与团队凝聚力等状态。在其他因素既定状态下，成本控制的主导因素是人，流通加工成本就是由加工现场的岗位操作人员进行控制的。如熟练工比非熟练工的工作效率要高，人员充足比人员不足的工作效率要高，积极性高昂的员工比情绪低落的员工工作效率要高，在同样条件下，技能高超的操作工比新操作工的流通加工成本要低。

（二）设备因素

设备是指流通加工设备运行与保养情况以及加工设施、加工工具是否齐备、使用情况是否良好，有无闲置等。如加工设备没有及时维修，导致加工材料损耗较大，残次品多，加大了流通加工成本；用叉车装车比人工装车效率要高出很多，但要承担叉车的日常维护费用与消耗费用，虽然人工装车虽然降低了设备维护成本，但提高了人工成本、降低了加工作业效率，从总体上导致流通加工成本增高。

（三）材料因素

材料是指原料、备品配件、工具以及其他生产必需物资是否充足、齐备、完好。在现实管理中，由于以次充好、舍近求远、计划不周等因素造成的加工过程浪费往往占有很大比例，导致流通加工成本上升。

（四）管理方法

管理方法是指生产组织、计划安排、生产工艺与作业方法等。如给肯德基加工菜丝，为在加工过程严格控制质量，每 40 分钟就要暂停，所有工具进行消毒，同时耗用水、电、人工等费用；但是，如果不消毒，加工的菜丝质量不合格，就会出现微生物超标，也会导致退换货现象，信誉度下降，提升成本支出。

（五）环境因素

环境因素是指温度、湿度、天气情况等在内的自然环境，厂区、库房、加工车间及现场管理等在内的工作环境以及规章制度、企业文化等在内的人文环境等。如怀柔蔬菜加工厂，以优越的地理环境和适宜的自然条件给高质量、无污染的产品提供了可靠保证。蔬菜采收后的挑选、修整加工、分等预冷、清洗、分级、整修、加工、包装等一整套技术的使用，在整个操作过程对温湿度控制都有严格的要求，从而达到减少产品采后损失、最大限度地保持产品的营养、新鲜程度和食用安全性、美化产品、延缓其新陈代谢和延长采后寿命的目的。一般相对湿度应在 85%～90%。净菜成品应立即置于冷藏库中降温保存。耐寒性蔬菜维持在 2～4℃，喜温性蔬菜 4～10℃。加大进库产品与冷气流的接触面积，使产品中心尽快降到规定低温。各种净菜保鲜期为 3～30 天。通过信息畅通的配送销售网络进行净菜的合理生产和快捷配送，运输销售采用冷藏车或冷藏货柜，其储运销温度也应控制在 2～10℃范围内。

三、降低流通加工成本的途径

（一）调动员工积极性，控制加工成本支出

消除认为成本无法再降低的错误思想，对企业全体员工进行培训教育，要求企业各级管理人员及全体员工充分认识到企业成本降低的潜力是无穷无尽的，人人应对成本管理和控制有足够的重视。以"企业全面质量控制"为例。全员全面质量管理，是企业员工面对具体的加工产品质量提出来的。传统的质量成本管理，其重点放在加工过程中要求人员严把质量关，如发现原料、包装、加工精练程度有缺陷，在可能的条件下，追加人力、物力、财力，尽量进行质量缺陷的弥补。随着加工技术的发展，取而代之的是全员全面质量管理理念。这就是以加工产品质量零缺陷作为加工产品成本的出发点，它把重点放在操作人员的每一道加工程序的连续性的自我质量控制上。一个操作环节上发现问题，立即进行纠正，不允许有问题的加工产品转移到下一道工序。它要求每一个员工具有"人人讲节约，事事要节约，时时讲节约"的管理意识。它贯穿于整个加工工艺流程的每个环节，每道程序，并充分发挥操作者的主观能动性。

（二）减少材料损耗，降低产品加工成本

首先，产品质量是企业的生命，采购物资质量是保证产品质量的前提。某加工企业因原材料不良造成废品损失近 30%，比重较高。因此，原材料的采购质量不容忽视，它直接影响到各工序加工产品的质量和消耗。其次，生产过程中设备的安全运行，至关重要。①企业加工运行人员、维修人员、专业点检人员，对设备的日检、周检、月检、年检形成一个整体，时刻有人对设备安全运行进行检查、监督；②维修人员加强设备维护保养，检修好设备，减少加工中设备突然停车、停电等事故的发生，这样，也就相应减少了生产过程的废品，避免了原材料的浪费；③根据材料特性，创造适宜的加工、储藏、运输环境，减少损耗。

（三）提升管理理念，有效进行加工成本控制

管理者通过参观、考察、学习先进的管理理念，采用加工作业过程实施链条式管理模式，建立理想作业链，这就必须对企业的作业进行分析，在采用先进的技术基础上，减少链的长度。实现成本共享、资源共用、程序简化、操作流畅、环环相扣、耗费最低，并且使整个作业链在动态中仍能不断地获得更新和改进。这就是一个动态的"链"字。既有各道加工工序的链接，又有管理上的各个职能部门的链接与指令的绝对畅通。总之，各个工艺"链"得越紧凑，资源利用越充分，程序越简化，操作环环相扣，成本就越低，竞争优势就越大。

（四）扩大运营规模，降低加工成本

根据经济学理论，企业不同的规模有不同的成本结构，并非规模越大就越有成本优势，只有根据市场需求选择规模，才有可能实现真正意义上的最低成本。如物美超市的连锁店在几十家以下是亏损的，当发展到近 100 家时是微利，目前已发展为几百家，在连锁超市领域辛勤耕耘。今天的物美已经成为首都最大的连锁零售企业，年销售额超过 300 亿元，年纳税额超过 10 亿元，位列中国连锁百强前茅。

（五）提高市场占有率，降低存货成本

根据“市场需求”安排加工。这里的市场需求包括变化着的市场容量、市场潜力、市场承载弹性等因素，主要指某种产品的市场占有或者控制份额。它既是一个静态的量——现实的量，也是一个不断转化为现实的量。按客户订单需求进行加工，实现“零存货”。这既是一个前提，又是一个基础。只有这样，才可以大量降低存货成本和仓储成本，节约支出。

任务实训

成本差异的计算

1. 实训背景资料 根据下面已知条件，计算分析直接材料、直接人工、制造费用成本超支还是节约，对于超支部分提出改进建议（表 7-5）。

表 7-5 成本差异的计算与分析

成本项目	标准成本			实际成本		
	用量标准	价格标准	标准成本	实际数量	实际价格	实际成本
直接材料	3 千克/件	2 元/千克	6 元/件	260 千克	2.1 元/千克	546 元
直接人工	2 小时/件	8 元/小时	16 元/小时	160 小时	9 元/小时	1 440 元
变动制造费用	2 小时/件	4 元/小时	8 元/小时	160 小时	4.1 元/小时	656 元
			30 元			2 642 元

2. 实训目标 标准成本的制定，成本差异计算，成本差异分析。

3. 实训准备

（1）制定标准成本应掌握的理论知识。

（2）成本差异计算的相关公式。

（3）分组。

4. 实训步骤

（1）讨论并写出制定直接材料、直接人工、制造费用的标准成本的时候应考虑的问题。

（2）直接材料成本差异的计算与分析。

（3）直接人工成本差异的计算与分析。

（4）制造费用成本差异计算与分析。

（5）讨论并提出降低成本改进建议。

5. 实训评价

小组	实训准备（15%）	标准成本制定（25%）	成本差异计算并分析（20%）	改进建议（25%）	团队合作（15%）	总分
1						
2						
3						
4						

注：考评满分 100 分，60 分以下为不及格，60～69 分为及格，70～79 分为中，80～89 分为良，90 分及以上为优。

任务小结

本任务介绍了流通加工成本分析方法，常用的比较分析法，通过本期与上期、历史同期，与同行业比较分析，找出不足，提出改进建议；趋势分析法，通过定基分析和环比分析两种，通过与不同会计期间比较，是增长还是降低，并查明原因，找出问题，解决问题；比率分析分析法；标准成本差异分析法，主要通过制定材料、人工、制造费用的标准成本，与实际成本进行比较分析超支还是节约，对于节约继续保持，超支的部分，分析原因，并提出降低流通加工成本的途径。

复习思考题

1. 简述直接材料标准成本的制定。
2. 简述直接人工标准成本的制定。
3. 简述制造费用标准成本的制定。
4. 简述影响流通加工成本的因素。
5. 简述降低流通加工成本的途径。

案例分析

“联华”生鲜食品加工配送中心案例分析

联华生鲜食品加工配送中心是我国国内目前设备最先进、规模最大的生鲜食品加工配送中心，总投资 6 000 万元，建筑面积 35 000 平方米，年生产能力 20 000 吨，其中肉制品 15 000吨，生鲜盆菜、调理半成品 3 000 吨，西式熟食制品 2 000 吨，产品结构分为 15 大类约 1 200 种生鲜食品；在生产加工的同时配送中心还从事水果、冷冻品以及南北货的配送任务。

连锁经营的利润源重点在物流，物流系统好坏的评判标准主要有两点：物流服务水平和物流成本。本案例（联华生鲜食品加工配送中心）就是其中在这两方面都做得比较好的一个物流系统。

生鲜商品按其称重包装属性可分为：定量商品、称重商品和散装商品；按物流类型可分为：储存型、中转型、加工型和直送型；按储存运输属性可分为：常温品、低温品和冷冻品；按商品的用途可分为：原料、辅料、半成品、产成品和通常商品。

生鲜商品大部分需要冷藏，所以其物流流转周期必须很短，节约成本；生鲜商品保值期很短，客户对其色泽等要求很高，所以在物流过程中需要快速流转。两个评判标准在生鲜配送中心通俗地归结起来就是“快”和“准确”，下面看联华生鲜配送中心是如何做的。

一是订单管理。门店的要货订单通过联华数据通信平台，实时地传输到生鲜配送中心，在订单上制定各商品的数量和相应的到货日期。生鲜配送中心接收到门店的要货数据后，立即到系统中生成门店要货订单，按不同的商品物流类型进行不同的处理；各种不同的订单在生成完成手工创建后，通过系统中的供应商服务系统自动发送给各供应商，时间间隔在 10 分钟内。二是物流计划，在得到门店的订单并汇总后，物流计划部根据第二天的收货、配送和生产任务制订物流计划，包括线路计划、批次计划、生产计划、配货计划。三是储存型物流运作。商品进货时先要接受订单的品种和数量的预检，预检通过方可验货，验货时需进行不同要求的品质检验，终端系统检验商品条码和记录数量。在商品进货数量上，定量的商品的进货数量不允许大于订单的数量，不定量的商品提供一个超值范围。对于需要重量计量的进货，系统和电子秤系统连接，自动去皮取值。四是中转型物流运作。供应商送货同储存型物流先预检，预检通过后方可进行验货配货；供应商把中转商品卸货到中转配货区，中转商品配货员使用中转配货系统按商品、路线、门店的顺序分配商品，数量根据系统配货指令的指定执行，贴物流标签。将配完的商品采用播种的方式放到指定的路线门店位置上，配货完成统计单个商品的总数量/总重量，根据配货的总数量生成进货单。中转商品以发定进，没有库存，多余的部分由供应商带回，如果不足在门店间进行调剂。五是加工型物流运作。生鲜的加工按原料和成品的对应关系可分为两种类型：组合和分割，两种类型在 BOM（物料清单）设置和原料计算以及成本核算方面都存在很大的差异。在 BOM 中每个产品设定一个加工车间，只属于唯一的车间，在产品上区分最终产品、半成品和配送产品，商品的包装分为定量和不定量的加工，对于称重的产品或半成品需要设定加工产品的换算率（单位产品的标准重量），原料的类型区分为最终原料和中间原料，设定各原料相对于单位成品的耗用量。加工车间人员根据加工批次加工调度，协调不同量商品间的加工关系，满足配送要求。六是配送运作。商品分拣完成后，都堆放在待发库区，按正常的配送计划，这些商品在晚上送到各门店，门店第二天早上将新鲜的商品上架。在装车时按计划依路线门店顺序进行，同时抽样检查准确性。在货物装车的同时，系统能够自动算出包装物（笼车、周转箱）的各门店使用清单，装货人员也据此来核对差异。在发车之前，系统根据各车的配载情况出各运输的车辆随车商品清单，各门店的交接签收单和发货单。商品到门店后，由于数量的高度准确性，在门店验货时只要清点总的包装数量，退回上次配送带来得包装物，完成交接手续即可，一般一个门店的配送商品交接只需要 5 分钟。

思考题

1. 联华是如何做到“快、准”的？
2. 你认为联华制订物流计划为其带来的好处是什么？
3. 联华生鲜食品加工配送中心的成功启示是什么？

项目八 <<<

包装成本管理

项目导入

韩国三星公司是一家以电器、电子产品为主的国际著名企业，其产品遍及世界各地。三星公司注重在企业活动中对环境的管理，在实施绿色包装优化方面的主要手段如下：聚苯乙烯泡沫塑料的循环再用。EPS塑料作为防震包装的填充材料，需求量很大，为了对这种材料重复利用，三星公司与学术机构共同研究"基于物理方法的聚苯乙烯泡沫塑料的回收重用"课题。该课题研究目的是解决EPS作为减震材料的重复利用问题，而不是在其他产品中再循环。他们应用一种未加热的压缩机械使聚苯乙烯泡沫塑料的物理特性得到恢复，从而能重新用作减震材料；包装材料使用量的减少。通过计算机仿真法，识别产品中最脆弱的部分，从而对防震包装进行结构的最优化，降低包装中对聚苯乙烯泡沫塑料的使用量。例如，通过计算机仿真技术，AS-410空调包装对聚苯乙烯材料的用量从每台180克降低到每台148克，用量缩减了18%；使用环境友好的包装材料。三星公司目前正致力于研制新型的环保包装材料，例如，三星ML-6060打印机的包装采用的是一种蜂窝状的纸缓冲吸震，它比常规纸品的重量降低10%；M5317电脑及NL15MO液晶显示器用纸制的波纹状衬板作为吸震包装。从三星公司的做法可以看出，对包装材料的优化可以体现在以下几方面：①尽量使用可以重复使用的包装材料；②在满足产品包装要求的前提下，使用尽量少的包装材料；③尽量使用环保型包装材料。

知识目标

1. 包装的定义、种类和功能
2. 了解包装机械与包装技术
3. 掌握包装成本的构成

能力目标

1. 掌握包装与物流成本之间的关系
2. 包装成本核算
3. 物流成本分析与控制
4. 降低包装成本的途径

任务一　包装成本管理认知

一、包装的含义

包装为在流通过程中保护产品，方便储运，促进销售，按一定的技术方法所用的容器、材料和辅助物等的总体名称；也指为达到上述目的在采用容器、材料和辅助物的过程中施加一定技术方法等的操作活动。营销型包装侧重销售的策划与策略，而物流包装是为了便于在物流过程中的运输、储存、装卸、堆码、发货、收货、销售等作业，需要将一定数量以销售包装形式存在的商品再次包装成一定的数量任务，或者对物流包装进行加固、分装、重新包装等操作。

我国国家标准 GB/T 4122.1—1996 中，包装的定义是："为在流通过程中保护产品、方便储运、促进销售，按一定技术方法而采用的容器、材料及辅助物等的总体名称。也指为了达到上述目的而采用容器、材料和辅助物的过程中施加一定技术方法等的操作活动。"其他国家或组织对包装的含义有不同的表述和理解，但基本意思是一致的，都以包装功能和作用为其核心内容，一般有两重含义：第一，指关于盛装商品的容器、材料及辅助物品，即包装物；第二，指关于实施盛装和封缄、包扎等的技术活动。因此，包装是包装物及包装操作的总称。包装在物流中的地位在社会再生产过程中，包装处于生产过程的末尾和物流过程的开头，既是生产的终点又是物流的始点。包装的合理化、现代化、低成本是现代物流实现合理化、有序化、现代化、低成本的必然途径和有效的保障。

（一）包装的功能

包装的功能主要有两方面：一是自然功能，即对商品起保护作用；二是社会功能，即对商品起媒介作用，也就是把商品介绍给消费者，把消费者吸引过来，从而达到扩大销售占领市场的目的。这两种功能相辅相成。自然功能保护商品处于完好状态，为社会功能的实现提供可能；社会功能把商品尽快地推向消费者手中，使自然功能的实现成为有效。而对于一种商品来说，包装的自然功能和社会功能如何，直接影响到该商品在市场中的竞争力。综合包装的功能，大致又可细分为以下几方面：保护与盛载功能、储运与促销功能、美化商品和传达信息的功能、环保与卫生的功能、循环与再生利用的功能等。

1. 保护与承载　保护与承载被包装物是包装制品的最基本功能。被包装物品的复杂性决定了它们具有各样的质地和形态，有固体的、液体的、粉末的或膏状的等。这些物品一旦形成商品后，就要经过多次搬运、贮存、装卸等许多过程，最后才能流入消费者手中。在以上流通过程中，都要经历冲撞、挤压、受潮、腐蚀等不同程度的损毁。如何将商品保持完好状态，使各类损失降到最低点，这是包装制品生产制造之前首先考虑的问题，同时也是选材设计乃至结构设计的理论依据。具体表现在以下几方面：

（1）防止震动、挤压或撞击。商品在运输过程中要经历多次装卸、搬运。如震荡、撞击、挤压及偶然因素，极易使一些商品变形、变质。因此在包装选材上应该选取那些具有稳定保护性的材料，设计结构合理的盛装制品才能充分发挥包装的功能。

（2）防干湿变化。过于干燥、过分潮湿都会影响某些被包装物品的品质，在这一类物品的包装选材上，就应选取那些通透性良好的材料。

（3）防冷热变化。温度、湿度高低会影响某些商品的性质。适宜的温度、湿度有利于保质保鲜，不适宜的温度、湿度往往造成商品干裂、污损或霉化变质；因此，包装在选材上要考虑温度、湿度变化会对包装的适应性的影响。

（4）防止外界对物品的污染。包装能有效地阻隔外界环境与内装物品之间的联系，形成一个小范围的相对“真空”地带，这样，可以阻断不清洁环境产生的微生物对内装物品的侵害，防止污物接触物品而使其发生质变。

（5）防止光照或辐射。有些商品不适于紫外线、红外线或其他光照直射。如化妆品、药品等，光照后容易产生质变，使其降低功效或失去物质的本色。

（6）防止酸碱的侵蚀。一些商品本身具有一定的酸碱度，如果在空气中与某些碱性或酸性及具有挥发性的物质接触时，就会发生潮解等化学变化，影响被包装物质本质。如油脂类，如果用塑料制品包裹时间过长，就会产生化学变化而影响产品的品质。

（7）防止挥发或渗漏。许多种液态商品的流动性，极易使其在储运过中受损，如碳酸饮料中溶解的二氧化碳膨胀流失，某些芳香制剂和调味品挥发失效等，而包装物的选择恰恰能避免其特性的改变。

2. 储运与促销 由于包装与被包装物都属于商品，商品在流通领域中就存在着运输储存等客观因素。各类商品大小形态不一，这样会给运输或储存带来许多不便，而包装恰恰能够解决这一问题，它可以统一商品的大小规格，以方便储运或流通过程中的搬运或数量的清点。同时，包装物上还可以印以各类图形、文字，利用鲜明的色彩，提醒消费者使用或注意，以达到促进消费的目的。如香烟包装上的“吸烟有害健康”的字样，提醒人们在购买这类商品时应引起注意，同时使消费者受到教育。在食品包装中，关于注意卫生或有关其他方面的教育也屡见不鲜。

3. 美化商品与传达信息 包装中视觉效果的传达是包装中的精华，是包装最具商业性的特质。包装通过设计，不仅使消费者熟悉商品，还能增强消费者对商品品牌的记忆与好感，储存对生产商品企业的信任度。包装物还可以通过造型给人以美感，体现浓郁的文化特色。包装物品以明亮鲜艳的色调，使之在强烈的传统文化节律中表达或渗透着现代的艺术风韵和时代气息。这就使包装的商品具有了生命活力和美妙的诗意。当然商品的自身价值也会提升上百倍。有的包装制品甚至可以当作艺术品供人玩味珍藏。这样一来，就能将消费环节的诸多因素调动起来，在消费环节中进行全方位的渗透，以达到促进消费的最佳实效。

4. 卫生与环保 包装就是将各类物品盛装在特定的容器中，在盛装之前包装物都要经过清洗、干燥、消毒、除尘等几道工序的处理。盛装物品后，使物品与外界细菌或有毒物质隔离，在一定程度上保持了物品加工流通过程中的稳定性。包装的这个功能恰恰减少了物品的二次污染，充分体现了现代文明社会中产品卫生的首要准则。包装制品除了美观大方、便于使用外，更要无毒无污染。特别是近几年刚刚兴起的包装行业中的绿色革命，在人们心目中形成了环保消费的观念。提倡消费者使用那些可以循环再生利用的或是不会造成环境污染的包装制品。如我们常见的啤酒瓶、可降解的一次性快餐盒等，已广为人知，并备受广大消费者的青睐。而那些污染性强的包装物，一方面已被限制或禁止使用，另一方面也没有市场前景，最终要被社会所淘汰。

5. 循环与再生利用 包装制品有许多是可以多次循环使用的，有的可以通过回收处理后反复使用，有的通过有效的方式进行再加工处理，也可制成包装制品。包装制品的这种循环与再生利用功能，一方面可降低包装制品的成本，另一方面又可充分利用和节省资源，更符合可持续发展的要求。

6. 成组化与防盗功能 成组化是指将同一种商品或同一类商品或不同类商品，以包装为单位，通过中包、大包的形式将其组合包装在一起，使包装后商品的功能更加完备，从而达到一个新的商品价值和使用效果的过程。防盗功能是保护功能的延伸，是为防止被包装的商品遗失而设计的一种特殊功效。包装药品罐的铅封一旦被打开，就会留下明显的开启痕迹，从而起到报警作用。

（二）包装在物流环节中的地位

在社会再生产过程中，包装处于生产过程的末尾和物流过程的开始，既是生产的终点，又是物流的始点。作为生产的终点，包装是最后一道工序，标志着生产的完成，必须根据产品的性质、形状和生产工具进行，必须满足生产的要求。在现代物流理念形成以前，包装一直被认为是生产领域的活动，被看作生产的终点，包装的设计往往主要从生产终结的要求出发，因而常常不能满足后续物流环节的要求。但实际上，包装与物流的关系，比之与生产的关系要密切，其作为物流始点的意义比之作为生产终点的意义要大得多。因为，合理的包装可以提高物流运营的整体效率。

由于物流系统中的所有环节均与包装有关，所以包装对于物流成本的控制显得至关重要。比如采用纸箱、托盘加集装箱的方式可以改变原有的木箱包装而节省运输成本；采用现代化的叉车搬运而非人工搬运则可以省去小包装造成的高人工费和产品损伤；有效地设计包装容器的堆码层高，可以很好地提高仓库的利用率而节省费用；合理的包装减少破损；合理的包装尺寸和规格提高运输容积率；及时、全面、准确的信息保证物流供给链的畅通等，都可以确保包装在各个环节帮助和实现物流成本的有效降低。

通过包装，将物流链乃至物流系统中的各个环节有机、高效、系统地组合成一个产生综合效率性的整体。同时注重各个物流环节与包装的密切关系，则可以在整体运营中取得先机。对于越来越多的走向国际市场的企业来说，注重与国际物流及包装法规、标准的接轨，是实现国际化运营的根本保证。

包装标准化不是单纯的包装本身的事情，而是在整个物流系统实现合理化、有序化、现代化、低成本的前提下的包装合理化及现代化。

包装标准是对各种包装标志、包装所用材料规格、质量、包装的技术规范要求、包装的检验方法等的技术规定。而这些规定并不是孤立的，而是在整个物流供给链中统一考虑和实施，以达到各环节，包括运输、储藏、搬运装卸、包装、流通加工、物流信息治理、物流网络、在库治理、物流组织治理、物流成本的治理和控制等达到对产品的防护性、物流信息治理的合理性、物流网络的控制性、物流组织治理的有序性、物流成本的低成本和物流整体运营的综合效率性。

二、包装的分类

包装的分类方法很多。通常人们习惯把包装分为两大类：运输包装和销售包装。运输包装，是为了尽可能降低运输流通过程对产品造成损坏，保障产品的安全，方便储运装卸，加速交接点验，是以运输储运为主要目的的包装。它又称外包装，其主要作用在于保护商品，防止在储运过程中发生货损货差，并最大限度地避免运输途中各种外界条件对商品可能产生的影响，方便检验、计数和分拨。

运输包装应具有以下基本要求：具有足够的强度、刚度与稳定性；具有防水、防潮、防虫、防腐、防盗等防护能力；包装材料选用符合经济、安全的要求；包装重量、尺寸、标志、形式等应符合国际与国家标准，便于搬运与装卸；能减轻工人劳动强度，使操作安全便利，符合环保要求。运输包装器具设计应遵循的基本原则：标准化、系列化原则；集装化、大型化原则；多元化、专业化原则；科学化原则；生态化原则等。

销售包装是以销售功能为主要目的，与内装物一起到达消费者手中的包装。主要作用是保护商品、方便使用、促进销售，并应符合销售地国家的法律和法规。

（一）包装的方式与造型

包装的方式和造型是多种多样的，用料和质地也各不相同，包装程度也有差异，这就导致包装具有下列多样性：

（1）按包装方式，可分为单件运输包装和集合运输包装。单件运输包装是指货物在运输过程中作为一个计件单位的包装。集合运输包装，是指将一定数量的产品或包装件组合在一起，形成一个合适的运输任务，以便于装卸、储存和运输。又称组合包装或集装任务。集合包装可以提高港口装卸速度，减轻装卸搬运的劳动强度，降低运输成本和节省运杂费用，更好地保护商品的质量和数量，并促进包装的标准化。集合包装的种类很多，主要有集装箱、集装托盘、滑片集装、框架集装、无托盘集装、集装袋等。集合包装通常采用集装箱、集装包（袋）和托盘。

（2）按包装造型不同，可分为箱、袋、桶和捆等不同形状的包装。

（3）按包装材料不同，可分为纸制包装，金属包装，木质包装，塑料包装，麻制品包装，竹、柳、草制品包装，玻璃制品包装和陶瓷包装等。

（4）按包装质地来分有软性包装、半硬性包装和硬性包装，需要采用其中哪一种，须视商品的特性而定。

（5）按包装程度不同，可分为全部包装和局部包装。

物品在搬运过程中，会受到如跌落、斜面滑移、振动等的冲击，这些冲击会影响到物品的质量。因此，买卖双方究竟采用何种运输包装，应在合同中具体说明。

（二）包装材料分类

包装材料是指用于制造包装容器、包装装潢、包装印刷、包装运输等满足产品包装要求所使用的材料，它既包括金属、塑料、玻璃、陶瓷、纸、竹本、野生蘑类、天然纤维、化学纤维、复合材料等主要包装材料，又包括涂料、黏合剂、捆扎带、装潢、印刷材料等辅助材料。

（1）纸包装材料。瓦楞纸、蜂窝纸、纸袋纸、干燥剂包装纸、蜂窝纸板、牛皮纸工业纸板、蜂窝纸芯。

（2）塑料包装材料。聚丙烯打包带、塑钢打包带、撕裂膜、缠绕膜、封箱胶带、热收缩膜、塑料膜、中空板。

（3）复合类软包装材料。软包装、镀铝膜、铁芯线、铝箔复合膜、真空镀铝纸、复合膜、复合纸、BOPP（双向拉伸聚丙烯薄膜）。

（4）金属包装材料。马口铁铝箔、桶箍、钢带、打包扣、泡罩铝、PTP 铝箔、铝板、钢扣。

（5）陶瓷包装材料。陶瓷瓶、陶瓷缸、陶瓷坛、陶瓷壶。

(6) 玻璃包装材料。玻璃瓶、玻璃罐、玻璃盒。

(7) 木材包装材料。木材制品和人造木材板材(如胶合板、纤维板)制成的包装,如木箱、木桶、木匣、木夹板、纤维板箱、胶合板箱以及木质托盘等。

(8) 其他包装材料、辅料。①烫金材料:烫金材料、激光镭射膜、电化铝烫金纸、烫金膜、烫印膜、烫印箔、色箔。②胶黏剂、涂料:黏合剂胶黏剂、复合胶、增强剂、淀粉黏合剂、封口胶、乳胶、树脂、不干胶。③包装辅助材料:瓶盖手套机、模具、垫片、提手、衬垫喷头、封口盖、包装膜。

包装材料是用来包装产品的,产品必须通过流通才能到达消费者手中,而各种产品的流通条件并不相同,包装材料的选用应与流通条件相适应。流通条件包括气候、运输方式、流通对象与流通周期等。气候条件是指包装材料应适应流通区域的温度、湿度、温差等。对于气候条件恶劣的环境,包装材料的选用更需倍加注意。运输方式包括人力、汽车、火车、船舶、飞机等,它们对包装材料的性能要求不尽相同,如温湿条件、震动大小条件大不相同,因此包装材料必须适应各种运输方式的不同要求。

(三) 包装技术分类

21 世纪是环保的世纪,现代包装设计在漫长的一段时间里还将继续延续 20 世纪八九十年代提出的绿色包装设计概念。包装所带来的环境问题日益突出,人们纷纷致力于研究新的包装材料和环保型设计方法来减少包装固体废物带来的环境问题。在包装材料上的革新,如,用于隔热、防震、防冲击和易腐烂的纸浆模塑包装材料;植物果壳合成树脂混合物制成的易分解的材料;天然淀粉包装材料;自动降解的包装材料;在设计上力求减少后期不易分解的材料用于包装上,尽量采用质量轻、体积小、易压碎或压扁、易分离的材料;尽量多采用不受生物及化学作用就易退化的材料,在保证包装的保护、运输、储藏和销售功能时,尽量减少材料的使用总量等。同时,为了在运输、仓储、销售等环节中保护商品,应该相应地采取下列各类包装技术:

1. 防震保护技术 防震包装又称缓冲包装,在各种包装方法中占有重要的地位。产品从生产出来到开始使用要经过一系列的运输、保管、堆码和装卸过程,置于一定的环境之中。在任何环境中都会有力作用在产品之上,并使产品发生机械性损坏。为了防止产品遭受损坏,就要想法减小外力的影响,所谓防震包装就是指为减缓内装物受到冲击和振动,保护其免受损坏所采取的一定防护措施的包装。防震包装主要有以下 3 种方法:

(1) 全面防震包装方法。全面防震包装方法是指内装物和外包装之间全部用防震材料填满进行防震的包装方法。

(2) 部分防震包装方法。对于整体性好的产品和有内装容器的产品,仅在产品或内包装的拐角或局部地方使用防震材料进行衬垫即可。所用包装材料主要有泡沫塑料防震垫、充气型塑料薄膜防震垫和橡胶弹簧等。

(3) 悬浮式防震包装方法。对于某些珍贵易损的物品,为了有效地保证在流通过程中不被损坏,外包装容器比较坚固,然后用绳、带、弹簧等将被装物悬吊在包装容器内,在物流中,无论在哪个操作环节,内装物都被稳定悬吊而不与包装容器发生碰撞,从而减少损坏。

2. 防破损保护技术 缓冲包装有较强的防破损能力,因而是防破损包装技术中有效的一类。此外还可以采取以下几种防破损保护技术:

(1) 捆扎及裹紧技术。捆扎及裹紧技术的作用,是使杂货、散货形成一个牢固整体,以增加整体性，便于处理及防止散堆来减少破损。

(2) 集装技术。利用集装，减少与货体的接触，从而防止破损。

(3) 选择高强保护材料。通过外包装材料的高强度来防止内装物受外力作用破损。

3. 防锈包装技术

(1) 防锈油防锈蚀包装技术。大气锈蚀是空气中的氧、水蒸气及其他有害气体等作用于金属表面引起电化学作用的结果。假如使金属表面与引起大气锈蚀的各种因素隔绝（将金属表面保护起来），就可以达到防止金属大气锈蚀的目的。防锈油包装技术就是根据这一原理将金属涂封防止锈蚀的。

用防锈油封装金属制品，要求油层有一定厚度，油层的连续性好，涂层完整。不同类型的防锈油要采用不同的方法进行涂封。

(2) 气相防锈包装技术。气相防锈包装技术就是用气相缓蚀剂（挥发性缓蚀剂），在密封包装容器中对金属制品进行防锈处理的技术。气相缓蚀剂是一种能减慢或完全停止金属在腐蚀性介质中的破坏过程的物质，它在常温下即具有挥发性，它在密封包装容器中，在很短的时间内挥发或升华出的缓蚀气体就能布满整个包装容器内的每个角落和缝隙，同时吸附在金属制品的表面上，从而起到抑制大气对金属锈蚀的作用。

4. 防霉腐包装技术　在运输包装内装运食品和其他有机碳水化合物货物时，货物表面可能生长霉菌，在流通过程中如遇湿润，霉菌生长繁殖极快，甚至伸延至货物内部，使其腐烂、发霉、变质，因此要采取特别防护措施。

包装防霉烂变质的措施，通常是采用冷冻包装、真空包装或高温灭菌方法。冷冻包装的原理是减慢细菌活动和化学变化的过程，以延长储存期，但不能完全消除食品的变质；高温杀菌法可消灭引起食品腐烂的微生物，可在包装过程中用高温处理防霉。有些经干燥处理的食品包装，应防止水汽浸进以防霉腐，可选择防水汽和气密性好的包装材料，采取真空和充气包装。

真空包装法也称减压包装法或排气包装法。这种包装可阻挡外界的水汽浸进包装容器内，也可防止在密闭着的防潮包装内部存有湿润空气，在气温下降时结露。采用真空包装法，要留意避免过高的真空度，以防损伤包装材料。

防止运输包装内货物发霉，还可使用防霉剂，防霉剂的种类甚多，用于食品的必须选用无毒防霉剂。

机电产品的大型封闭箱，可酌情开设透风孔或透风窗等相应的防霉措施。

5. 防虫包装技术　防虫包装技术，常用的是驱虫剂，即在包装中放入有一定毒性的药物，利用药物在包装中挥发气体杀灭和驱除各种害虫。常用驱虫剂有萘、对位二氯化苯、樟脑精等。也可采用真空包装、充气包装、脱氧包装等技术，使害虫无生存环境，从而防止虫害。

6. 危险品包装技术　危险品有上千种，按其危险性质，交通运输及公安消防部门规定将其分为十大类，即爆炸性物品、氧化剂、压缩气体和液化气体、自燃物品、遇水燃烧物品、易燃液体、易燃固体、毒害品、腐蚀性物品、放射性物品等，有些物品同时具有两种以上危险性能。

对有毒商品的包装要明显地标明有毒的标志。防毒的主要措施是包装严密不漏、不透气。例如重铬酸钾（红矾钾）和重铬酸钠（红矾钠），为红色带透明结晶，有毒，应用坚固铁桶包装，桶口要严密不漏，制桶的铁板厚度不能小于1.2毫米。对有机农药一类的商品，应装进沥青麻袋，缝口严密不漏。如用塑料袋或沥青纸袋包装的，外面应再用麻袋或布袋包装。用作杀鼠剂的磷化锌有剧毒，应用塑料袋严封后再装入箱中，箱内用两层牛皮纸、防潮纸或塑料薄膜衬垫，使其与外界隔绝。

对有腐蚀性的商品，要留意商品和包装容器的材质发生化学变化。金属类的包装容器，要在容器壁涂上涂料，防止腐蚀性商品对容器的腐蚀。例如包装合成脂肪酸的铁桶内壁要涂有耐酸保护层，防止铁桶被商品腐蚀，从而商品也随之变质。再如氢氟酸是无机酸性腐蚀物品，有剧毒，能腐蚀玻璃，不能用玻璃瓶作为包装容器，应装进金属桶或塑料桶，然后再装进木箱。甲酸易挥发，其气体有腐蚀性，应装入良好的耐酸坛、玻璃瓶或塑料桶中，严密封口，再装进坚固的木箱或金属桶中。

对黄磷等易自燃商品的包装，宜将其装进壁厚不少于1毫米的铁桶中，桶内壁须涂耐酸保护层，桶内盛水，并使水面浸没商品，桶口严密封闭，每桶净重不超过50千克。再如通水引起燃烧的物品碳化钙，遇水即分解并产生易燃乙炔气，对其应用坚固的铁桶包装，桶内充进氮气。假如桶内不充氮气，则应装置放气活塞。

对于易燃、易爆商品，例如有强烈氧化性的，遇有微量不纯物或受热即急剧分解引起爆炸的产品，防爆炸包装的有效方法是采用塑料桶包装，然后将塑料桶装进铁桶或木箱中，每件净重不超过50千克，并应有自动放气的安全阀，当桶内达到一定气体压力时，能自动放气。

7. 特种包装技术

（1）充气包装。充气包装是采用二氧化碳气体或氮气等不活泼气体置换包装容器中空气的一种包装技术方法，因此也称为气体置换包装。这种包装方法是根据好氧性微生物需氧代谢的特性，在密封的包装容器中改变气体的组成成分，降低氧气的浓度，抑制微生物的生理活动、酶的活性和鲜活商品的呼吸强度，达到防霉、防腐和保鲜的目的。

（2）真空包装。真空包装是将物品装进气密性容器后，在容器封口之前抽成真空，使密封后的容器内基本没有空气的一种包装方法。

一般的肉类商品、谷物加工商品以及某些轻易氧化变质的商品都可以采用真空包装。真空包装不但可以避免或减少脂肪氧化，而且抑制了某些霉菌和细菌的生长。同时在对其进行加热杀菌时，由于容器内部气体已排出，因此加速了热量的传导，提高了高温杀菌效率，也避免了加热杀菌时，由于气体的膨胀而使包装容器破裂。

（3）收缩包装。收缩包装就是用收缩薄膜裹包物品（或内包装件），然后对薄膜进行适当加热处理，使薄膜收缩而紧贴于物品（或内包装件）的包装技术方法。

收缩薄膜是一种经过特殊拉伸和冷却处理的聚乙烯薄膜，由于薄膜在定向拉伸时产生残余收缩应力，这种应力受到一定热量后便会消除，从而使其横向和纵向均发生急剧收缩，同时使薄膜的厚度增加，收缩率通常为30%～70%，收缩力在冷却阶段达到最大值，并能长期保持。

（4）拉伸包装。拉伸包装是20世纪70年代开始采用的一种新包装技术，它是由收缩包装发展而来的，拉伸包装是依靠机械装置在常温下将弹性薄膜围绕被包装件拉伸、紧裹，并在其末端进行封合的一种包装方法。由于拉伸包装不需进行加热，所以消耗的能源只有收缩包装的1/20。拉伸包装可以捆包单件物品，也可用于托盘包装之类的集合包装。

（5）脱氧包装。脱氧包装是继真空包装和充气包装之后出现的一种新型除氧包装方法。脱氧包装是在密封的包装容器中，使用能与氧气起化学作用的脱氧剂与之反应，从而除尽包装容器中的氧气，以达到保护内装物的目的。脱氧包装方法适用于某些对氧气特别敏感的物品，适用于那些即使有微量氧气也会促使品质变坏的食品包装中。

三、包装成本构成

包装成本是指企业为完成货物包装业务而发生的全部费用，包括运输包装费和集装、分装包装费；包括业务人员的工资福利、包装设施年折旧、包装材料消耗、设施设备维修保养费、业务费等。包装成本一般由如下几方面费用构成：

包装材料费用：各类物资在实施包装过程中耗费在材料费用支出上的费用称为包装材料费用。

包装机械费用：包装过程中使用机械作业可以极大地提高包装作业的劳动生产率，同时可以大幅度提高包装水平。使用包装机械（或工具）就会发生购置费用、日常维护保养费、折旧费等。

包装技术费用：为了使包装的功能能够充分发挥作用，达到最佳的包装效果，因而包装时，也需采用一定的技术措施。比如，实施缓冲包装、防潮包装、防霉包装等，这些技术的设计、实施所支出的费用。

包装人工费用：在实施包装过程中，必须有工人或专业作业人员进行操作。包括对这些人员发放的计时工资、计件工资、奖金、津贴和补贴等各项费用。

其他辅助费用：除了上述主要费用以外，企业包装管理中有时还会发生一些其他辅助费用，如包装标记、包装标志的印刷、拴挂物费用的支出等。

包装作为企业物流的构成要素之一，与运输、保管、搬运、流通加工均有十分密切的关系。包装环节管理的好坏，包装费用支出的节约与否，直接影响着企业的经济效益。

任务实训

农副产品包装的调研

1. 实训背景资料 到新发地蔬菜批发市场调研，调研内容包括如目前常用的包装材料有哪些，由于包装导致货品损坏率达到的比率是多少，包装有无标志，包装物回收比率达到多少，客户希望的包装方式有哪些。指出存在的问题，并提出改进建议。

2. 实训目标 包装材料、包装标志、货损情况、客户需求。

3. 实训准备

（1）问卷。

（2）包装的基本认知。

（3）分组。

4. 实训步骤

（1）讨论并设计问卷。

（2）考虑调研群体。

（3）现场调研，拍照片。

(4) 整理调研资料。

(5) 形成报告，讨论并提出降低包装成本改进建议。

5. 实训评价

小组	实训准备（15%）	问卷设计（25%）	现场调研（20%）	调研报告（25%）	团队合作（15%）	总分
1						
2						
3						
4						

注：考评满分100分，60分以下为不及格，60～69分为及格，70～79分为中，80～89分为良，90分及以上为优。

任务小结

包装作为企业物流的构成要素之一，包装对于物流成本的控制显得至关重要，包装与运输、保管、搬运、流通加工均有十分密切的关系。包装环节管理的好坏，包装费用支出的节约与否，直接影响着企业的经济效益。本任务主要介绍了包装的概念、包装的功能、包装的分类以及包装成本的概念及构成。

复习思考题

1. 简述包装的功能。
2. 画出各种包装标志。
3. 简述包装在物流中的作用。
4. 简述包装成本的构成。

任务二 包装成本计算

包装成本是指在流通领域为包装物品而发生的直接材料、直接人工和其他间接费用的总和，在内容上它由材料成本、设备成本、技术成本、人工成本和包装辅助成本等项目组成。

对于直接费用，依据各种凭证汇总表、分配表、计算表及有关原始凭证直接计入包装成本，如包装作业中的人工费、材料费、折旧费、修理费、设计费等。对于间接费用，可通过一定的方法分配计入各项包装费用，如在包装作业过程中的组织、经营管理等方面发生的费用。

一、包装人工成本

包装成本中直接人工费用的数额，是根据当期“工资结算汇总表”和“职工福利费计算表”来确定的。

“工资结算汇总表”是进行工资结算和分配的原始依据。它是根据工资结算单按人员类别（工资用途）汇总编制的。工资结算单应当依据职工工作卡片、考勤记录、工作量记录等工资计算的原始记录编制。

“职工福利费计算表”是依据工资结算汇总表确定的各类人员工资总额，按照规定的提取比例计算后编制的。

二、包装材料成本

包装材料采购成本的计算，就是把企业在材料采购过程中发生的材料买价和采购费用等，按照材料的批量、品种等加以归集，计算采购总成本和单位成本。包装材料的采购成本，一般是按月计算的。包装材料采购成本由材料的买价和采购费用组成，其具体内容有：

(1) 买价。企业采购材料时，按发票价格所支付的货款。在一般情况下，这是材料采购成本的重要组成部分。

(2) 运杂费。包括企业采购材料过程中支付的运输费、装卸费和途中保险费等。

(3) 途中合理损耗。指材料运输途中发生的定额内损耗。

(4) 整理准备费。指材料入库前因整理挑选而发生的损耗。

在采购包装材料的过程中，所发生的材料买价和采购费用都应该记入“材料采购”总账及其明细账。材料买价可以从发票上取得，是一项直接费用，可直接计入该种材料的采购成本。发生的采购费用，凡能分清对象的，可以直接计入各种材料的采购成本；凡不能分清对象的，应按合理的分配标准分配后计入每一种材料成本。分配材料采购费用的标准主要有重量、买价、体积等，在实际工作中应酌情选用。在汇总了每一种材料所发生的买价和采购费用后，就能计算出该种材料的采购成本。

可见，供应阶段的成本计算对象是每一种材料，材料采购成本的计算是在材料采购明细账上进行的，材料采购成本的计算过程也是采购费用的归集和分配过程。

【例 8-1】 新华工厂于 2001 年 2 月购入 A、B 两种包装材料，A 材料 2 500 千克，每千克 30 元，B 材料 1 500 千克，每千克 40 元。采购过程中共发生运输费 800 元，装卸费 405 元。货款及运杂费均以银行存款支付，材料已验收入库。计算本期 A、B 材料的采购成本。

本例中，成本计算对象是 A 材料和 B 材料。A 材料的买价为 75 000（30 元/千克×2 500千克）元，B 材料的买价为 60 000（40元/千克×1 500 千克）元，这些都是直接费用，可以直接计入 A、B 材料的采购成本。

支付的运输费 800 元和装卸费 405 元是采购 A、B 材料时发生的共同费用，应在 A、B 材料之间按一定的标准分配后再计入 A、B 材料的采购成本。假如运输费按 A、B 材料的重量比例分配，装卸费按 A、B 材料的买价比例分配则可计算如下：

运输费的分配：

分配率＝800÷(2 500＋1 500)＝0.2（元/千克）

A 材料应负担的运输费＝0.2×2 500＝500（元）

B 材料应负担的运输费＝0.2×1 500＝300（元）

合计为 800（元）。

装卸费的分配：

分配率：405÷(75 000＋60 000)＝0.003（元/千克）

A 材料应负担的装卸费＝0.003×75 000＝225（元）

B 材料应负担的装卸费＝0.003×60 000＝180（元）

合计 405 元。

经过分配后的运输费和装卸费已归属于各种材料，就可以与材料的买价一起记入“物资采购”明细账，从而可计算出各种材料的采购成本并据以结转成本。

在结转已验收入库材料的采购成本时，应编制如下会计分录：

借：原材料——A 材料　　75 725

　　　　——B 材料　　60 480

　贷：物资采购——A 材料　　75 725

　　　　　　——B 材料　　60 480

三、包装机器设备成本

（一）包装机械设备的作用

包装是产品进入流通领域的必要条件，而实现包装的主要手段是使用包装机械。随着时代的发展，技术的进步，包装机械在包装领域中正起着越来越大的作用，其主要作用有以下几点：

（1）可大大提高劳动生产率。滑台式吸塑封口机机械包装比手工包装快得多，如糖果包装，手工包糖 1 分钟只能包十几块，而糖果包装机每分钟可包数百块甚至上千块，效率提高了数十倍。

（2）能有效地保证包装质量。机械包装可根据包装物品的要求，按照需要的形态、大小，得到规格一致的包装物，而手工包装是无法保证的。这对出口商品尤为重要，只有机械包装，才能达到包装规格化、标准化，符合集合包装的要求。

（3）能实现手工包装无法实现的操作。有些包装操作，如真空包装、充气包装、贴体包装、等压灌装等，都是手工包装无法实现的，只能用机械包装实现。

（4）可降低劳动强度，改善劳动条件。手工包装的劳动强度很大，如用手工包装体积大、重量重的产品，既耗体力，又不安全；而对轻小产品，由于频率较高，动作单调，易使工人得职业病。

（5）有利于工人的劳动保护。对于某些严重影响身体健康的产品，如粉尘严重、有毒的产品，有刺激性、放射性的产品，用手工包装难免危害健康，而机械包装则可避免，且能有效地保护环境不被污染。

（6）可降低包装成本，节省储运费用。对松散产品，如棉花、烟叶、丝、麻等，采用压缩包装机压缩打包，可大大缩小体积，从而降低包装成本。同时由于体积大为缩小，节省仓容，减少保管费用，有利于运输。

（7）能可靠地保证产品卫生。某些产品，如食品、药品的包装，根据卫生法是不允许用手工包装的，因为会污染产品，而机械包装避免了人手直接接触食品、药品，保证了卫生质量。

（8）可促进相关工业的发展。包装机械是一门综合性科学，它涉及材料、工艺、设备、电子、电器、自动控制等多种学科，要求各相关学科同步、协调地发展，任何学科的问题都将影响包装机械的整体性能。因此，包装机械的发展将有力地促进相关学科的进步。

另外，为适应包装机械高速包装的需要，其相关的前后工序也势必与之适应，也就推动了相关工序的同步发展。

(二) 包装机械设备的计算

在企业的会计科目中，与设备管理直接相关的成本费用项目大多数为期间费用，不能直接对象化于某一产品，如列入制造费用的维修费、租赁费、修理期间的停工损失；列入管理费用的固定资产的折旧费；有的可直接列入直接材料费用，如配件等；有的企业设有专业的维修车间作为辅助生产部门，其人员工资、福利等费用等可视为设备管理成本。从企业整体来看，购置固定资产的支出虽不能直接列入成本费用的开支范围，但从设备管理角度考虑，也应作为重要的考核内容。因此，设备管理的成本支出应从设备的寿命周期成本综合考虑，对购置价格、安装费用、维护费用、设备故障损失、维修费用及残值等多方面进行综合控制。这里所指的机械设备管理成本，并不完全等同于财务意义上的成本费用，而是指设备在使用企业中的各种与设备相关支出的综合。

包装机械费用指物品包装所使用的包装机械的折旧费摊销。包装机械的使用，不仅可以极大地提高包装的劳动生产率，而且可大幅度地提高包装水平。但这也需要一定的资金投入，因此就构成了包装的机械费用，它是以折旧为主的费用摊销形式，将费用转移到包装成本中。折旧费的计算方法有如下几种：

1. 年限平均法 年限平均法又称直线法，是将固定资产的应计折旧额均衡地分摊到固定资产预计使用寿命内的一种方法。采用这种方法计算的每期折旧额均是等额的。计算公式如下：

年折旧率=(1－预计净残值率)÷预计使用寿命（年）

月折旧率=年折旧率÷12

月折旧额=固定资产原价×月折旧率

2. 工作量法 工作量法是根据实际工作量计提固定资产折旧额的一种方法。计算公式如下：

单位工作量折旧额=[固定资产原价×(1－预计净残值率)]÷预计总工作量

某项固定资产月折旧额=该项固定资产当月工作量×单位工作量折旧额

【例 8-2】 甲公司的一台机器设备原价为 680 000 元，预计生产产品产量为 2 000 000 件，预计净残值率为 3%，本月生产产品 34 000 件。则该台机器设备的月折旧额计算如下：

单件折旧额=680 000×(1－3%)÷2 000 000 = 0.329 8（元/件）

月折旧额=34 000×0.329 8=11 213.2（元）

3. 双倍余额递减法 双倍余额递减法是在不考虑固定资产预计净残值的情况下，根据每年年初固定资产净值和双倍的直线法折旧率计算固定资产折旧额的一种方法。应用这种方法计算折旧额时，由于每年年初固定资产净值没有扣除预计净残值，所以在计算固定资产折旧额时，应在其折旧年限到期前两年内，将固定资产的净值扣除预计净残值后的余额平均摊销。计算公式如下：

年折旧率=2/预计的使用年限×100%

月折旧率=年折旧率÷12

月折旧额=每月月初固定资产账面净值×月折旧率

【例 8-3】 乙公司有一台机器设备原价为 600 000 元，预计使用寿命为 5 年，预计净残值率为 4%。按双倍余额递减法计算折旧，每年折旧额计算如下：

年折旧率=2/5=40%

第一年应提的折旧额＝600 000×40％＝240 000（元）

第二年应提的折旧额＝(600 000－240 000)×40％ ＝144 000（元）

第三年应提的折旧额＝(360 000－144 000)×40％ ＝86 400（元）

从第四年起改按年限平均法（直线法）计提折旧：

第四、五年应提的折旧额＝(129 600－600 000×4％)/2 ＝52 800（元）

4. 年数总和法 年数总和法又称合计年限法，是将固定资产的原价减去预计净残值后的余额，乘以一个以固定资产尚可使用寿命为分子，以预计使用寿命逐年数字之和为分母的逐年递减的分数计算每年的折旧额。计算公式如下：

$$年折旧率=\frac{尚可使用年限}{预计使用寿命的年数总和}\times 100\%$$

$$月折旧率=年折旧率\div 12$$

$$月折旧额=（固定资产原价-预计净残值）\times 月折旧率$$

【例 8-4】 某企业在 2012 年 3 月购入一项固定资产，该资产原值为 300 万元，采用年数总和法计提折旧，预计使用年限为 5 年，预计净残值为 5％，要求计算出 2012 年和 2013 年对该项固定资产计提的折旧额。

采用年数总和法计提折旧，需要考虑固定资产的净残值，同时要注意折旧的年限一年与会计期间一年并不相同。

该固定资产在 2012 年 3 月购入，固定资产增加的当月不计提折旧，从第二个月开始计提折旧，因此 2012 年计提折旧的期间是 4 月到 12 月，共 9 个月。

2012 年计提的折旧额＝300×(1－5％)×5/15×9/12＝71.25（万元）

2013 年计提的折旧额中（1～3 月份）属于折旧年限第一年的，(9～12 月份）属于折旧年限第二年的，因此对于 2003 年的折旧额计算应当分段计算：

1～3 月份计提折旧额＝300×(1－5％)×5/15×3/12＝23.75（万元）

4～12 月份计提折旧额＝300×(1－5％)×4/15×9/12＝57（万元）

2013 年计提折旧额＝23.75＋57＝80.75（万元）

四、包装辅助成本计算

包装辅助材料是与包装材料配合构成完整的包装容器或形成一个完整包装的一些其他材料。包装辅助材料通常包括：黏合剂、涂料、包装件用的捆扎材料以及封缄材料等。

包装辅助成本包括包装标记、标志、标志的印刷、拴挂物成本的支出、一些低值易耗品的支出等。

企业发生上述费用时，一般可根据支付凭证直接计入各类包装成本。低值易耗品收入的核算同包装材料收入的核算基本相同；领用低值易耗品是采用“一次分摊法”“多次分摊法”将其价值一次全部或分次计入包装成本中。

任务实训

农副产品包装的调研

1. 实训背景资料 到新发地蔬菜批发市场调研，了解店面和车载农副产品包装成本是否需要计算，如何计算，包装成本占物流成本的比重。指出存在的问题，并提出改进建议。

2. 实训目标 包装成本构成、计算方法。

3. 实训准备

(1) 问卷。

(2) 包装成本的构成。

(3) 分组。

4. 实训步骤

(1) 讨论并设计问卷。

(2) 考虑调研项目。

(3) 现场实施调研，拍照片。

(4) 整理调研资料。

(5) 形成报告，分析包装成本计算存在的问题，讨论并提出降低包装成本改进建议。

5. 实训评价

小组	实训准备（15%）	问卷设计（25%）	现场调研（20%）	成本计算分析报告（25%）	团队合作（15%）	总分
1						
2						
3						
4						

注：考评满分 100 分，60 分以下为不及格，60～69 分为及格，70～79 分为中，80～89 分为良，90 分及以上为优。

任务小结

本任务介绍了包装成本的计算。包装成本是指在流通领域为包装物品而发生的直接材料、直接人工和其他间接费用的总和；在内容上它由材料成本、设备成本、技术成本、人工成本和包装辅助成本等项目组成。将直接费用直接对应计入各种产品的包装成本中；对于间接费用需要进行按重量、工时、金额等分配标准进行分配，再计入对应的各产品包装成本中。

复习思考题

1. 简述包装材料成本构成及计算方法。
2. 简述平均年限法。
3. 简述工作量法。
4. 简述包装辅助成本的计算方法。

任务三 包装成本分析与控制

一、包装的标准成本

(一) 包装材料的标准成本

包装材料的标准成本包括包装材料的数量标准和价格标准两个方面。用公式表示为：

某种包装材料的标准成本＝包装单位产品所需的数量标准×该种材料的价格标准

1. 标准用量 确定包装单位产品所耗用的材料数量，可根据相关的技术文件进行研究，并以过去的经验为根据科学地制定其标准。在对过去的记录进行分析时，可选择耗用材料的平均数作为标准。

2. 标准价格 可以采用现行或预期价格标准，也可以采用正常价格标准。前者是最合乎需要和有效的标准，后者往往是材料的统计或平均价格标准。

(二) 包装人工费用的标准成本

直接人工标准成本包括直接人工用量标准和直接人工价格标准两方面。直接人工用量标准即直接人工标准工时；直接人工价格标准即直接人工标准分配率。用公式表示为：

包装人工费用的标准成本＝包装单位产品耗用的标准工时×工时标准工资率

(三) 包装机械设备费用的标准成本

包装机械费用的标准成本包括包装单位产品所需的标准工时和标准分配率两个方面。用公式表示为：

包装机械费用的标准成本＝包装单位产品人工工时×包装机械费用标准分配率

包装机械费用标准分配率＝包装机械费用预算额÷包装人工标准总工时

二、包装成本的分析

物流包装成本的分析与考核实质上是一种事后监督，是对整体成本从计划到执行全过程的评价。

材料成本差异账户用于核算企业各种材料的实际成本与计划成本的差异，借方登记实际成本大于计划成本的差异额（超支额），贷方登记实际成本小于计划成本的差异额（节约额）以及已分配的差异额。形成包装材料成本差异的原因有两个：一是数量脱离差异；二是价格脱离差异。用公式表示为：

材料数量差异＝材料标准单价×(材料实际用量－材料标准用量)

材料价格差异＝材料实际用量×(材料实际单价－材料标准单价)

【例 8-5】假设某企业 2014 年 1 月份包装甲产品 100 件，实际耗用 A 材料 11 千克/件，A 材料实际单价为 48 元/千克。包装直接材料的单位产品用量标准为 10 千克/件，每千克材料的价格标准为 50 元/千克。要求：计算 A 材料的成本差异。

A 材料的成本差异＝100×11×48－100×10×50＝2 800（元）

进一步分析计算得：

A 材料的用量差异＝50×(100×11－100×10)＝5 000（元）

A 材料的价格差异＝(48－50)×11×100＝－2 200（元）

A 材料的成本差异＝A 材料数量差异＋A 材料价格差异＝5 000＋(－2 200)＝2 800（元）

影响包装直接材料用量差异的因素是多种多样的，如工人的技术熟练程度和责任感、包装设备的完好程度、包装质量控制制度、材料的质量和规格、材料的安全保管工作等。一般地说，包装生产中的直接材料用量差异应由生产部门负责，但有时也可能是采购部门的工作引起的，如采购部门以较低的价格购进了质量较差的材料，既不能完全适合原定的需要，也会引起耗用量的增长，由此造成的直接材料用量差异，应该由采购部门负责。

影响包装直接材料价格变动的因素也是多方面的，如市场环境、价格变动、材料采购方式、运费、批量和运输方式及材料供应者的选择等。只要其中任何一个因素脱离实际制定标准成本时的预定要求，都会造成价格差异。所以对价格的变动原因，还需进一步具体分析，它既有可能是采购工作造成的，也可能是包装生产过程中造成的，如对某项材料进行小批量的紧急订货，并由陆运方式改为空运，因此造成的价格差异，就应该由包装生产部门负责。

三、包装成本控制

（一）包装成本控制的主要任务

物流包装成本控制是从包装产品设计、试制、生产到销售的全过程控制，其主要任务包括：

1. 精确的成本预测 物流包装成本的预测是经营决策的主要内容之一，在企业进行经营决策时，必须考虑投入与产出之比，因此，对各种物流包装方案的成本要进行精确的预测，比较各方案的成本水平，确定最佳方案，物流包装成本预测实质上是科学决策的方法之一。

2. 正确的成本计划 物流包装成本计划是成本管理的事前控制，为成本分析和考核提供依据，是反映和监督经营活动中的耗费，是进行成本管理的准则。

3. 降低物流包装成本 削减物流包装费用，提高经济效益，这是物流包装成本管理的中心任务。因为它是成本预测、计划、控制、核算、分析和考核等一系列工作的最终和最主要的目的。降低成本意味着在其他条件不变的情况下增加盈利，减少资金占用量，进而可以降低商品的价格，提升综合竞争力。

（二）包装成本控制的主要途径

据统计，包装费用约占流通费用的10%，甚至有些商品（尤其是生活费用）的包装费用高达50%。因此，控制物流包装费用与成本有着重要的现实意义，主要途径有以下几种：

1. 防止包装过剩，删除不必要包装 防止包装物强度设计过高，如包装材料截面过大，包装方式大大超过强度要求等；包装材料选择不当，选择过高，如可以用纸板却不用而采用镀锌、镀锡材料等；包装技术过高，包装层次过多，包装体积过大；包装成本过高，一方面可能使包装成本支出大大超过减少损失可能获得的效益，另一方面，包装成本在商品成本中比重过高，损害了消费者利益。据日本的调查，目前发达国家包装过剩问题严重，约在20%以上。

2. 防止包装不足，弥补不足包装 包装强度不足，使包装防护性不足，造成被包装物的损失；包装材料水平不足，由于包装材料选择不当，材料不能很好地承担运输防护及促销作用；包装容器的层次及容积不足，由于缺少必要层次与所需体积不足造成损失；包装成本过低，不能保证有效的包装。如全国水泥破袋率为12%～20%，全国平板玻璃破损率为18%～20%。

3. 新包装材料和包装器具的开发 利用各种复合技术、包装容器技术大量开发新包装材料和容器，达到包装物的高功能化，用较少的材料实现多种包装功能。

4. 包装机械化 包装的机械化除可提高劳动生产率，从而降低包装费用外，还可通过采用机械，减少包装作业所需的员工总数，实现省力化，大大地缩减包装人员的劳动工资费用。

5. 包装的标准化 实现包装规格的标准化，不仅能促进包装工业生产规模化的发展，而且通过规模化生产能使得包装材料的任务消耗下降，使得包装成本得到大幅度的下降。

6. 包装单位的大型化和集装化 包装的大型化和集装化有利于装卸搬运、保管、运输等过程的机械化，有利于减少单位包装，节约包装材料和包装费用，有利于保护货物。如采用集装箱、集装袋、托盘等集装方式。

【例 8-6】 西奥电梯公司 2012 年杭州地区电梯销售量为 300 多台，每台电梯平均至少要用 12 只箱子，平均每只箱子的价格为 504.164 元；采用托盘及复合材料塑封捆扎包装后平均每件包装件的包装费用约为 280 元，且托盘在杭州地区范围内可随运输车拉回复用。因此，每件包装件可大约节省：504.164－280＝224.164（元），全年杭州市地区按销售 300 台电梯计算一年可节省包装费用：

$$224.164\times12\times300=806\ 990.4\ (\text{元})$$

7. 采用通用、周转包装 采用通用包装，不用专门安排回收使用，无论在何处，都可转用于其他包装。如按标准模数尺寸制造的瓦楞纸、纸板及木制、塑料制等通用外包装箱。采用周转包装，可多次反复周转使用。如有一定数量规模并有较固定供应流转渠道的产品（饮料、啤酒瓶等）。

8. 包装梯级利用及再生利用 使用过一次的包装物可转作他用或经简单处理后转作他用。如瓦楞纸箱部分损坏后，切成较小的纸板再制小箱，或将纸板用于垫衬。有的包装物在设计时，设计成多用途的，在一次使用完毕之后，可再使用其他功能。

四、包装成本优化

物流包装成本优化是指管理者对商品包装作业过程进行合理的组织，以最少的投入完成商品包装任务。包装环节管理的好坏、包装费用支出的节约与否，直接影响着物流企业的经济效益。因而，对于物流企业来说，加强包装费用的管理十分重要。物流企业包装成本优化通常包括下列几个方面：

1. 建立规范的包装作业制度 建立规范的包装作业制度，增强包装作业的计划性，实行严格的质量管理制度，提高包装环节的作业质量，杜绝因员工工作的随意性给企业带来的材料浪费、工时延长、机器损坏等导致的成本增加。加强员工职业技术培训，提高其作业熟练程度，强化成本意识，让降低成本的思想深入人心。

2. 优化包装设计 优化包装设计，降低包装成本。包装设计不当主要带来 3 种不良后果，首先会导致包装材料的浪费，大材小用，带来过剩的作业包装；其次会因选用不适当材料而忽略了更经济性的替代材料；再次会因包装的形态和结构不合适，给其他物流活动带来障碍。企业要不断进行包装设计优化，重新思考货物包装的外形、替代材料等方面的问题，着眼于包装改造及创新，根据产品的特性和保护要求选择恰当、经济的包装材料，从而既能达到包装效果，又能减少浪费，降低材料费用支出。

3. 合理实现包装机械化 在包装过程中引入机械化作业，不但可以大幅度地提高效率，而且可以减少人力的投入；同时，包装机械也相应地增加了物流企业的购置成本。在包装成本此起彼伏的变换中，对于实力不是很雄厚的企业而言，机械投资带来的压力也不小，企业要做好投资的可行性分析，从机器运营负荷及企业的长远规划等方面，考虑企业在什么时间加大这方面的投资最佳，使得设备的运转时间能充分得到利用，从整体利益出发，实现包装成本的降低。

4. 实现包装标准化 包装标准是对各种包装标志、包装所用材料的规格和质量、包装的技术规范要求、包装的检验方法等的技术规定。包装标准化是实现产品包装科学合理的技术保证，但它不单纯是包装本身的事情，而是在整个物流系统实现合理化、有序化、现代化、低成本的前提下的包装合理化及现代化。通过包装标准化，可以提高包装效率，减少人工费用和材料费用的支出，同时也方便物流过程中的装卸和运输等其他作业。

5. 加强包装物的回收利用 许多包装材料都具有结实耐用的特点，但在包装作业中，由于种种原因，包装材料的回收状况不尽如人意。企业应培养物尽其用、综合利用的意识，从制度上强调包装物回收的重要性，加强包装过程中的日常管理与核算，做好包装物回收和旧包装的利用工作。

6. 优化包装作业 着眼于物流成本的减少，企业应统筹兼顾，优化包装作业。包装作业属于物流系统的基础环节，直接影响装卸、搬运、储存、运输等流程的工作效率。比如，采用纸箱、托盘加集装箱的方式可以改变原来的木箱包装而节省运输成本；合理的包装尺寸和规格能提高运输容积率；有效地设计包装容器的堆码层高，可以很好地提高仓库的利用率而节省费用。但一味地降低包装成本而带来其他物流作业成本的上升，并不是真正意义上降低了包装成本，物流企业须统筹兼顾相互影响的物流作业环节，加强物流环节的协同性、系统性，立足从降低物流成本的高度来优化包装成本。

任务实训

查阅物流包装相关的国家标准，并总结物流包装标准化产生的效益

1. 实训背景资料 物流标准化是指在运输、配送、包装、装卸、保管、流通加工、资源回收及信息管理等环节中，对重复性事物和概念通过制定发布和实施各类标准，达到协调统一，以获得最佳秩序和社会效益。

2. 实训目标 查阅物流包装相关的国家标准，总结物流包装标准化产生的效益。

3. 实训准备

（1）计算机。

（2）包装相关的国家标准。

（3）独立完成。

4. 实训步骤

（1）计算机。

（2）包装相关的国家标准。

（3）包装国家标准带来的好处。

（4）形成总结报告，分析包装标准在实施中存在的问题，讨论并提出改进建议。

5. 实训评价

小组	实训准备 (15%)	方案制订 (25%)	包装相关的国家标准 (20%)	总结性报告 (25%)	问题建议准确性 (15%)	总分
1						
2						
3						
4						

注：考评满分 100 分，60 分以下为不及格，60～69 分为及格，70～79 分为中，80～89 分为良，90 分及以上为优。

任务小结

据统计，包装费用约占流通费用的 10%，甚至有些商品（尤其是生活费用）的包装费用高达 50%。因此，控制物流包装费用与成本有着重要的现实意义。本任务主要介绍了包装标准成本的制定，与实际成本比较进行成本差异分析，对于超支部分及时采取措施进行控制、对于节约部分继续保持。同时，介绍了控制包装成本途径、优化包装成本等内容。

复习思考题

1. 简述包装标准成本的制定思路。
2. 简述降低包装成本的途径。
3. 简述如何对包装成本进行优化。
4. 某远洋运输企业用 6 米集装箱 100 只，12 米集装箱 50 只，5 月份共支付集装箱固定费用 600 000 元，某轮某航次装 6 米集装箱 10 只，该航次计 25 天，应摊集装箱固定费用是多少？

案例分析

包装费用可能发生在不同的物流环节，也可能发生在不同的企业。根据我国现行会计制度和法规政策，物流企业必须根据《企业会计制度》的要求组织会计核算，对于发生于物流诸环节的包装费用应区分费用的性质和项目记入“营业费用”总分类账户及其相关的明细账户。

“营业费用”账户，主要核算物流企业在进货过程中发生的运输费、装卸费、包装费、保险费、运输中的合理损耗和入库前的挑选整理费等。该账户借方登记物流企业进货过程中发生的运输费、装卸费、包装费、保险费、运输中的合理损耗和入库前的挑选整理费等，月度终了，将本期的营业费用全部从本账户的贷方转入“本年利润”账户。该账户可以根据物流企业业务不同的特点下设明细账户。

上海申通物流公司在对 D 类商品进行运输前进行分类包装和运输包装，领用包装材料 2 500元，应支付包装人员工资费用 1 200 元，以现金支出其他包装费用 600 元。编制会计分录如下：

借：营业费用——包装费 4 300

贷：原材料 2 500

应付工资 1 200

现金 600

月末，上海申通物流公司对一台包装机械计提折旧，该包装机械原值 20 000 元，净残值率为 4%，年折旧率为 12%。

该机械应计提折旧额＝20 000 ×(1－4%)÷10＝192（元）

企业应编制会计分录如下：

借：营业费用——包装费 192

贷：累计折旧 192

该月，上海申通物流公司为包装加工完成的商品，领用一次使用的包装箱 30 只，该包装箱每只单位成本为 50 元，共计 1 500 元。编制会计分录如下：

借：营业费用——包装费 1 500

贷：包装物 1 500

项目九 <<<

装卸搬运成本管理

项目导入

戴尔公司位于美国总部得克萨斯州的总部工厂的周围分布着许多零部件供应商的小型物流中心（零部件仓库），这些小型物流中心被称为“周转式零部件仓库”，它们与总部工厂的距离很近，通常车行15分钟就可到达，这些供应商事前在此储备着各种零部件，一旦戴尔公司获得订单，零部件供应商就会以必要的部件、必要的时间、必要的数量实施小批量高频率的配送作业。大大降低了整个装卸搬运的成本。

知识目标

1. 了解装卸搬运的概念、成本构成及分类，了解装卸搬运合理化原则的内容
2. 掌握装卸搬运成本计算的方法

能力目标

1. 能够运用所学知识结合案例，从多角度考虑装卸搬运成本管理的思维能力
2. 能够判别企业装卸搬运成本的分类
3. 能对装卸搬运成本进行归集、计算，提高成本管理能力、分析和综合能力

任务一　装卸搬运成本管理认知

一、装卸搬运成本概述

（一）装卸搬运的概念

装卸和搬运均是指物流作业。装卸是指物品在指定地点进行的垂直移动为主的活动；搬运是指在同一场所内将物品进行水平移动为主的活动。所以装卸搬运的含义就是在同一场所范围内进行的，主要内容和活动目的是改变物品的存放状态和空间位置，例如装上、卸下、移动、拣选、分类、堆垛、入库、出库等活动。

在实务操作中装卸与搬运不是两个独立的活动，两者是伴随在一起发生的。通常我们并不强调两者的差异性，而是将二者作为同一活动来对待。在某些特定场合，单独讲“装卸”或单独讲“搬运”也包含了“装卸搬运”的完整含义。有时在生产领域中常将这一整体活动称为“物料搬运”，而在物流领域常将装卸搬运这一整体活动称为“货物装卸”，其实，活动内容都是一样的，只是领域不同而已。

搬运的“运”与运输的“运”区别之处在于，搬运是在同一地域的小范围发生的，而运

输则是在较大范围内发生的，两者是量变到质变的关系，中间并无一个绝对的界限。

（二）装卸搬运的特点

1. 装卸搬运是伴生性活动 物流每一项活动开始及结束时必然发生的活动就是装卸搬运，它是做其他操作时不可缺少的组成部分。例如，通常的“汽车运输”实际包含了相随的装卸搬运，仓库中泛指的保管活动也同样包括装卸搬运活动。

2. 装卸搬运是支持服务性活动 装卸搬运对其他物流活动具有一定的支持服务性。例如，装运不恰当，会引起运输过程中额外损失；卸货不恰当，同样也会引起货物转换成下一步运动的困难。所以说装卸搬运会影响其他物流活动的质量和速度，在装卸搬运的支持服务下，许多物流活动才会有高效运作的水平。

3. 装卸搬运是衔接性的活动 装卸搬运可以作为任何其他物流活动互相过渡的衔接活动。所以装卸搬运往往成为整个物流“瓶颈”，它是物流各功能之间能够形成有机联系和紧密衔接的关键活动。建立一个有效的物流系统，关键是看装卸搬运这一衔接环节是否有效。联合运输方式就是一种比较先进的系统物流方式，该方式为着力解决这种衔接而设计。

（三）装卸搬运的地位和作用

1. 装卸搬运是物流各环节之间相互转换的桥梁 装卸搬运虽不直接创造价值，但它是物流系统的重要构成要素之一，它是影响物流效率、决定物流成本的重要环节。装卸搬运不仅把物资运动的各个阶段连接成为连续的“流”，而且把各种运输方式连接起来，形成各种运输网络，所以它是物流各环节之间相互转换的桥梁。

2. 装卸搬运是随运输和保管等活动而产生的必要活动 装卸搬运的基本动作包括装车（船）、卸车（船）、堆垛、入库、出库以及联结上述各项动作的短程输送，它是随运输和保管等活动而产生的必要活动。

3. 装卸搬运是降低物流成本的重要环节 在整个物流系统中，装卸搬运活动是不断出现和反复进行的，每次装卸搬运都要花费较长时间，这已经成为决定物流速度的关键。装卸搬运所消耗的人力成本也很多，所以装卸搬运费用在物流成本中所占的比重也较高。同时，进行装卸搬运操作时往往需要接触货物，在这些过程易造成货物破损、散失、损耗、混合等损失。

例如袋装水泥纸袋破损和水泥散失主要发生在装卸过程中，玻璃、机械、器皿、煤炭等产品在装卸时最容易造成损失，这些损失的发生会影响物流的成本，所以装卸搬运是降低物流成本的重要环节。

（四）装卸搬运的分类

1. 按物流设施和设备对象分类 按此可具体分为：仓库装卸、铁路装卸、港口装卸、汽车装卸、飞机装卸等。

（1）仓库装卸配合出库、入库、维护保养等活动进行，并且以堆垛、上架、取货等操作为主。

（2）铁路装卸是对火车车皮的装进及卸出，特点是一次作业就实现一车皮的装进或卸出，很少有像仓库装卸时出现的整装零卸或零装整卸的情况。

（3）港口装卸包括码头前沿的装船，也包括后方的支持性装卸，有的港口装卸还采用小船在码头与大船之间“过驳”的办法，因而其装卸的流程较为复杂，往往经过几次的装卸及搬运作业才能最后实现船与陆地之间货物过渡的目的。

（4）汽车装卸一般一次装卸批量不大，由于汽车的灵活性，可以减少或根本减去搬运活动，而直接、单纯利用装卸作业达到车与物流设施之间货物过渡的目的。

2. 按机械及机械作业方式分类 按此分类可具体分为：吊上吊下方式、叉上叉下方式、滚上滚下方式、移上移下方式、散装散卸方式。

（1）吊上吊下方式。采用各种起重机械从货物上部起吊，依靠起吊装置的垂直移动实现装卸，并在吊车运行的范围内或回转的范围内实现搬运或依靠搬运车辆实现小搬运。由于吊起及放下属于垂直运动，这种装卸方式属垂直装卸。

（2）叉上叉下方式。采用叉车从货物底部托起货物，并依靠叉车的运动进行货物位移，搬运完全靠叉车本身，货物可不经中途落地直接放置到目的地。这种方式垂直运动不大而主要是水平运动，属水平装卸方式。

（3）滚上滚下方式。主要指港口装卸的一种水平装卸方式。利用叉车或半挂车、汽车承载货物，连同车辆一起开上船，到达目的地后再从船上开下。利用叉车的滚上滚下方式，在船上卸货后，叉车必须离船，利用半挂车、平车或汽车，则拖车将半挂车、平车拖拉至船上后，拖车开下离船而载货车辆连同货物一起运到目的地，再原车开下或拖车上船拖拉半挂车、平车开下。滚上滚下方式需要有专门的船舶，对码头也有不同要求，这种专门的船舶称"滚装船"。

（4）移上移下方式。它是在两车之间（如火车及汽车）进行靠接，然后利用各种方式，不使货物垂直运动，而靠水平移动从一个车辆上推移到另一车辆上。移上移下方式需要使两种车辆水平靠接，因此，对站台或车辆货台需进行改变，并配合移动工具实现这种装卸。

（5）散装散卸方式。对散装物进行装卸，一般从装点直到卸点，中间不再落地，这是集装卸与搬运于一体的装卸方式。

3. 按作业特点分类 按此分类可具体分为：连续装卸与间歇装卸两类。

（1）连续装卸主要是同种大批量散装或小件杂货通过连续输送机械，连续不断地进行作业，中间无停顿，货间无间隔。在装卸量较大、装卸对象固定、货物对象不易形成大包装的情况下适用采取这一方式。

（2）间歇装卸有较强的机动性，装卸地点可在较大范围内变动，主要适用于货流不固定的各种货物，尤其适于包装货物、大件货物，散粒货物也可采取此种方式。

（五）装卸搬运的合理化措施

1. 防止和消除无效作业 无效作业是指在装卸作业活动中超出必要的装卸、搬运量的作业。防止和消除无效作业有利于提高装卸作业的经济效益。为了有效地防止和消除无效作业，可从以下几个方面入手：

（1）尽量减少装卸次数。要使装卸次数降低到最小，要避免没有物流效果的装卸作业。

（2）提高被装卸物料的纯度。物料的纯度是指物料中含有水分、杂质与物料本身使用无关的物质的多少。物料的纯度越高则装卸作业的有效程度越高。反之，则无效作业就会增多。

（3）缩短搬运作业的距离。物料在装卸、搬运当中，要实现水平和垂直两个方向的位移，选择最短的路线完成这一活动，就可避免超越这一最短路线以上的无效劳动。

（4）节省装卸搬运的费用。装卸搬运合理化目标中，既要距离短、时间少、质量高，又要费用省，这就要求真正实现装卸搬运机械化和物流现代化。采取机械化、自动化装卸搬运作业，既能大幅度削减作业人员，又能降低人工费用。为此，应合理规划装卸搬运工艺，设法提高装卸搬运作业的机械化程度，尽可能地实现装卸搬运作业的连续化，从而提高装卸搬运效率，降低装卸搬运成本。

2. 提高装卸搬运的灵活性 装卸搬运的灵活性是指在装卸作业中的物料进行装卸作业的难易程度。所以，在堆放货物时，事先要考虑到物料装卸作业的方便性。装卸搬运的灵活性，根据物料所处的状态，即物料装卸、搬运的难易程度，可分为不同的级别。

0 级是指物料杂乱地堆在地面上的状态；1 级是指物料装箱或经捆扎后的状态；2 级是指箱子或被捆扎后的物料，下面放有枕木或其他衬垫后，便于叉车或其他机械作业的状态；3 级是指物料被放于台车上或用起重机吊钩钩住，即刻移动的状态；4 级是指被装卸、搬运的物料，已经被启动、直接作业的状态。

为了说明和分析物料搬运的灵活程度，通常采用平均活性指数的方法。这个方法是对某一物流过程物料所具备的活性情况，累加后计算其平均值，用“δ”表示。δ 值的大小是确定改变搬运方式的信号。

当 $\delta<0.5$ 时，指所分析的搬运系统半数以上处于活性指数为 0 的状态，即大部分处于散装情况，其改进方式可采用料箱、推车等存放物料。

当 $0.5<\delta<1.3$ 时，则是指大部分物料处于集装状态，其改进方式可采用叉车和动力搬动车。

当 $1.3<\delta<2.3$ 时，指装卸、搬运系统大多处于活性指数为 2，可采用任务化物料的连续装卸和运输。

当 $\delta>2.3$ 时，说明大部分物料处于活性指数为 3 的状态，其改进方法可选用拖车、机车车头拖挂的装卸搬运方式。

3. 实现装卸作业的省力化 装卸搬运使物料发生垂直和水平位移，必须通过做功才能实现，要尽力实现装卸作业的省力化。在装卸作业中应尽可能地消除重力的不利影响。在有条件的情况下利用重力进行装卸，可减轻劳动强度和能量的消耗。将设有动力的小型运输带（板）斜放在货车、卡车或站台上进行装卸，使物料在倾斜的输送带（板）上移动，这种装卸就是靠重力的水平分力完成的。在搬运作业中，不用手搬，而是把物资放在台车上，由器具承担物体的重量，人们只要克服滚动阻力，使物料水平移动，这无疑是十分省力的。

利用重力式移动货架也是一种利用重力进行省力化的装卸方式之一。重力式货架的每层格均有一定的倾斜度，利用货箱或托盘可自己沿着倾斜的货架层板自己滑到输送机械上。为了使物料滑动的阻力越小越好，通常货架表面均处理得十分光滑，或者在货架层上装有滚轮，也有在承重物资的货箱或托盘下装上滚轮，这样将滑动摩擦变为滚动摩擦，物料移动时所受到的阻力会更小。

4. 合理组织装卸搬运设备，提高装卸搬运作业的机械化水平 物资装卸搬运设备运用组织是以完成装卸任务为目的，并以提高装卸设备的生产率、装卸质量和降低装卸搬运作业成本为中心的技术组织活动。它包括下列内容：

（1）确定装卸任务量。根据物流计划、经济合同、装卸作业不均衡程度、装卸次数、装、卸车时限等，来确定作业现场年度、季度、月、旬、日平均装卸任务量。装卸任务量有事先确定的因素，也有临时变动的可能。因此，要合理地运用装卸设备，就必须把计划任务量与实际装卸作业量两者之间的差距缩小到最低水平。同时，装卸作业组织工作还要把装卸作业的物资对象的品种、数量、规格、质量指标以及搬运距离尽可能地做出详细的规划。

（2）根据装卸任务和装卸设备的生产率，确定装卸搬运设备需用的台数和技术特征。

（3）根据装卸任务、装卸设备生产率和需用台数，编制装卸作业进度计划。它通常包括：装卸搬运设备的作业时间表、作业顺序、负荷情况等详细内容。

（4）下达装卸搬运进度计划，安排劳动力和作业班次。

（5）统计和分析装卸作业成果，评价装卸搬运作业的经济效益。

随着生产力的发展，装卸搬运的机械化程度定将不断提高。此外，由于装卸搬运的机械化能把工人从繁重的体力劳动中解放出来。尤其对于危险品的装卸作业，机械化能保证人和货物的安全，也是装卸搬运机械化程度不断得以提高的动力。

5. 推广组合化装卸搬运

（1）在装卸搬运作业过程中，根据不同物料的种类、性质、形状、重量的不同来确定不同的装卸作业方式。处理物料装卸搬运的方法有 3 种形式：普通包装的物料逐个进行装卸，称为"分块处理"；将颗粒状物资不加小包装而原样装卸，称为"散装处理"；将物料以托盘、集装箱、集装袋为单位进行组合后进行装卸，称为"集装处理"。

（2）对于包装的物料，尽可能进行"集装处理"，实现任务化装卸搬运，可以充分利用机械进行操作。组合化装卸具有很多优点：装卸单位大、作业效率高，可大量节约装卸作业时间；能提高物料装卸搬运的灵活性；操作任务大小一致，易于实现标准化；不用手去触及各种物料，可达到保护物料的效果。

6. 合理地规划装卸搬运方式和装卸搬运作业过程

（1）需要对整个装卸作业的连续性进行合理的安排，以减少运距和装卸次数。

（2）装卸搬运作业现场的平面布置是直接关系到装卸、搬运距离的关键因素，装卸搬运机械要与货场长度、货位面积等互相协调。要有足够的场地集结货场，并满足装卸搬运机械工作面的要求，场内的道路布置要为装卸搬运创造良好的条件，有利于加速货位的周转。使装卸搬运距离达到最小平面布置是减少装卸搬运距离的最理想的方法。

（3）提高装卸搬运作业的连续性应做到：作业现场装卸搬运机械合理衔接；不同的装卸搬运作业在相互联结使用时，力求使它们的装卸搬运速率相等或接近；充分发挥装卸搬运调度人员的作用，一旦发生装卸搬运作业障碍或停滞状态，立即采取有力的措施补救。

（六）装卸搬运成本的概念和学习意义

装卸搬运成本是指一定时期内，企业为完成装卸搬运作业而发生的全部费用，包括装卸搬运业务人员费用、装卸搬运设施折旧费、维修保养费、燃料与动力消耗等。

物料的装卸搬运是制造和物流企业物流过程中不可缺少的重要环节，是对物料、产品、零件或其他物品进行搬动、运输或改变其位置，以满足生产需要。随着工业生产规模的扩大和自动化程度的提高，物料搬运费用在工业生产成本中所占的比例越来越高。据统计，美国工业产品生产过程中装卸搬运费用占成本的 20%～30%，德国企业物料搬运费用占营业额的 1/3，日本物料搬运费用则占国民生产总值的 10.73%。因此，设计合理的物料搬运系统，对改进物流管理、提高产品质量、降低生产成本、缩短生产周期、加速资金周转和提高整体经济效益都有重要意义。

二、装卸搬运成本的构成

装卸业务成本项目包括装卸直接费用和营运间接费用两类。装卸搬运成本直接费用的主要内容一般包括：

（1）人工费用。指应由装卸成本负担的装卸工人、现场指导人员，机械司机、机械队保修人员，各种机械化装卸系统的操作人员，装卸工具的维修、保管人员，装卸队（或综合装卸队，下同）、机械队、工具队管理人员的工资，以及按上述应列入装卸成本的工资的规定比例计提的职工福利费。

对于全部依靠人工装卸作业和搬运作业的部门，人工费用构成了全部装卸搬运直接费用的总和。

（2）燃料动力费用。指应由装卸成本负担的各种装卸机械实际耗用的燃料（如汽油、柴油）、装卸作业中发生的动力及照明费，装卸工具维修耗用的燃料也列入本项目。这部分费用的大小主要与设备的功率和使用时间有直接关系。

（3）轮胎。指应由装卸成本负担的车辆领用的外胎、内胎、垫带以及外胎翻新费和零星修补费。

（4）折旧费用。指应由装卸成本负担的各种装卸机械、机械化装卸系统、机械队、工具队自行保养装卸机械、装卸工具所使用的机器设备，以及由装卸成本负担的机械库、工具库、队部办公用房等固定资产的折旧费。

（5）维修费用。指为装卸机械和装卸工具进行保养、大修、小修所发生的料、工、费，以及装卸机械在运行和操作过程中所耗用的机油、润滑油的费用。为装卸机械保修所领用的周转总成的费用，也包括在本项目内。

（6）低值易耗品。指应由本期装卸成本负担，按照规定的摊销方法计算的货盘工具等低值易耗品的摊销额。

（7）租费。指租用外单位装卸机械、设备、工具而发生的租费。

（8）劳动保护费。指应由装卸成本负担的劳动安全保护费用。

（9）事故损失。指应由本期装卸成本负担的货损、机损、人身伤亡等事故所发生的损失。

（10）保险费。由本期装卸成本负担的财产物资的保险费用。

（11）税金。指应直接由装卸成本负担的税金。

营运间接费用：指各装卸队为组织与管理装卸业务而发生的管理费用和业务费用。

任务实训

调研第三方物流企业

1. 实训背景资料 调研第三方物流企业目前采用的装卸搬运方式是人工作业、机械作业、半人工半机械作业，并了解该企业装卸搬运成本费用构成。

2. 实训目标 了解目前第三方物流企业装卸搬运作业方式，装卸搬运成本费用构成。

3. 实训准备

（1）问卷。

（2）常用装卸搬运作业方式。

（3）分组。

4. 实训步骤

（1）联系企业。

（2）现场调研。

（3）整理资料。

（4）形成总结报告，分析装卸搬运在实施中存在的问题，讨论并提出改进建议。

5. 实训评价

小组	实训准备（15%）	问卷设计（25%）	现场调研（20%）	调研报告（25%）	团队合作（15%）	总分
1						
2						
3						
4						

注：考评满分100分，60分以下为不及格，60～69分为及格，70～79分为中，80～89分为良，90分及以上为优。

任务小结

本任务介绍了装卸搬运的概念，具体包括装上、卸下、移送、拣选、分类、出库等活动。装卸搬运是伴随其他物流环节产生的必要的物流活动。装卸搬运合理化主要包括：合理组织装卸搬运设备，提高装卸搬运作业的机械化水平；推广组合化装卸搬运；合理地规划装卸搬运方式和装卸搬运作业过程实现装卸作业的省力化；提高装卸搬运的灵活性；防止和消除无效作业。因此，设计合理的物料搬运系统，对改进物流管理、提高产品质量、降低生产成本、缩短生产周期、加速资金周转和提高整体经济效益都有重要意义。

复习思考题

1. 简述装卸搬运的类别。
2. 简述装卸搬运的合理化。
3. 简述装卸搬运成本的构成。

任务二 装卸搬运成本计算

一、装卸搬运成本核算的特点

企业如果同时经营装卸业务，在企业下设立装卸队，装卸成本实行两级核算，各装卸队仅计算本装卸队的装卸成本，企业汇算各装卸队总的装卸成本。计算装卸成本的单位是复合单位“元/千操作吨”。

另外，为装卸业务配备的车辆一般视同装卸机械，其所发生的费用计入装卸成本，不再单独核算。

二、装卸搬运成本计算的对象、期间、单位

（一）成本计算对象

运输业务为主的运输企业，在经营装卸搬运业务时，可按机械作业和人工作业分别作为成本计算对象，核算其成本。

对于港口企业，为了加强成本管理，在采用综合的装卸成本计算对象时，还可以分操作过程、分货种计算货物的装卸成本。

（二）成本计算期间

各类装卸搬运成本计算期，通常以月为单位，并按日历的月、季、年计算各种业务成本。

（三）成本计算单位

运输企业的装卸成本一般“千操作吨”为成本计算单位。港口企业业务成本计算单位为：装卸成本计算单位为“千自然吨”，也可为“千操作吨”“千吞吐吨”；集装箱装卸业务的成本计算单位，可采用“标准箱”和“千吞吐吨”两种。

三、装卸搬运成本的计算

（一）装卸搬运成本项目的归集和分配

1. 人工成本 装卸搬运的人工费用可根据“工资结算表”等有关资料据以直接计入各类装卸成本。编制工资及职工福利费汇总工资的计算和分配是工资核算的主要内容。工资计算的基本公式为：

应付工资＝计时工资＋计件工资＋加班加点工资＋奖金＋津贴和补贴＋特殊情况下支付的工资

实发工资＝应付工资－各种扣款合计

职工工资的计算方法有两种：计时工资和计件工资。而计时工资又有月薪制和日薪制两种。在月薪制下，无论各月日历天数是多少，如果职工出满勤，每月的标准工资相同。但是，如果职工有缺勤的话，则需要计算日工资率扣除缺勤工资。

日工资率的计算一般有两种方法可供选择：

（1）每月固定按 30 天计算，以月工资标准除以 30 天，计算出每月的日工资率。

（2）每月固定按年日历天数 365 天减去 104 个休息日和 10 个法定节假日，再除以 12 个月计算出的月平均工作日数约为 21 天，再以月标准工资除以 21 天计算出每月的日工资率。

综上所述，采用计时工资，每月“应付工资”的计算一般有 4 种方法：

①采用月薪制，日工资率按 30 天计算；②采用月薪制，日工资率按 21 天计算；③采用日薪制，日工资率按 30 天计算；④采用日薪制，日工资率按 21 天计算。

上述 4 种方法可由企业根据自身的具体情况选择其中任意一种使用，但一经选定后，不得随意变更。需要指出的是，在按 30 天计算日工资率的情况下，由于节假日也计算支付工资，所以缺勤期间所包含的节假日，应扣除工资；在按 21 天计算日工资率的情况下，所有的节假日均不计算工资，所以也不扣工资。

【例 9-1】假设企业职工刘伟月标准工资为 600 元。5 月份刘伟请事假 8 天（其中包含 2 个休息日），实际出勤 17 天。按上述 4 种方法分别计算刘伟 5 月份的应付计时工资。

按 30 天计算的日工资率为：600÷30＝20.00（元）

按 21 天计算的日工资率为：600÷21＝28.57（元）

①采用月薪制，日工资率按 30 天计算：

应付月计时工资＝600－8×20.00＝440.00（元）

②采用月薪制，日工资率按 21 天计算：

应付月计时工资＝600－6×28.57＝428.58（元）

③采用日薪制，日工资率按 30 天计算：

应付月计时工资＝(31－8)×20.00＝460.00（元）

④采用日薪制，日工资率按 21 天计算：

应付月计时工资＝(31－8－6)×28.57＝485.69（元）

在实行计件工资的企业，应付工人的计件工资等于职工完成的合格品数量乘以计件单价。作业中发生的货损货差，如果是因工作不慎造成的，不支付工资。如果工人在同一月份内从事多种作业，作业计件单价各不相同，就需逐一计算相加。

计件工资按照支付对象的不同可以分为个人计件工资和集体计件工资两种。

（1）个人计件工资的计算。当装卸搬运工人所从事的工作能够分清每个人的经济责任时，可采取个人计件工资方法。个人计件工资的计算公式如下：

应付计件工资＝∑（装卸数量×装卸该种货物的人工单价）

【例 9－2】某企业工人张华 8 月份共搬运 A 产品 1 000 件，日产品 800 件。验收时发现 A 产品损坏 15 件，其中 11 件属工人操作不当造成。该职工小时工资率为 6 元，搬运 A 产品定额工时为 0.2 小时，B 产品为 0.1 小时。则该职工本月应得计件工资为：

A 产品计件单价＝0.2×6＝1.2（元）

B 产品计件单价＝0.1×6＝0.6（元）

应付计件工资＝(1 000－11)×1.2＋800×0.6＝1 666.80（元）

（2）集体计件工资的计算。当工人集体（如装卸队）从事某项工作，且不易分清每个工人的经济责任时，可采取集体计件工资的方式。应首先按集体完成合格品的数量乘以计件单价，计算出集体计件工资总额，然后再采用一定的方法，将集体计件工资总额在集体成员内部进行分配。通常可以按计件工资和计时工资的比例，按实际工作天数计算两种方法来进行分配。

在按计件工资和计时工资的比例分配时，其计算公式如下：

应付某职工计件工资＝该职工应付计时工资×计件工资分配率

某职工应付计时工资＝该职工实际工作小时数×小时工资率

按实际工作天数计算时，其计算公式如下：

每人每天应付计件工资＝集体计件工资总额÷集体实际工作天数之和

应付某职工计件工资＝该职工实际工作天数×每人每天应付计件工资

工资结算汇总表是进行工资结算和分配的原始依据。它是根据工资结算表按人员类别（工资用途）汇总编制的。工资结算表应当依据职工工作卡片、考勤记录、工作量记录等工资计算的原始记录编制。职工福利费计算表是依据工资结算汇总表确定的各类人员工资总额，按照规定的提取比例计算后编制的。

计入装卸搬运成本中的直接人工费用的数额，是根据当期工资结算汇总表和职工计算表来确定的，并在期末据以编制工资及职工福利分配表，格式如表 9－1 所示。

表 9－1　工资及职工福利分配表

分配对象	工时	分配率	应付工资（元）	应提职工福利费（14%）（元）	合计（元）
分配计入项目					
小计					
直接计入项目					
合计					

2. 燃料与动力　对于燃料和动力，企业可于每月终了根据油库转来装卸机械领用燃料凭证和燃料动力消耗汇总表，计算实际消耗数量与金额计入成本。企业耗用的电力可根据供电部门的收费凭证或企业的分配凭证，直接计入装卸搬运成本。

3. 轮胎　装卸搬运机械耗用的外胎、内胎、垫带，由于装卸搬运机械的轮胎磨耗是在装卸场地操作过程中发生的，与行驶里程无明显关系，因此其轮胎费用不宜采用胎公里摊提方法处理。一般可于领用新胎时将其价值一次直接计入装卸搬运成本。如一次集中领换轮胎数量较多，为均衡各期成本负担，可将其作为待摊费用或预提费用，在 12 个月内按月摊入成本、费用。

实际工作中，待摊费用的摊销一般是通过编制待摊费用分配表进行的，其格式如表9－2所示。

装卸搬运机械轮胎的翻新和零星修补费用，一般在费用发生和支付时，直接计入装卸成本。

装卸队配属各种车辆所领用新胎及翻新和零星修补的费用，也可按上述方法计入成本。

表 9－2　待摊费用分配表

年　　月　　　　单位：元

部门、车型	费用项目	本月摊销金额	尚未摊销金额
合计			

4. 保养修理费　由企业专职装卸搬运机械保修工或保修班组进行机械保养维修作业的工料费，直接计入成本；由保养场（或保修车间）进行机械保养维修作业的工料费，通过辅助营运费用账户归集和分配计入装卸搬运成本。

装卸搬运机械的大修理预提费用，可分别按预定的计提方法（如按操作量计提）计算，并计入装卸成本。

装卸搬运机械在运行和装卸操作过程中耗用的机油、润滑油以及装卸机械保修领用周转总成的价值，月末根据油料库、材料库提供的领料凭证直接计入装卸搬运成本。

5. 折旧 企业的装卸搬运设施应当按月提取折旧，企业一旦决定采用某种折旧方法，不得随意改变。装卸搬运机械计提折旧一般采用工作量法，按其工作时间（以台班表示）计提。其计算公式如下：

$$装卸搬运机械台班折旧费=\frac{装卸搬运机械原值-预计残值+预计清理费用}{装卸搬运机械由新折旧运转台班定额}$$

$$装卸搬运机械月折旧额=当月运转台班\times台班折旧额$$

实际工作中，企业装卸搬运机械的折旧是按规定的折旧率计提的，并根据固定资产折旧计算表直接计入各类装卸成本。

6. 其他费用 装卸搬运机械领用的随机工具、劳保用品和装卸过程中耗用的工具，在领用时根据领用凭证可将其价值一次直接计入各类装卸搬运成本。一次领用数额过大时，可作为待摊费用处理。

工具的修理费用以及防暑、防寒、保健饮料、劳动保护安全措施等费用，在费用发生和支付时，可根据费用支付凭证或其他有关凭证，一次直接计入各类装卸搬运成本。

企业对外发生和支付装卸费时，可根据支付凭证直接计入各类装卸成本。

事故损失一般于实际发生时直接计入有关装卸搬运成本或先通过“其他应收款——暂付赔款”账户归集，然后于月末将应由本期负担的事故净损失结转计入有关装卸搬运成本。由企业装卸基层单位直接开支的其他费用和管理费用，在发生和支付时，直接列入成本。

7. 营运间接费用 装卸队直接开支的管理费和业务费，可在发生和支付时，直接列入装卸成本。如果是按机械装卸和人工装卸分别计算成本的，平时应根据有关记账凭证和费用汇总表，归集营运间接费用，月末再按直接费用比例分配计入各类装卸搬运成本。

（二）成本费用的分摊

如果企业分货种分操作过程（如机械装卸、人工装卸）计算装卸搬运成本，则还要把按上述成本项目归集的费用按以下方法分配计入有关货种、有关操作过程的装卸成本。

1. 人工成本的分摊 有分货种分操作过程装卸搬运工人计件工资统计资料的企业，装卸搬运人工费中的计件工资费用按实际发生数计入有关货种操作过程成本，其他费用按装卸搬运工人计件工资的比例分摊，无统计资料的企业，装卸搬运人工费按装卸搬运工人作业工时或定额工时比例分摊。

$$货种操作过程人工费=该货种该操作过程耗用作业工时\times单位工时成本$$

$$单位工时成本=\frac{人工成本合计数}{全部工时作业合计数}$$

2. 装卸搬运机械费的分摊 装卸搬运机械按机械设备作业台时比例分摊。

$$某货种某操作过程的机械费=\sum（投入该货种方操作过程各类机械设备的作业台时\times各类机械设备的台时单价）$$

各类机械设备的台时单价等于各类机械设备的营运成本除以各类机械设备的作业台时。各类机械的营运成本通过单车（或单类机械）经济核算取得。固定机械（一般为大型机械）实行单车核算、流动机械（一般为中、小型机械）实行分类核算，单车核算和分类核算都包括司机人工费用、保养维修费用、折旧费用和其他费用。

某类机械设备费用除以该机械设备的作业台时，即该机械设备单位台时成本。

$$某类机械设备的单位台时成本=\frac{该类机械设备的费用}{该类机械设备的作业台时}$$

3. 装卸搬运工具费的分摊 工具费按装卸搬运工具适用货类、适用操作过程的操作吨分摊。

（1）成组工具费用按成组工具适用货种的操作吨分摊。

某货种某操作过程的成组工具费用＝该货种操作过程操作吨×单位成组工具费用

单位成组工具费用＝成组工具费用的总额÷成组货物操作吨

（2）特种工具费用直接计入有关货种的操作成本中。

（3）通用工具费用则按所适用货种的操作吨比例分摊。

某货种某操作过程的其他工具费用＝该货种操作过程完成的操作吨×单位通用工具费用

单位通用工具费用＝成组工具费用的总额÷适用货类操作吨

（4）工具管理费用（工具队发生的工具收发、整理、保管费用）按计入分货种分操作过程装卸搬运成本的工具直接费用比例分摊。

4. 其他装卸搬运直接费用、管理费用和财务费用的分摊 其他装卸搬运直接费用和计入装卸成本的营运间接费用、管理费用、财务费用等按受益对象操作过程的装卸成本直接费用（人工费、机械费）的比例分摊。分摊营运间接费用的计算公式为：

营运间接费用分配率＝应由营运成本负担的营运间接费用÷各受益对象的直接费用总额

某受益对象成本应负担的营运间接费用＝该受益对象直接费用×营运间接费用分配率

企业也可以根据实际情况自行确定上述费用的分配方法。

【例 9－3】 某公司装卸队 2013 年 12 月发生的管理费和业务费，除了工资及福利费 10 260元、折旧费 160 元以外，还分配水电费、支付办公费、报销差旅费等 1080 元，合计 11 500元。已归集的机械装卸与人工装卸的直接费用，分别为 158 000 元和 72 000 元，根据装卸支出明细账和营运间接费用（装卸）明细账记录，可编制营运间接费用（装卸）分配如表 9－3 所示。

表 9－3 营运间接费用（装卸）分配

2013 年 12 月

单位：元

成本计算对象	分配标准（直接费用）	分配率	分配额
机械装卸	158 000		7 900
个人装卸	72 000		3 600
合计	230 000	0.05	11 500

（三）装卸搬运成本计算表

企业期末（月末、季末、年末）应编制装卸搬运成本计算表，汇总计算物流成本辅助账户及相应的二级、三级账户和费用专栏成本数额，按照表 8－4、表 8－5 的内容要求逐一填列。对于《企业内部物流成本支付形态表》中的装卸搬运成本，对应的支付形态一般为人工费、维护费和一般经费，凡成本项目中各明细项目有相应支付形态的，均需填写；无相应支付形态的，则不填写。

装卸搬运业务的单位成本，以“元/千操作吨”为计算单位。其计算公式如下：

装卸搬运单位成本(元/千操作吨)＝装卸搬运总成本÷装卸搬运操作量(操作吨)×1 000

分货种分搬运过程装卸搬运成本直接费用加上分摊入的其他装卸搬运直接费用、营运间接费用、管理费用和财务费用，即为分货种分操作过程的装卸搬运总成本。分货种分操作过程的装卸搬运总成本分别除以相应的搬运吨（或标准箱），即为分货种分操作过程的装卸搬运单位成本，如表 9－4、表 9－5 所示。

表 9－4 装卸搬运成本计算明细

编制单位： 年 月 单位：元

成本项目	行次	计划数	本期实际数	本年累计实际数
一、装卸搬运直接费用	1			
1. 人工费用	2			
2. 燃料动力费	3			
3. 轮胎	4			
4. 保养维修费	5			
5. 折旧	6			
6. 其他	7			
二、装卸搬运间接费用	8			
三、装卸搬运总成本	9			
四、单位成本	10			

表 9－5 企业内部物流成本支付形态

编制单位： 年 月 单位：元

内部支付形态			材料费	人工费	维护费	一般经费	特别经费	合计
物流功能成本	物流运作成本	运输成本						
		存储成本						
		包装成本						
		装卸搬运成本						
		流通加工成本						
		小计						
	物流信息成本							
	物流管理成本							
	合计							
存货相关成本	资金占用成本							
	物品损耗成本							
	保险和税收成本							
	其他成本							
	合计							
	物流成本合计							

任务实训

调研第三方物流企业

1. 实训背景资料 调研第三方物流企业装卸搬运成本费用计算。

2. 实训目标 装卸搬运成本计算。

3. 实训准备

（1）问卷。

（2）装卸搬运成本计算表。

（3）分组。

4. 实训步骤

（1）联系企业。

（2）现场调研。

（3）整理资料。

（4）形成总结报告，计算并分析装卸搬运在实施中存在的问题，讨论并提出改进建议。

5. 实训评价

小组	实训准备（15%）	问卷设计（25%）	现场调研（20%）	计算结果（25%）	问题建议（15%）	总分
1						
2						
3						
4						

注：考评满分 100 分，60 分以下为不及格，60～69 分为及格，70～79 分为中，80～89 分为良，90 分及以上为优。

任务小结

本任务介绍了装卸搬运成本计算的特点，装卸搬运成本计算对象、成本计算期间、成本计算单位，装卸搬运成本项目归集和分配，人工成本项目的归集，轮胎费用项目的归集，燃料动力费用项目、折旧、维修保养费用项目的归集，其他费用，间接费用项目等。并按照成本项目表进行成本计算，便于成本控制分析。

复习思考题

1. 简述装卸搬运成本计算特点。
2. 简述装卸搬成本计算对象。
3. 简述装卸搬运成本的构成项目。
4. 简述装卸搬运成本项目的归集和分配。

任务三 装卸搬运成本分析与控制

一、装卸搬运成本的分析

(一) 人工费用标准成本

装卸搬运人工费用的标准成本，是指装卸搬运单位产品所需的标准工时乘以标准工资率。

直接人工标准成本＝单位产品标准工时×小时标准工资率

(二) 装卸搬运机械费用标准成本

装卸搬运机械费用的标准成本，是指装卸搬运单位产品所需的标准工时乘以标准分配率。

(三) 装卸搬运辅助设施的标准成本

1. 变动费用的标准成本

变动费用标准成本＝人工的标准工时×变动费用标准分配率

2. 固定费用的标准成本

$$固定费用标准分配率=\frac{固定费用预算总额}{人工标准总工时}$$

单位产品固定费用标准成本＝单位产品人工的标准工时×固定费用标准分配率

(四) 标准成本差异分析

1. 装卸搬运人工成本差异的分析

工资率差异＝实际工时×(实际工资率－标准工资率)

人工效率差异＝(实际工时－标准工时)×标准工资率

2. 装卸机械费用成本差异的分析 装卸机械费用成本差异是指实际装卸机械费用与标准装卸机械费用之间的差额。

装卸机械费用成本差异可分为耗费差异和能量差异：

耗费差异＝装卸机械费用实际发生数－装卸机械费用预算数

能量差异＝装卸机械费用预算数－装卸机械费用标准成本

＝固定费用标准分配率×生产能量－固定费用标准分配率×实际产量标准工时

＝（生产能量－实际产量标准工时）×固定费用标准分配率

3. 装卸搬运辅助设施的成本差异分析

(1) 变动费用成本差异。指实际变动费用与标准变动费用之间的差额，它也由“价差”和“量价”两部分组成。

$$变动费用实际分配率=\frac{实际发生的变动费用}{实际使用工时}$$

变动费用耗费差异＝实际工时×(变动费用实际分配率－变动费用标准分配率)

变动费用效率差异＝(实际工时－标准工时)×变动费用标准分配率

(2) 固定费用的差异分析。固定费用的差异分析与装卸搬运机械费用的成本差异分析相同。

二、降低装卸搬运成本的途径

装卸搬运只能改变劳动对象的空间位置，不能提高劳动对象的使用价值。但装卸搬运必然要有劳动消耗，包括活劳动消耗和物化劳动消耗。这种劳动消耗量要以价值形态追加到装卸搬运对象的价值中去，从而增加了产品的物流成本。因此，应合理选择装卸搬运设备；防止机械设备的无效作业、合理规划装卸方式和装卸作业过程，如减少装卸次数、缩短操作距离、提高被装卸物资纯度等，尽量减少用于装卸搬运的消耗，以实现降低装卸搬运成本的目标。降低装卸搬运成本的途径主要有：

1. 防止和消除无效作业 所谓无效作业是指在装卸搬运作业中超出必要的装卸搬运量的作业。显然，防止和消除无效作业对提高装卸搬运活动的经济效益有重要作用。为了有效地防止和消除无效作业，可从以下几个方面入手：

（1）尽量减少装卸次数。物品在整个物流过程中往往要经过多次的装卸作业，要使装卸次数降低到最小，主要措施有：尽量避免没有物流效果的装卸作业，减少人力、物力的浪费和货物损坏的可能性，采用集装方式进行多式联运等。

（2）提高被装卸物品的纯度。物品的纯度，指物资中含有水分、杂质与物资本身使用无关的物质的多少。物品的纯度超高则装卸作业的有效程度超高，反之，则无效作业就会增多。

（3）减少装卸作业的距离。物资在装卸、搬运当中，要实现水平和垂直两个方向的位移活动，就可避免超过这一最短路线以上的无效劳动。

（4）提高装载效率。选择最短的路线完成充分发挥装卸搬运机械设备的能力和装载空间，中空的物件可以填装其他物品再进行搬运，以提高装载效率。

2. 提高物品的装卸活性和活化 装卸活性是指货物的存放状态对装卸搬运作业的方便（或难易）程度，称为货物的"活性"，也称为装卸活性。活性可用"活性指数"来进行定量的衡量。例如，工厂的物料处于散放状态的活性指数为 0，集装、支垫、装载和在传送设备上移动的物料，其活性指数分别为 1、2、3、4。在货场装卸搬运过程中，下一步工序比上一步工序的活性指数高，因而，下一步工序比上一步工序更便于作业时，便称为"活化"；当装卸搬运的工序、工步设计得使货物的活性指数逐步提高时，被称为"步步活化"。通过合理设计工序、工步，以做到活化作业的同时，还要采取相应的措施和方法尽量节省劳力，降低能耗。具体介绍见上文，不再赘述。

3. 合理选择装卸搬运方式，不断改善作业方法 在装卸搬运过程中，必须根据货物的种类、性质、形状、重量来合理确定装卸搬运方式，合理分解装卸搬运活动，并采用现代化管理方法和手段，改善作业方法，实现装卸搬运的高效化和合理化。

4. 推进集装任务化 将零散放置的物体归整为统一格式的集装任务称为集装任务化。采用托盘、货箱等方式尽量扩大货物的物流任务，对装卸搬运作业的改善是至关重要的，可以达到以下目的：由于搬运单位变大，可以发挥机械的效能，提高作业效率，搬运方便，灵活性好；负载的大小均匀，有利于实行作业标准化；在作业过程中避免物品损伤，对保护被搬运的物品有利。目前发展较快的集装箱任务就是一种标准化的大任务装载货物的容器。

5. 提进装卸搬运作业标准化 装卸搬运作业标准化是对装卸搬运的工艺、作业、装备、设施、货物任务等所制定、发布的统一标准。装卸搬运的工艺、装备、设施、货物任务或包装、运载工具、集装工具等作业的标准化、系列化、通用化，对促进装卸搬运合理化起着重要作用，又是实现装卸搬运现代化的前提。

6. 提高装卸搬运的机械化、自动化、现代化水平 从总体上看，我国目前除部分大中型城市的物流部门外，还有许多部门、地区的装卸搬运作业机械化程度相当低，甚至主要依靠人工搬运，这种落后的作业方式劳动强度大、工作效率低、物品的损失也大。同时，由于物流作业是一环扣一环地连续进行，如果机械设备不配套，就会造成许多困难。因此，只有提高装卸搬运的机械化水平，采用合理的作业自动化，才能提高物流整体效率，最终降低装卸搬运活动的总成本。

7. 建设“复合终端” 近年来，一些发达国家为了装卸搬运合理化的改造，尝试在终端装卸场所集中建设不同的装卸设施，即创建所谓的“复合终端”。如在复合终端内集中设置水运港、铁路站场、汽车站场等，这样就可以合理配置装卸搬运机械，使各种运输方式有机地联结起来，提高设备的利用率；同时，也加快了物流速度，减少装卸搬运活动所造成的货物损失，有利于物流成本的降低。

三、装卸搬运成本控制的方法

控制是指调节系统能达到预期目标的一切手段。装卸搬运成本控制是采用特定的方法、制度等对装卸搬运活动各环节发生的费用进行有效的计划和管理。针对装卸搬运活动的特点，控制的重点包括：物流工艺流程设计科学合理、减少装卸搬运过程中物品损耗率；尽量压缩装卸搬运时间以及与物流其他环节衔接方式的优化；通过合理选择装卸搬运设备以提高作业的机械化程度，强化机械设备和人力无效作业的预防措施；科学合理地规划装卸方式和装卸作业过程，将搬运次数减至最少，管理好物资，减少浪费、破损等。

除此之外，对装卸搬运成本、费用的日常控制还应采用以下具体对策：

1. 分解、下达成本控制指标 分解下达的成本、费用指标是控制成本、费用的依据，企业的各成本、费用责任部门应将归口管理的指标按所属单位提出分项指标（包括技术经济指标和费用指标，如燃料消耗、物料消耗、修理费用、管理费用等），经财务部门综合平衡后统一下达。

2. 燃料、材料、低值易耗品等物资的控制 企业的燃料、物料、修理费用定额等是控制物资消耗的主要依据。企业应制定合理的消耗定额，并对定额执行情况经常分析。同时根据执行情况及成本计划的要求，制定降低燃料、材料等物资消耗的措施。

企业应根据消耗定额严格控制燃料、物料的消耗，对耗用量大，领料次数频繁并有消耗定额的燃料、材料、低值易耗品应实行限额发料制度，对各种零星机物料，应按材料费用定额控制。

企业应编制物资采购、储存、供应等费用预算，作为控制有关支出的依据。物资管理部门应规划经济采购点和采购路线，合理组织装卸、提运，并控制各项材料物资的采购质量，合理控制储备量，把好各项材料物资验收入库关，努力降低物资采购、储存、供应费用。

3. 工资的控制 企业应制定合理的劳动定额和编制定员，严格控制职工人数的增加，努力提高工时利用率，合理调配劳动力，提高劳动生产率，并按照规定的工资标准和上级下达的劳动工资总额指标，核定的人员编制，控制工资总额。

4. 折旧及修理费用的控制 企业应提高装卸机械、车辆等各项固定资产的利用率，控制折旧及修理费用，相对降低成本、费用。要充分挖掘现有固定资产的潜力，提高其利用率。新增车辆、装卸机械、机械设备以及对各项固定资产进行技术改造时，应事先组织有关部门进行技术经济论证和可行性研究，在确有经济效益的前提下，才可增添和改造，以控制折旧费用的增加。

企业在进行装卸机械、机械设备等固定资产修理时，如属日常维护修理，应严格按维护修理定额控制修理费用，如属大修理，应组织有关部门，提出大修方案，以降低大修理费用。

企业的财务会计部门应会同固定资产管理部门建立健全本企业的固定资产管理办法，对各类固定资产的增减变动、内部转移、维护修理、报废清理等规定统一而严密的管理制度。监督有关单位认真执行，要经常对固定资产利用效率进行分析，制定提高固定资产利用效率的措施。

5. 营运间接费用和其他费用的控制 企业对管理费用、营运间接费用和其他费用实行指标分级、归口管理，明确管理责任部门。各责任部门负责制定本部门分管的费用定额，编制费用预算，分解下达费用指标，审批费用开支，实行限额控制，加强管理。

归口管理部门和财务会计部门对各单位费用支出情况应根据支出标准和控制指标进行监督与检查，开支单位需要增加开支项目或开支金额时，需报经归口管理部门和财务会计部门审批，企业要严格控制非生产性支出。

任务实训

调研第三方物流企业

1. 实训背景资料 调研第三方物流企业装卸搬运成本分析与控制方法。

2. 实训目标 装卸搬运成本控制。

3. 实训准备

（1）问卷。

（2）装卸搬运成本控制方法。

（3）分组。

4. 实训步骤

（1）联系企业。

（2）现场调研。

（3）整理资料。

（4）形成总结报告，计算并分析装卸搬运控制中存在的问题，讨论并提出改进建议。

5. 实训评价

小组	实训准备（15%）	问卷设计（25%）	现场调研（20%）	计算结果（25%）	问题建议（15%）	总分
1						
2						
3						
4						

注：考评满分 100 分，60 分以下为不及格，60～69 分为及格，70～79 分为中，80～89 分为良，90 分及以上为优。

任务小结

本任务介绍了装卸搬运是物流系统的构成要素之一，虽然它不直接创造价值，但它却是影响物流效率、决定物流成本的重要环节。装卸搬运是物流各环节之间相互转换的桥梁，它不仅把物资运动的各个阶段连成连续“流”。而且把各种运输方式连接起来，形成运输网络，极大地发挥其作用。降低装卸搬运成本应合理选择装卸搬运设备，防止机械设备的无效作业、合理规划装卸方式和装卸作业过程，如减少装卸次数、缩短操作距离、提高被装卸物资纯度等；尽量减少用于装卸搬运的消耗，以实现降低装卸搬运成本的目标。

复习思考题

1. 装卸搬运的作业构成包括哪些？

2. 简述装卸搬运的作用和意义。

3. 装卸搬运合理化是否会提高装卸搬运成本？

4. 装卸搬运作业如果效率低下对其他物流环节有哪些影响？

5. 日本物流界从工业工程的观点出发，总结出改善物证作业效率的“六不改善法”。谈谈你对这些措施的看法，具体内容如下：

（1）不让等：闲置时间为零。通过正确安排作业流程和作业员，使作业人员和作业机械能连续工作，不发生闲置现象。

（2）不让碰：与物品接触为零。通过利用机械化、自动化物流设备进行物品装卸、搬运、分拣等作业，使作业人员在从事物品装卸、转运、分拣等作业时，尽量不直接接触物品，以减轻劳动强度。

（3）不让动：缩短移动距离和次数。通过优化仓库内的物品放置位置和采用自动化搬运工具，减少物品和人员的移动距离和次数。

（4）不让想：操作简便。按照专业化、简单化和标准化的“3s”原则进行分解作业活动和作业流程，并应用计算机等现代化手段使物流作业的操作简便化。

（5）不让找：整理整顿。即通过作业现场管理。使作业现场工具和物品放置在一目了然的地方。

（6）不让写：无纸化。即通过应用条码技术、信息技术等使作业记录自动化。

案例分析

港口装卸作业破损索赔纠纷

案由：1989 年 5 月 20 日，武汉港汉口港埠公司卸货作业，货物为坛装榨菜，共破损 1 788坛，因赔偿责任发生争议。

案情：1989 年 5 月 20 日，重庆长江轮船公司（简称轮船公司）所属的“江渝 3 号”轮，“货宁 0839”驳承运货主魏××榨菜 8 210 坛，抵达武汉港汉口港埠公司，卸货作业完毕后，发现榨菜破损达 1 788 坛，其原箱残 164 坛，船残、工残 1 624 坛。因船港交接不明，船、工残未作划分。造成这批榨菜破损的原因，一是货主发运的榨菜坛子规格不一，榨菜包装陈旧，没有按承运人要求备足 2%的空坛以备破损后换装，以致部分破坛混装舱内，造成其他好坛包装霉烂；货主同意托运人四川省万县市贸易公司在运单上做“无空坛换装，破损自负”和“破损自负”的批注。二是港埠公司的装卸工人未能谨慎卸船和转运；理货人员见有批注而疏于督促以减少破损率。三是承运船舶的积载与交接有不当之处。

这批榨菜为货主自己加工、无国家定价。根据销售、处理榨菜的市场价格，平均每坛榨菜的正常售价与应处理的榨菜价格的差价损失为 21 元，货主的榨菜损失合计人民币 34 104元。

各方争议：货主魏××认为，港埠公司野蛮卸货作业，造成其榨菜破损 1 788 坛，港方应赔偿其经济损失；港埠公司认为，货主魏××发的榨菜包装质量不符合国家标准，因而造成榨菜坛破损，港口卸货作业操作工艺得当，因此拒绝赔偿损失；轮船公司认为，货主魏××的榨菜包装不良，其损失应由其自行承担。

法院认定：此案内法院受理，法院在审理后认定：

这一批榨菜损失系货主魏××、港埠公司、轮船公司混合过错所致。依据法律规定，过错方均应承担民事责任，但由于船、港交接不明，所以港埠公司、轮船公司的责任界定不明确，港埠公司应承担轮船公司的连带责任。

处理结果：此案经法院主持调解，货主魏××、港埠公司、轮船公司三方互谅互让，自愿达成协议如下：

(1) 货主魏××自行承担榨菜损失 17 052 元。

(2) 港埠公司赔偿货主魏××榨菜损失 17 052 元。

(3) 轮船公司应承担的榨菜损失数额由其与港埠公司自行商定。

(4) 诉讼费 2 700 元，由货主魏××承担 1 350 元，港埠公司承担 1 350 元。

思考题

在装卸搬运作业中，要降低其成本应注意哪些问题？

项目十 ‹‹‹

配送成本管理

项目导入

电商业内似乎正在慢慢达成共识，一家B2C（企业对消费者）企业的本质和传统零售业并无不同，物流都是其价值链上最重要的一环。B2C（消费者对企业）的由轻变重，一方面是经济效益和用户需求决定的，包括物流、仓储、呼叫中心是否需要自建等；另一方面则是为了管理效率的提升，包括库存精准率、订单与财务管理、供应商管理等。销售额做得越大，仓储与物流便愈发重要。

目前，国内的物流体系远远跟不上电子商务的发展速度，配送成了电子商务公司的核心业务。B2C的物流操作比B2B（企业对企业）复杂很多，需要重新构建场地、设备和人员，并重新设计拣货、配货、包装等一系列流程。降低物流配送成本，是电子商务自建物流仓储中心的原因之一。以京东商城为例，京东有两大重要成本，即配送成本与仓储成本。从北京发到西安的大家电，平均成本是每件400多元。但如果在西安租一个库房，每件的配送成本只有48元，能省下90%。家电的利润率本身不高，有时配送费甚至高过产品本身的利润率。

知识目标

1. 了解配送成本的含义、特点及构成
2. 了解配送成本的归集、提取
3. 了解配送成本的影响因素
4. 掌握配送成本的构成
5. 掌握配送成本的计算
6. 掌握降低配送成本的途径

能力目标

1. 根据企业配送成本构成，能够归集、提取并分配不同支付形态的配送成本
2. 具有一定的配送成本核算和分析能力
3. 能够结合企业配送现状，提出降低配送成本的措施

任务一　配送成本管理认知

配送是物流活动中最后也是最重要的作业环节，根据《物流术语》（GB/T 18354—

2001)，配送是指在经济合理区域范围内，根据客户要求，对物品进行拣选、加工、包装、分割、组配等作业，并按时送达指定地点的物流活动。通过配送，物流活动才得以最终实现，但完成配送活动需要劳动和资本的投入，即为配送成本。配送是以现代送货形式实现资源最终配置的经济活动；按用户订货要求，在配送中心或其他物流节点进行货物配备并以最合理方式送交用户。

一、配送成本的含义及特点

（一）配送成本的含义

根据配送流程及配送环节，配送成本实际上是含配送运输费用、分拣费用、配装及流通加工费用等。

（二）配送成本的特点

1. 配送成本具有隐蔽性 企业一般通过“销售费用”“管理费用”科目反映部分配送费用情况，但这些科目体现的费用仅仅是部分配送成本，即企业对外支付的配送费用，并且这一部分费用也往往是混同在其他有关费用中。因此，配送成本具有隐蔽性，通常的财务会计不能完全核算配送成本。

2. 配送成本对于提高企业效益的潜力巨大 随着企业间竞争的日益激烈，传统的竞争方式如提高销售、降低成本、提高产品的科技含量等对提高企业的经济效益作用已经不明显。物流作为企业的“第三利润源”，降低物流成本尤其是作为物流终端的配送成本，对提高企业效益起着不可估量的作用。

3. 配送成本的“效益背反” 一般情况下，减少配送中心以及存货量，会引起存货补充频繁，增加运输次数。同时，配送中心的减少，会导致配送运输距离变长，运输费用增加。反之，如果增加配送中心和存货的数量，补货次数和运输费用自然会减少，但此时会增加配送中心的运营成本和存货成本。因此，配送成本也存在“效益背反”现象。

二、配送成本的构成

配送成本可按配送环节与配送成本支付形态分类，如表 10－1 所示。

表 10－1 按配送环节与配送成本支付形态分类

项 目		项 目 内 容
配送成本分类	按配送环节分类	配送运输费用、分拣费用、配装费用、流通加工费用、保管费用等
	按配送成本支付形态分类	材料费、人工费、管理费、维护费、一般经费、特殊经费、对外委托费和其他费用等

（一）不同环节的配送成本构成

不同环节的配送成本构成如表 10－2 所示。

实际应用中，应该根据配送的具体流程归集成本，不同的配送模式，其成本构成差异较大。相同的配送模式下，由于配送物品的性质不同，其成本构成差异也很大。

（二）不同支付形态的配送成本构成

不同支付形态的配送成本构成如表 10－3 所示。

表 10-2　不同环节的配送成本构成

项目大类	具体项目	项目内容
配送运输费用	车辆费用	从事配送运输生产而发生的各项费用。具体包括驾驶员及助手等工资及福利费、燃料、轮胎、修理费、折旧费、养路费、车船使用税等项目
	营运间接费用	指营运过程中发生的不能直接计入各成本计算对象的站、队经费。包括站、队人员的工资及福利费、办公费、水电费、折旧费等内容，但不包括管理费用
分拣费用	分拣人工费用	分拣人工费用是指从事分拣工作的作业人员及有关人员工资、奖金、补贴等费用的总和
	分拣设备费用	分拣机械设备的折旧费用及修理费用
配装费用	配装材料费用	常见的配装材料有木材、纸、自然纤维和合成纤维、塑料等。这些包装材料功能不同，成本相差很大
	配装辅助费用	除上述费用外，还有一些辅助性费用，如包装标记、标志的印刷，拴挂物费用等的支出
	配装人工费用	它是指从事包装工作的工人及有关人员的工资、奖金、补贴等费用总和即配装人工费用
流通加工费用	流通加工设备费用	流通加工设备因流通加工形式不同而不同，购置这些设备所支出的费用，以流通加工费用的形式转移到被加工产品中去
	流通加工材料费用	它是指在流通加工过程中，投入加工过程中的一些材料消耗所需要的费用，即流通加工材料费用
	流通加工人工费用	在流通加工过程中从事加工活动的管理人员、工人及有关人员工资、奖金等费用的总和

表 10-3　不同支付形态的配送成本构成

成本项目	成本构成
材料费	配送作业消耗材料发生的费用，包括包装材料费、辅助材料费等
人工费	进行配送活动消耗的劳务支出，包括工资、福利、奖金、退休金等
管理费	包括水电费、燃气费、燃料费、取暖费、绿化费、照明费等
维护费	土地、设施、设备等固定资产使用、运营过程中的维修、保养等费用，包括维修费、折旧费、租赁费、保险费以及缴纳的税金等
一般经费	配送活动中的差旅费、交通费、会议费、商品损耗费、事故处理费及其他杂费等
对外委托费	企业进行配送业务外包时支付给其他企业的费用，包括委托的运费、包装费、保管费、出入库如装卸费、手续费、仓库保管费等
其他费用	本期发生购进业务时本企业支付给其他企业的配送费

任务实训

典型企业的配送成本构成调研

1. 实训背景资料　选择一家典型的配送企业或可开展配送业务的企业，通过网络搜集资料、实地调研等方式了解该企业的配送业务现状及其成本构成。

2. 实训目标 了解被调研企业配送成本构成及特点。

3. 实训准备

（1）通过网络搜集资料、实地调研等方式了解被调研企业的配送业务现状及成本构成。

（2）采取随机分组的方式，5～6 人为一组。

（3）各小组推选出一名组长，由组长对组员进行分工。

（4）以小组为单位设计调研提纲，完成调研问卷。

4. 实训步骤

（1）搜集资料。

（2）完成被调研企业配送成本构成及特点分析。

（3）以小组为单位提交一份有关被调研企业配送成本构成及特点的报告（字数要求在500字以上）。

（4）每小组选派一名代表对报告内容进行简单陈述（限时 5 分钟以内）。

5. 实训评价

小组	设计构想（35%）	设计效果（25%）	报告表述（25%）	分工合作情况（15%）	总分
1					
2					
3					
4					
5					

注：考评满分 100 分，60 分以下为不及格，60～69 分为及格，70～79 分为中，80～89 分为良，90 分及以上为优。

任务小结

根据配送流程及配送环节，配送成本实际上是含配送运输费用、分拣费用、配装及流通加工费用等。配送成本具有隐蔽性、潜力巨大、效益背反的特点。配送成本可按配送环节与配送成本支付形态分类。

复习思考题

1. 简述配送成本的含义和特点。
2. 阐述不同环节配送成本的构成。
3. 阐述不同支付形态配送成本的构成。

任务二 配送成本计算

正确计算配送成本是配送管理的基础，配送管理的目的是降低配送成本和提高服务水平。

一、归集、提取并分配不同支付形态的配送成本

不同环节的配送成本是按照支付形态来核算的。如前所述，不同支付形态的配送成本包括材料费、人工费、管理费、维护费、一般经费、对外委托费和其他费用。

（一）配送运输成本的归集

1. 工资及职工福利费 根据工资分配汇总表和职工福利费计算表中各车型分配的金额计入成本。

2. 燃料 根据燃料发出凭证汇总表中各车型耗用的燃料金额计入成本。配送车辆在本企业以外的油库加油，其领发数量不作为企业购入和发出处理的，应在发生时按照配送车辆领用数量和金额计入成本。

3. 轮胎 轮胎外胎采用一次摊销法的，根据轮胎发出凭证汇总表中各车型领用的金额计入成本；采用按行驶胎公里提取法的，根据轮胎摊提费计算表中各车型应负担的摊提额计入成本。发生轮胎翻新费时，根据付款凭证直接计入各车型成本或通过待摊费用分期摊销。内胎、垫带根据“材料发出凭证汇总表”中各车型成本领用金额计入成本。

4. 修理费 辅助生产部门对配送车辆进行保养和修理的费用，根据辅助营运费用分配表中分配各车型的金额计入成本。

5. 折旧费 根据固定资产折旧计算表中按照车辆种类提取的折旧金额计入各分类成本。

6. 运输管理费 配送车辆应缴纳的运输管理费，应在月末计算成本时，编制配送营运车辆应缴纳管理费计算表，据此计入配送成本。

7. 车船使用税、行车事故损失和其他费用 如果是通过银行转账、应付票据、现金支付的，根据付款凭证等直接计入有关的车辆成本；如果是在企业仓库内领用的材料物资，根据材料发出凭证汇总表、低值易耗品发出凭证汇总表中各车型领用的金额计入成本。

8. 营运间接费用 根据营运间接费用分配表计入有关配送车辆成本。

（二）流通加工成本的归集

1. 流通加工成本项目和内容

（1）直接材料费。流通加工的直接材料费用是指对流通加工产品加工过程中直接消耗的材料、辅助材料、包装材料以及燃料和动力等费用。与工业企业相比，在流通加工过程中的直接材料费用，占流通加工成本的比例不大。

（2）直接人工费用。流通加工成本中的直接人工费用，是指直接进行加工生产的生产工人的工资总额和按工资总额提取的职工福利费。生产工人工资总额包括计时工资、计件工资、奖金、津贴和补贴、加班工资、非工作时间的工资等。

（3）制造费用。流通加工制造费用是物流中心设置的生产加工单位为组织和管理生产加工所发生的各项间接费用。主要包括流通加工生产单位管理人员的工资及提取的福利费，生产加工单位房屋、建筑物、机器设备等的折旧和修理费、生产单位固定资产租赁费、机物料消耗、低值易耗品摊销、取暖费、水电费、办公费、差旅费、保险费、试验检验费、季节性停工和机器设备修理期间的停工损失以及其他制造费用。

2. 流通加工成本项目的归集

（1）直接材料费用的归集。直接材料费用中，材料和燃料费用数额是根据全部领料凭证汇总编制的耗用材料汇总表确定的；外购动力费用是根据有关凭证确定的。在归集直接材料

费用时，凡能分清某一成本计算对象的费用，应单独列出，以便直接计入该加工对象的成本计算单中；属于几个加工成本对象共同耗用的直接材料费用，应当选择适当的方法，分配计入各加工成本计算对象的成本计算单中。

（2）直接人工费用的归集。计入成本中的直接人工费用的数额，是根据当期工资结算汇总表和职工福利费计算表来确定的。工资结算汇总表是进行工资结算和分配的原始依据。它是根据工资结算单按人员类别（工资用途）汇总编制的。工资结算单应当依据职工工作卡片、考勤记录、工作量记录等工资计算的原始记录编制。职工福利费计算表是依据工资结算汇总表确定的各类人员工资总额，按照规定的提取比例计算后编制的。

（3）制造费用的归集。制造费用是通过设置制造费用明细账，按照费用发生的地点来归集的。制造费用明细账按照加工生产单位开设，并按费用明细账项目设专栏组织核算。流通加工制造费用表的格式可以参考工业企业的制造费用表的一般格式。由于流通加工环节的折旧费用、固定资产修理费用等占成本比例较大，其费用归集尤其重要。

（三）分拣费用的归集

1. 职工工资与福利费 根据工资结算汇总表和职工福利费计算表中分配的金额计入分拣费用相应成本项目中。

2. 折旧 根据固定资产折旧计算表中按照分拣机械提取折旧金额计入相应的成本项目中。

3. 修理费 辅助生产部门对分拣机械进行修理的费用，根据辅助生产费用分配表分配的金额计入分拣费用相应的成本项目中。

（四）配装费用的归集

1. 职工工资与福利费 根据工资结算汇总表和职工福利费计算表中分配的金额计入相应的成本项目中。

2. 材料费用 根据材料发出凭证汇总表、领料单及领料登记表等原始凭证，将耗用的材料费计入相应的成本项目中。在归集材料费时应注意：①凡能分清某一成本核算对象的费用，应单独列出，以便直接计入该配装对象的成本核算单中；②属于几个配装费用对象共同分摊的材料费用，应当在选择适当的方法分配后，计入各配装对象的成本核算单中。

3. 其他费用 将材料发出凭证汇总表、低值易耗品发出凭证中与配装相关的金额计入相应的成本项目中。

4. 配装间接费用 根据配送间接费用分配表计入配装费用相应的成本项目中。

（五）保管费用的归集

1. 职工工资及福利费 根据工资结算汇总表和职工福利费计算表中分配的金额计入相应的成本项目中。

2. 材料费 根据材料发出凭证汇总表、领料单及领料登记表等原始凭证，将耗用的材料费计入相应的成本项目中。

3. 折旧费 根据固定资产折旧计算表中按照提取的折旧金额计入成本项目中。

二、配送成本的计算

成本费用核算是多环节的核算，是各个配送环节或活动的集成。在实际核算时，涉及哪个活动，应当对哪个配送活动进行核算。配送各个环节的成本费具有各自的特点，如流通加工的费用核算与配送运输费用的核算具有明显的区别，其成本计算的对象及计算单位都不同。

（一）根据计算填入相应的配送成本计算表

1. 配送运输成本计算表的编制 物流配送企业月末应编制配送运输成本计算表，以反映配送总成本和单位成本。

配送运输总成本是指成本计算期内成本计算对象的成本总额，即各个成本项目金额之和。单位成本是指成本计算期内各成本计算对象完成单位周转量的成本额。各成本计算对象计算的成本降低额，是指用该配送成本的上年度实际单位成本乘以本期实际周转量计算的总成本，减去本期实际总成本的差额。它是反映该配送运输成本由于成本降低所产生的节约金额的一项指标。按各成本计算对象计算的成本降低率，是指该配送运输成本的降低额与上年度实际单位成本乘以本期实际周转量计算的总成本比较的百分比。它是反映该配送运输成本降低幅度的一项指标，如表 10-4 所示。

各成本计算对象的降低额和降低率的计算公式如下：

$$成本降低额=上年度实际单位成本\times本期实际周转量-本期实际总成本$$

$$成本降低率=\frac{成本降低额}{上年度实际单位成本\times本期实际周转量}\times 100\%$$

表 10-4 配送运输费用计算

编制单位：______ 20___年___月 单位：元

项目		核算依据	合计	配送营运车队			
				A型车	B型车	C型车	…
车辆费用	工资及职工福利费						
	燃料费						
	轮胎费						
	修理费						
	折旧费						
	运输管理费						
	车船使用税						
	行车事故损失						
	其他费用						
营运间接费用							
配送运输总费用							
周转量（千吨千米）							
单位费用（元/千吨千米）							

2. 流通加工成本计算表的编制 物流配送企业月末应编制流通加工费用计算表，如表 10-5所示。

表 10－5　流通加工费用计算

编制单位：＿＿＿＿＿＿　　　　年　　月　　　　单位：元

项目	核算依据	合计	流通加工品种			
材料费用			甲货物	乙货物	丙货物	…
人工费用						
制造费用						
流通加工总费用						

3. 分拣费用计算表的编制　物流配送企业月末应编制配送分拣费用计算表，以反映配送分拣总成本，如表 10－6 所示。

表 10－6　分拣费用核算

编制单位：＿＿＿＿＿＿　　　　年　　月　　　　单位：元

项　目		核算依据	合计	分拣品种			
分拣直接费用	职工工资与福利费			甲货物	乙货物	丙货物	…
	修理费						
	折旧						
	其他						
分拣间接费用							
分拣总费用							

4. 配装费用计算表的编制　物流配送企业月末应编制配装费用计算表，以反映配装过程中发生的费用总额，如表 10－7 所示。

表 10－7　配装费用计算

编制单位：＿＿＿＿＿＿　　　　年　　月　　　　单位：元

项　目		核算依据	合计	配装品种			
配装直接费用	职工工资与福利费			甲货物	乙货物	丙货物	…
	材料费						
	辅助材料费						
	其他						
配装间接费用							
配装总费用							

5. 保管费用计算表的编制　物流配送企业应于期末编制保管费用计算表，如表 10－8 所示。

表 10-8 保管费用计算

编制单位：____________ 年 月 单位：元

项 目	核算依据	合计	保管品种			
职工工资及福利费			甲货物	乙货物	丙货物	…
材料费						
折旧费						
⋮						
保管总费用						

（二）汇总形成相应的配送成本计算表

配送成本费用的计算由于涉及多环节的成本计算，对每个环节应当计算各成本计算对象的总成本。总成本是指成本计算期内成本计算对象的成本总额，即各成本之和。配送成本计算如表 10-9 所示。

配送成本费用总额是由各个环节的成本组成。计算公式如下：

配送成本＝配送运输成本＋分拣成本＋配装成本＋流通加工成本＋保管总费用

表 10-9 配送成本计算表

编制单位：____________ 年 月 单位：元

项 目		核算依据	合计	配送营运车队			
				A 型车	B 型车	C 型车	…
配送运输费用	车辆费用						
	营运间接费用						
	配送运输总费用						
项目		核算依据	合计	品种			
				甲货物	乙货物	丙货物	…
流通加工总费用							
分拣费用	分拣直接费用						
	分拣间接费用						
	分拣总费用						
配装费用	配装直接费用						
	配装间接费用						
	配送总费用						
保管费用							
配送成本费用总额							

需要指出的是，在进行配送成本费用核算时要避免配送成本费用重复交叉，夸大或减小费用的支出，使配送成本费用不真实，不利于配送成本的管理。

任务实训

A公司蔬菜配送成本的归集与核算

1. 实训背景资料 A公司为北京一果蔬加工、运输企业，某客户（青岛）原料供应商之一。北京—青岛单程里程750千米，发货当天下午6点左右从该公司加工配送中心发车，第二天送达客户（青岛）主配送中心。按照合同规定，隔天向青岛主配送中心发货一次，全程采用冷链运输，运输车辆装货前1小时提前预冷至4℃，到货时车厢内温度介于4～7℃，A公司蔬菜配送成本信息见表10-10，其他信息分别见表10-11～表10-14。

表10-10 A公司蔬菜配送成本信息

序号	项目		成本	单位	备注
1	加工		10	元/箱	已含加工人员工资
2	包装		3	元/箱	已含包装人员工资
3	装卸搬运		0.2	元/箱	
4	运输	司机	200	元/车次	没有安排副司机，为出差补助。基本工资和千米数补助另计
		油耗	7.8	元/升	该公司运输车辆油耗为0.28升/千米
		桥路费	150	元/车次	含回程
		车辆折旧	50	元/车次	
5	管理费用		200	元/天	主要包括配送部管理人员工资、办公用品消耗、水电费等
6	其他		80	元/车次	上述项目没有计入的相关成本支出

注：1. A公司司机的基本工资为1 500元/月，平均每5天完成一次北京—青岛的运输任务。

2. 千米数补助为0.08元/千米，北京—青岛专线按1 500千米计。

表10-11 货箱规格统计表

序号	名称	用途	净重（千克）	毛重（千克）	长（毫米）	宽（毫米）	高（毫米）	体积（厘米³）	备注
1	青椒丝	送青岛	1.9	2.1	260	190	158	7 805.2	订单数/10=箱数
2	葱丝	送青岛			260	190	158	7 805.2	订单数/10=箱数
3	黄瓜段	送青岛	2.9	3.3	323	247	150	11 967.15	订单数/10=箱数
4	柠檬片	送青岛	1.8	1.9	400	380	50	7 600	订单数/9=箱数
5	生菜丝	送青岛	10	10.3	413	340	271	38 053.82	订单数/10=箱数
6	番茄丁	送青岛	0.9	1	400	380	50	7 600	订单数/9=箱数
7	泡沫箱	送青岛			530	400	330	69 960	不定期配货
8	鸡蛋箱	送青岛			310	310	160	15 376	不定期配货

表 10－12　车辆信息表

序号	车号	车辆性质	用途	长（厘米）	宽（厘米）	高（厘米）	容积（米^3）	载重量（吨）	是否可用	司机	联系方式	备注
1	冀 J523××	外租	送青岛	700	228	196	23.30	5.000	是			
2	蒙 H164××	外租	送青岛	860	227	225	34.16	7.700	是			
3	陕 A020××	外租	送青岛	710	230	200	24.50	8.000	是			
4	蒙 A278××	外租	送青岛	840	225	225	33.08	7.000	是			
5	冀 J676××	外租	送青岛	700	228	196	23.30	5.000	是			
合计												

表 10－13　客户（青岛）订单 1

日期：2013/12/9　　　　供应单位：A 公司

序号	发货日期	到货日期	品项	单位	数量	备注
1	2013.12.10	2013.12.11	青椒丝	袋	16 312	
2	2013.12.10	2013.12.11	葱丝	袋	1 414	
3	2013.12.10	2013.12.11	黄瓜段	袋	3 922	
4	2013.12.10	2013.12.11	柠檬片	袋	654	
5	2013.12.10	2013.12.11	生菜丝	袋	4 510	
6	2013.12.10	2013.12.11	番茄丁	袋	1 749	

客户（青岛）负责人签字：　　　　供应单位负责人签字：

注：经与蛋品厂联系，确定 2013 年 12 月 10 日发货当天，有 200 箱鸡蛋配装发至青岛主配送中心。

表 10－14　客户（青岛）订单 2

日期：2013/12/10　　　　供应单位：A 公司

序号	发货日期	到货日期	品项	单位	数量	备注
1	2013.12.11	2013.12.12	青椒丝	袋	910	
2	2013.12.11	2013.12.12	葱丝	袋	831	
3	2013.12.11	2013.12.12	黄瓜段	袋	2 564	
4	2013.12.11	2013.12.12	柠檬片	袋	411	
5	2013.12.11	2013.12.12	生菜丝	袋	2 722	
6	2013.12.11	2013.12.12	番茄丁	袋	1 088	

客户（青岛）负责人签字：　　　　供应单位负责人签字：

2. 实训目标　结合所学知识，根据客户订单信息和上述成本信息，归集、计算北京—青岛专线运输任务的配送成本。

3. 实训准备

（1）能够上网的计算机房。

（2）熟悉实训背景资料。

（3）采取随机分组的方式，5～6 人为一组。

（4）各小组推选出一名组长，由组长对组员进行分工。

4. 实训步骤

（1）整理、汇总客户订单信息和成本信息。

（2）归集各项配送成本信息。

（3）设计配送成本核算表。

（4）核算成本信息。

（5）每小组选派一名代表对实训过程及结果进行汇报（限时5分钟以内）。

5. 实训评价

小组	设计过程（35%）	设计效果（25%）	计算结果（25%）	分工合作情况（15%）	总分
1					
2					
3					
4					
5					

注：考评满分100分，60分以下为不及格，60～69分为及格，70～79分为中，80～89分为良，90分及以上为优。

任务小结

本任务介绍了配送成本的计算。正确计算配送成本是配送管理的基础，配送管理的目的是降低配送成本和提高服务水平。成本费用核算是多环节的核算，是各个配送环节或活动的集成。在实际核算时，涉及哪个活动，应当对哪个配送活动进行核算。配送各个环节的成本费具有各自的特点，如流通加工的费用核算与配送运输费用的核算具有明显的区别，其成本计算的对象及计算单位都不同。

复习思考题

1. 如何进行配送成本的归集与分配？
2. 说明怎样分类核算配送成本。
3. 阐述配送成本的计算过程。

任务三　配送成本分析与控制

一、配送成本影响因素

配送成本的多少受到诸多因素的影响，配送货物自身因素、配货管理因素以及市场因素等。

（一）配送货物自身因素的影响

配送货物的配送成本主要受货物的价值、配送货物的频率及密度、货物的易碎性、特殊要求的货物等因素的影响。

1. 配送货物的价值是影响配送成本的重要因素之一　随着配送货物价值的增高，物流活动的成本也将随之增大。一般来说，运送费用在一定程度上是货物移动风险的直接反应。所以，配送货物的价值越大，其必然对运输工具的要求越高，分拣、流通以及运送所需要的配送成本也势必增加。

2. 配送货物的频率及密度 配送货物的频率、密度越大，相同运输单位所装载的货物便越多，由此，运输成本就会降低，反之亦然。

3. 货物的易碎性也是影响运输成本的重要原因之一 具有易碎性的物品，在配送的过程中所需要的包装、储存以及运输等势必会提出更高的要求，其必然导致配送成本的增加。

4. 特殊要求的货物也是影响配送成本的因素之一 对于那些有着特殊要求的货物，在运输的过程中势必与普通货物存在着明显的差别，其配送成本定然高于普通货物的配送。

（二）配送成本受配送管理因素的影响

1. 配送满足率 所谓的配送满足率是指配送中心的取货量占顾客所需货数量的比率。简而言之，在配送满足率高的情况下，配送中心可以一次性的、大批量进行配送，使配送成本得以降低。而与之相反，在配送满足率较低的情况下，配送中心则需要分次进行配送，对于那些不足的货物，配送中心还需要花费额外的时间以及车辆来进行配送，这样不仅会导致配送成本的增加，还会影响企业的效益和发展。

2. 配送货物的数量及重量 配送货物的数量以及重量越集中、越多会极大地提高配送效率，反之亦然。

3. 配送工具的不同将直接影响配送成本 不同的配送工具不仅对配送成本有着直接影响，而且还直接影响着企业的运输能力。所以，企业在运输过程中不仅要选择符合客户需求的运输工具，更应该想办法从运输工具方面着手降低运输成本。

4. 配送周期 配送周期的长短对于配送成本的影响无疑是巨大的。倘若配送效率低下，对配送中心的占用时间过长，则势必会消耗很多不必要的仓储成本，届时便会导致配送成本的增加。

（三）配送成本受市场因素的影响

影响配送成本主要有两个重要的因素，即配送距离和外部成本。只有这两个方面的因素得到较好的控制，才有可能降低配送成本、提高企业效益、增强企业竞争力。

二、控制配送成本的有效措施

（一）合理的筹措资源是控制配送成本的有效手段

在物流管理的过程中，企业利用较大批量筹措有效资源的优势来降低资源筹措的资本，从而使配送资源筹措成本极大地低于用户自己的资源筹措资本，取得专业优势，增加企业利润。此外，在配送的过程中，要准确地掌握配送量计划、资源的筹措情况以及企业长久的发展规划，为企业目标的有效实现打下坚实的基础。

（二）正确的库存决策是降低配送成本的重要途径

在进行配送的过程中，配送企业应该依靠科学的物流管理手段来实现低于总量的库存，以避免出现由纯粹的库存转移而导致的库存降低的问题。当然，物流企业在进行库存决策时，应当尽力权衡库存量的问题，若是一味地降低其库存量而致使市场的随机需求难以保障，则势必会对企业的发展产生重要的不良影响。

（三）制定合理的配送价格以及配送路线是控制配送成本的有效措施

从配送价格方面来讲，一般不应该高于不实行配送时，客户自己进货时的产品购买价格、提货、运输、进货的成本总和。而在配送路线的选择方面，配送企业则要选择配送距离短、配送时间少、配送成本低的路线进行配送，以此来降低配送成本，实现企业效益最大化。

配送成本的有效管理不仅是企业生存、发展的基础，同时也是企业提高竞争力的重要手段，它不仅在企业的物流管理中占据着重要的位置，同时也是企业节省开支、增加利润的重要来源。所以，企业的物流管理人员应该充分重视配送成本的相关研究，并协同各方面的积极因素最大限度地降低企业的配送成本、实现企业利润的最大化。

三、降低配送成本的途径

对配送的管理就是在配送的目标即满足一定的顾客服务水平与配送成本之间寻求平衡，在一定的配送成本下尽量提高顾客服务水平，或在一定的顾客服务水平下使配送成本最小。

（一）控制配送成本的关键因素

1. 配送的计划性 在配送活动中，临时配送、紧急配送或无计划的随时配送都会大幅度增加配送成本，因为这些配送会使车辆不满载，浪费里程。为了加强配送的计划性，需要建立与各配送对象之间的配送申报制度。在实际工作中，应针对商品的特性，制定不同的配送申请和配送制度。如，对鲜活商品，应定时定量申请，定时定量配送，所以配送活动一定要有计划性。

2. 确定合理的配送路线 配送运输由于配送方法的不同，其运输过程也不尽相同，因此采用科学的方法，确定合理的配送路线，是配送活动中的一项重要工作。确定配送路线的方法很多，一般可以采用方案评价法，拟订多种方案，以使用的车辆数、司机数、油量、行车的难易度、装卸车的难易度及送货的准时性等作为评价指标，对各个方案都进行比较，从中选出最佳方案。选择方案时必须考虑以下条件：满足所有客户对商品品种、规格和数量的要求；满足所有客户对货物送到时间范围的要求；在交通管理部门允许通行的时间内送货；各配送路线的商品量不能超过允许的容积及载重量；在配送中心现有运力及可支配运力的范围内配送。

3. 进行合理的车辆配载 由于配送货物的品质、特性各异，为提高配送效率，确保货物质量，在接到订单后，首先必须将货物依特性进行分类，然后分别选取不同的配送方式和运输工具，如按冷冻食品、散装货物、箱装货物等分类配装；其次，配送货物也有轻重缓急之分，必须按照先急后缓的原则，合理组织配送运输。

4. 运用管理信息系统 在物流作业中，分拣、配货、增减库存占全部劳动的60%，而且容易出差错。因此配送企业可以通过加强自动识别技术的开发和应用提供入货和发货时商品检验的效率。在拣货配货过程中可以应用条形码，这样可使得拣货准确、快速，配货简单、高效，从而提高生产效率，节省劳动力，降低物流成本。另一方面推广电子标签的使用，电子标签采用射频技术，可以不需要卸货、开箱就能在几秒钟之内完成整车货物的验收。

（二）降低配送成本的策略

1. 混合策略 混合策略是指配送业务一部分由企业自身完成。尽管采用纯策略（即配送活动要么全部由企业自身完成，要么完全外包给第三方物流完成）易形成一定的规模经济，并使管理简化，但由于产品品种多变、规格不一、销量不同等情况，采用纯策略的配送方式超出一定程度不仅不能取得规模效益，反而还会造成规模不经济。而采用混合策略，合理安排企业自身完成的配送和外包给第三方物流完成配送，能使配送成本最低。

2. 差异化策略 差异化策略的指导思想：产品特征不同，顾客服务水平也不同。当企业拥有多种产品线时，不能对所有产品都按同一标准的顾客服务水平来配送，而应按产品的特点、销售水平来设置不同的库存、不同的运输方式以及不同的储存地点，忽视产品的差异性会增加不必要的配送成本。

3. 合并策略 合并策略包含两个层次，一是配送方法上的合并；另一个则是共同配送。配送方法上的合并是企业在安排车辆完成配送任务时，充分利用车辆的容积和载重量，做到满载满装，是降低成本的重要途径。由于产品品种繁多，不仅包装形态、储运性能不一，在容重方面，也往往相差甚远。一车上如果只装容重大的货物，往往是达到了载重量，但容积空余很多；只装容重小的货物则相反，看起来车装得满，实际上并未达到车辆载重量。这两种情况实际上都造成了浪费。实行合理的轻重配装、容积大小不同的货物搭配装车，就可以不但在载重方面达到满载，而且也充分利用车辆的有效容积，取得最优效果。最好是借助电脑计算货物配车的最优解。

共同配送是一种产权层次上的共享，也称集中协作配送。它是几个企业联合集小量为大量共同利用同一配送设施的配送方式，其标准运作形式：在中心机构的统一指挥和调度下，各配送主体以经营活动（或以资产为纽带）联合行动，在较大的地域内协调运作，共同对某一个或某几个客户提供系列化的配送服务。这种配送有两种情况：一是中小生产、零售企业之间分工合作实行共同配送，即同一行业或在同一地区的中小型生产、零售企业单独进行配送的运输量少、效率低的情况下进行联合配送，不仅可减少企业的配送费用，配送能力得到互补，而且有利于缓和城市交通拥挤，提高配送车辆的利用率；第二种是几个中小型配送中心之间的联合，针对某一地区的用户，由于各配送中心所配物资数量少、车辆利用率低等原因，几个配送中心将用户所需物资集中起来，共同配送。

4. 延迟策略 传统的配送计划安排中，大多数的库存是按照对未来市场需求的预测量设置的，这样就存在着预测风险，当预测量与实际需求量不符时，就出现库存过多或过少的情况，从而增加配送成本。延迟策略的基本思想就是对产品的外观、形状及其生产、组装、配送应尽可能推迟到接到顾客订单后再确定。一旦接到订单就要快速反应，因此采用延迟策略的一个基本前提是信息传递要非常快。

实施延迟策略常采用两种方式：生产延迟（或称形成延迟）和物流延迟（或称时间延迟），而配送中往往存在着加工活动，所以实施配送延迟策略既可采用形成延迟方式，也可采用时间延迟方式。

具体操作时，常常发生在诸如贴标签（形成延迟）、包装（形成延迟）、装配（形成延迟）和发送（时间延迟）等领域。

5. 标准化策略 标准化策略就是尽量减少因品种多变而导致附加配送成本，尽可能多地采用标准零部件、项目化产品。如服装制造商按统一规格生产服装，直到顾客购买时才按顾客的身材调整尺寸大小。采用标准化策略要求厂家从产品设计开始就要站在消费者的立场去考虑怎样节省配送成本，而不要等到产品定型生产出来了才考虑采用什么技巧降低配送成本。

任务实训

一汽大众汽车物流共同配送方案的制订

1. 实训背景资料 一汽大众公司从 2005 年开始关注企业内部生产经营过程中所消耗的各项成本费用，开始意识到成本对于生产或销售甚至是企业生存所产生的巨大影响。一汽大众在早期所采取的降低物流成本的措施主要包括：①裁员或轮休；②非核心业务外包；③降低零部件采购成本。据研究机构调查显示，从汽车制造企业物流成本所占销售额比重来看，我国汽车企业的该项指标为 13%～15%，西方发达国家汽车厂商该项指标为 8%～10%，如一汽大众通过上述途径降低物流成本，使该指标达到国际水平，即 8%～10%，一汽大众每年可节省的物流费用可达 7.83 亿～9.79 亿元。

总体而言，一汽大众的汽车物流系统主要由原料及零部件进厂物流、厂内物流和整车出厂物流 3 个部分组成，其中厂内物流环节涉及的内容很少，对于很少的一部分如冲压、焊接间的企业自主件，一汽大众自己负责组织其物流活动，而在出厂物流环节，一汽大众则通过和安吉物流、二汽、广州本田等公司以联合对开的方式进行，在一定程度上克服了部分车辆空返的资源浪费现象。对于整车组装所需的零部件，一汽大众汽车主要由国产零部件和进口零部件组成，其中部分老车型有 20%的零部件依赖进口，新车型该比例有所增加，达到 40%，因此一汽大众的进厂物流主要由国产零部件进厂物流和进口零部件进厂物流两部分构成。对于进口零部件，每周会通过集装箱运输运抵大连港口，再通过内陆运输至长春入库。当前进口零部件的物流业务主要由一汽国际物流中心负责；而国产零部件则通过本地采购和外地采购的方式获得，本地采购部分一汽可不设仓库，外地采购则需要利用第三方仓库进行临时储存，周期 3～7 天。

目前，一汽大众公司采用物流外包模式，将其仓储业务外包给集团下属的国际物流中心。轿车二厂应用流动物流管理理论和 FIS - JIP 网络管理系统实现了国产零部件和进口零部件的共库管理，通过项目化的整车装配和料筐式的供货，构建了封闭式的贯通供应链结构。具体而言，由原来的组装车间备货改为由拆散中心（DC）和筐式中心（BC）备货。根据车型定制需要，零配件被分配到不同的货中发往生产组装线。每个货筐车停在生产线两车之间，货筐车被分为两个部分，分别为组装前一辆车的尾部和后一辆车的前筐部供应量配件。一汽大众当前一厂的进厂物流环节主要由长春大众物流有限公司负责。

一汽大众对于国产件和进口件的物流运作仍然存在着诸多的问题，如进口件目前的物流管理环节仍然很混乱，有望进一步改善，国产件进厂物流风险较大，成本居高不下等。

2. 实训目标 掌握降低物流成本的策略，能够基于成本视角制订一汽大众汽车物流共同配送方案。

3. 实训准备

（1）能够上网的计算机房。

（2）了解一汽大众公司汽车物流的基本现状。

（3）采取随机分组的方式，5～6 人为一组。

（4）各小组推选出一名组长，由组长对组员进行分工。

4. 实训步骤

（1）熟悉案例资料。

（2）分组讨论共同配送方案框架。

（3）完成方案分工。

（4）制订方案。

（5）每小组选派一名代表对实训过程及方案进行汇报（限时5分钟以内）。

5. 实训评价

小组	方案构想（25%）	方案内容（35%）	方案表述（25%）	分工合作情况（15%）	总分
1					
2					
3					
4					

注：考评满分100分，60分以下为不及格，60～69分为及格，70～79分为中，80～89分为良，90分及以上为优。

任务小结

本任务介绍了配送成本的控制。配送成本的有效管理不仅是企业生存、发展的基础，同时也是企业提高竞争力的重要手段，它不仅在企业的物流管理中占据着重要的位置，同时也是企业节省开支、增加利润的重要来源。所以，企业的物流管理人员应该充分重视配送成本的相关研究。对配送的管理就是在配送的目标即满足一定的顾客服务水平与配送成本之间寻求平衡：在一定的配送成本下尽量提高顾客服务水平，或在一定的顾客服务水平下使配送成本最小。

复习思考题

1. 简述配送成本的影响因素。
2. 简述控制配送成本的措施。
3. 阐述降低配送成本的途径。

案例分析

影响医药企业物流配送的成本因素

经济和科学的飞速发展为现代各种工业和商业提供了很大的机遇和挑战，管理技术的不断提高也许就是为了适应这种挑战，现代物流管理在对于企业的成本、利润方面都提供了很大的帮助。但是总体看来，我国企业对于成本管理的研究尚存在许多薄弱环节。

商品流通的一般渠道可分为两个环节：一是批发环节，二是零售环节；药品市场的流通渠道也是由生产商通过批发商销售给零售商（包括医院药房）。中国药品流通领域有3个环节：药品批发环节、药品零售企业和医院门诊药房。

医药企业物流配送的主要目的是将药品生产企业的产品卖给销售商，也就是分销企业。

这些分销的举动是为了企业能够正常经营，由于每个企业都必须有购买生产要素、仓储和销售等重要环节的生成，所以为了能够节约成本，提高相对利润，企业就必须对此进行必要的管理。为保证产品质量，企业还要进行产品的返修和废品的回收，包括为自己的不够严格而买错了产品，收不到市场效益而买单。

1. 药品流通企业配送成本构成

(1) 职工的工资支出，包括此类企业的买卖过程中的供销环节的工资、奖金及补贴等；当然还有一些因为失误造成的不可避免的损失也是一部分成本构成。

(2) 企业在维持自身运转中合理支出，包括办公用品采购、货物运输费用、员工和临时搬运工的保险费等这些都是合理损耗成本。

(3) 物流环节中最不可避免的物流费用。

(4) 企业药品在营销过程中产生的费用，包括制作和播出的广告费、参加大型展会的费用、获得各种营销渠道的信息费。

(5) 药品在仓库中产生的保管费，包括仓库维护和搬运工产生的搬运费以及看护药品中调运的信息费。

(6) 企业大型设备的折旧费用，这是任何企业都会产生的费用，有些设备的折旧率比较严重，需要支出一部分的折旧费、维修费、保养费等。

(7) 药物销售流通产生的营运费。

(8) 合理的财务支出，包括仓储物资占用的资金利息。

2. 药品流通企业成本的影响因素

(1) 竞争性因素。我国东部药物零售市场竞争非常激烈，商店数量接近或超过了上百家，连锁店都已经有了趋向自己修造的仓库和药物配送流通系统。中国东部药物零售连锁商店，如果毗邻 3 个专区级城市拥有的商店数额超过 80 家，这些商店将被要求储备一个大面积的药物仓库，至少有 1.5 吨运载工具 2 辆以上，对于这类规模化的药品零售连锁企业，物流管理的难点和重点就在于以合理的物流成本使用最少的仓储面积存储最多的药品，为下属门店提供最佳的药品配送服务。

然而，如果在这个区域继续增加商店的数量在储存区之内将明显紧张，药物发行很难保证实时性。所以，为这样大规模药物零售连锁，焦点是对储存区的一个合理的用途，至少保证大多数的药物，能提供最佳的药店辅助分配服务。

(2) 管理因素。物流管理应该有 3 个主要职能：以最少的存储作为药品监管尽可能多的存储区域，分配制度可以提供，只是在附属存储药物分销服务，物流和经营成本的时间尽可能低。事实上，虽然我国的医疗医药批发物流业务的投资热潮并没有减少，但对药品零售业务的物流管理并没有足够的重视，药品零售连锁物流管理的重要性仍处于较低水平。

(3) 时间、空间因素。空间因素是商业物流中心、制造业相对于目标市场或仓库或供应商的位置关系体系比较偏远，所以此类企业在购买物品的方向、目标市场定位应该有一个清楚的物流成本的核算概念。对物流成本的影响因素还有时间，物流流通速度更快，一方面必然减少，如缩短时间；另一方面通过减少资本积压、提高订单周期和库存、运输路线设计合理、营业额可以降低物流成本、降低了库存成本和运输成本。从物流系统理论的角度来看，时间空间的合理配置间接降低了成本。

(4) 资金成本因素。医药物流企业向各个医院销售药品，医院会有 1～5 个月的账期，所以就会造成物流企业的资金回笼缓慢，有些甚至会造成年终呆账现象，所以资金成本的管理很重要。

除上述因素外，影响成本的因素还包括企业资金利用率、货物的保管制度、物流管理合理化程度、企业外部市场环境的变化等方面的因素。这些因素之间相互制约、相互影响，单纯地加强某种因素的影响，必然产生对另一种因素的制约。所以说，物流成本的控制并不仅仅是各个因素简单地相加，而是一个复杂的平衡、协调过程。

思考题

1. 根据案例背景，结合所学知识，讨论医药物流配送企业成本构成及特点。
2. 结合案例资料，提出降低医药物流配送企业成本的措施。

项目十一 <<<

物流成本绩效评价

项目导入

家乐福在巴西的Cotia Penske配送中心绩效评测情况如下。家乐福在经营过程中，每个月都要和Cotia Penske配送中心在一起分析评估本月的经营业绩，业绩衡量标准有以下13个：①质量检查，对基本设备和家用电器，检查所有产品并确定99.99%合格后才运往商店，对纺织品、玩具、快运食品，检查20%的产品并确定99.99%合格后运输；②生产力，以每人每小时计算；③配送时间间隔，以每天实际发车量计算；④规定时间内完成运输任务的能力，实际统计以24小时、48小时或更长时间计量；⑤将家乐福企业资源管理系统和Cotia Penske仓库管理系统的数据比较，差错率不高于0.05%；⑥平均每车装载量，以车辆最大容量计；⑦货车预计接发货物数量及实际接发货物数量；⑧从供应商处得到的货物数量及需求的货物数量；⑨运至商店的货物数量及商店的需求量；⑩货车装载时间，分货车及货物类型计；⑪由供应商提供的单一商品和混合商品的数量和比率；⑫运至商店的货物为单一商品和混合商品的数量和比率；⑬家乐福或Cotia Penske拒绝受理商店订单的比率。通过绩效评测，Cotia Penske实现了拥有少量库存，但却增加服务的满意度。到目前为止，配送中心库存作业准确率非常高。由于采用条码技术，库存管理准确率达99.97%，外向物流订单处理准确率达99.89%，库存量和商品积压确实很少。由此可见绩效评价对物流成本管理起到非常重要的作用，我们应如何学习绩效评价的理论知识，最终应用于实际工作中呢？

知识目标

1. 了解企业的物流成本绩效评价的意义
2. 掌握绩效评价的步骤
3. 熟悉物流成本绩效评价指标

能力目标

1. 运用物流成本绩效评价指标体系进行物流成本绩效评价
2. 编制物流成本绩效评价报告

任务一　物流成本绩效评价认知

一、物流成本绩效评价的含义

物流成本绩效评价是物流企业绩效评价的重要内容，其实质是对物流成本的效益进行分析，通过对物流财务指标的分析，力求比较全面地反映物流成本效益水平，为物流成本管理和决策提供依据。企业经营的目标是效益最大化，因此，必须对企业物流经营的各个方面进行详细的了解，掌握并及时发现问题挖掘潜力，为企业持续降低成本不断提高效益奠定坚实的基础。

物流成本绩效评价是以物流活动管理为基础，将企业物流过程划分为各种不同形式的责任中心，对每个责任中心明确其权力、责任及其绩效计量和评价方式。建立起一种以责任为中心、为主体，责、权、利相统一的机制通过信息的积累、加工、反馈从而形成的物流系统内部的一种严密控制系统。

二、物流成本绩效评价的意义

1. 通过物流成本绩效评价，有利于正确分析企业的过去 通过对实际物流成本等资料进行分析，能够准确分析物流企业财务状况和经营成果，以及物流企业各部门的运营情况，指出存在的问题，并提出改进建议。

2. 通过物流成本绩效评价，有利于正确分析企业的现状 通过企业会计报表的相关数据，采用不同的手段和方法，评价物流企业的营运情况、货物周转情况、获利情况、偿债能力等基本情况，可以对企业全面评价，综合反映人力、财力、物力的耗用情况，减少不合理开支，进而节约物流成本。

3. 通过物流成本绩效评价，有利于正确分析企业的未来 在企业现有条件不变的情况下，如何以有限的资源投入而得到最大产出，充分挖掘“第三利润源”，降低各环节耗费，提升效益空间。

三、物流成本绩效评价步骤

物流成本绩效评价可以按以下步骤进行：

1. 确定评价工作的组织机构 评价工作的组织机构直接组织实施评价活动。该机构成员要具备丰富的物流管理经验和财务会计专业知识熟悉物流成本绩效评价业务能够坚持原则秉公办事并具有较强的综合分析判断能力。

2. 制订评价方案 评价工作机构在制订评价方案时应当明确评价对象。物流成本绩效评价的对象是整个物流企业。其次是建立评价目标选择评价标准、评价方法和报告形式。评价目标是整个评价工作的指南；评价指标是评价的具体内容是评价方案的重点和关键评价标准，由年度预算标准和物流行业标准，确定标准的选择取决于评价目标。物流成本绩效评价主要采取定量评价的方法根据评价目标形成绩效报告形式。

3. 收集和整理相关数据资料 需要收集的相关数据资料包括：物流企业以上年度的物流成本绩效评价报告，同行业的评价标准和评价方法，物流企业的各项物流作业业务数据和财务数据。

4. 进行绩效评价 根据既定的评估方案和确定的评估方法利用收集的数据资料加以整理计算评价指标的数值。

5. 编制绩效评价报告 根据评价方案中的评价报告形式将绩效评价的实际指标值填列到报告中，并对相关指标进行分析。

6. 得出绩效评价报告 对评价过程中形成的各种书面材料进行分析，并结合相关材料得出绩效评价结果形成绩效评价报告建立绩效评价档案。

四、物流成本绩效评价原则

在物流成本绩效评价时要坚持以下原则：

1. 整体性原则 绩效评价要反映整个物流系统的运营情况，不仅仅是某一个环节的运营情况，在设计评价指标和标准时要着眼于整体的优化，不因为局部利益而损害整体利益。

2. 动态性原则 绩效评价要反映未来物流系统的运营情况，对未来的趋势进行预测，这就要求通过成本绩效评价，预见未来趋势并做出正确的判断。

3. 例外性原则 物流活动涉及面广内容较多。通过评价使管理人员将注意力集中到少数严重脱离预算的因素和项目并对其进行深度的分析。

物流成本绩效评价的意义在于可以正确评价物流企业过去的业绩状况，指出企业取得的成绩，找出存在的问题以及产生的原因。可以全面反映和评价物流企业的现状，可以准确评价物流企业的潜力，满足投资者的需求还可以充分揭示物流企业存在的风险。

任务实训

物流成本绩效评价

1. 实训背景资料 调研第三方物流企业，分析是否采用绩效评价，存在问题有哪些，应如何改进。

2. 实训目标 物流成本绩效评价调研。

3. 实训准备

（1）联系第三方物流企业。

（2）调研问卷，问题突出，目的明确。

（3）分组。

4. 实训步骤

（1）下发问卷。

（2）整理资料。

（3）找出问题。

（4）提出改进建议。

5. 实训评价

小组	调研准备（15%）	找出问题（30%）	改进建议（40%）	团队合作（15%）	总分
1					
2					
3					
4					

注：考评满分100分，60分以下为不及格，60～69分为及格，70～79分为中，80～89分为良，90分及以上为优。

任务小结

本任务介绍了物流成本绩效评价是按着一定的程序，通过物流成本绩效评价前期准备阶段、进行评价阶段、后期处理阶段 3 个步骤，并借助物流成本评价指标，对企业在一定经营期间的经营效益和经营者的绩效进行财务分析，真实反映物流成本效益现状，预测未来经营期间发展潜力，并为物流成本控制和企业策划提供决策依据。

复习思考题

1. 解释物流成本绩效评价概念。
2. 简述物流成本绩效评价步骤。
3. 简述物流成本绩效评价原则。
4. 简述物流成本绩效评价意义。

任务二 物流责任中心

一、物流责任中心的含义

为了对企业物流活动实施有效的绩效评价按照统一领导、分级管理的原则，通常将企业的物流经营过程划分为若干责任单位明确各责任单位应承担的经济责任、具有的权力和享受的经济利益促使各责任单位各负其责相互协调配合。物流责任中心就是承担一定经济责任，并具有一定的权力，享有经济利益的各级物流组织和各个物流管理层次。企业为了保证预算管理的顺利实施可以把总预算中确定的目标和任务按照物流责任中心逐层进行指标分解，形成物流责任预算并以此为依据，对各个物流责任中心的预算执行情况进行检查和业绩评价。因此建立物流责任中心是进行物流绩效评价的基础。

二、以责任部门为中心的成本控制

（一）明确物流成本控制的部门责任

将责任成本、费用与责任有机的结合。显然，为了使这一内部管理制度得到正确贯彻，务必要求最大限度地消除企业内部各个部门之间的相互影响，着力突出它们各自的相对独立性，尽量排除模糊不清、责任不明的现象发生。因此在责任成本管理过程中必须使每个部门和责任者都具有明确的权、责范围。要给责任部门和责任者能独立自主地行使权力、履行责任而提供必要条件，以使他们能在自行调节和控制的情况下承担一定的经济责任，完成相应的工作任务。如车辆调度、燃油费、车辆事故、送货及时情况等由配送部承担责任；出入库作业、货物保管、货损、串货、出错货等由仓储部承担责任。

（二）做好物流成本的归口责任

实行物流成本指标的归口分级管理责任制度，是加强成本费用日常管理的有效途径。成本费用指标的归口分级管理责任制度，是将企业的成本费用总目标，按责任层次和职责范围，逐级分解，层层落实到企业内部各责任单位，具体落实到每一个责任人，将成本与费用预算指标作为控制标准，把成本费用管理工作建立在广泛的群众基础上，实现全员性成本费用管理。从上到下依靠各级、各部门的密切配合来进行成本费用管理。并对其责任的履行情况监督、评价与考核，以保证成本费用总目标的最终实现。

三、物流责任中心特点

物流责任中心具有以下特征：

1. 物流责任中心是一个责权利相结合的实体 每个物流责任中心要对一定的财务指标的完成承担责任，同时企业赋予物流责任中心与其责任大小和范围相对应的权力，并制定相应的业绩考核标准和利益分配标准。

2. 物流责任中心具有相对独立的经营活动和财务收支活动 物流责任中心具有与经营活动相应的责任、权力和利益并对其负责的经营活动项目具有可控性，一般来讲责任层次越高可控范围就越大。物流责任中心具有履行经营活动的能力并对其后果承担责任。

3. 物流责任中心进行独立经济核算 物流责任中心不仅要划清责任，而且要单独核算划清责任是前提，单独核算是保证。有进行独立经济核算的物流企业内部单位才能作为一个物流责任中心。

四、物流责任中心分类

根据企业内部各物流责任中心的权力范围及业务特点的不同可以分为物流成本中心、物流利润中心和物流投资中心三大类。

1. 物流成本中心 在企业内部通常形成一个自上而下、层层负责的物流成本中心体系。企业物流成本中心只对成本和费用负责，一般包括企业内部从事物流采购、运输、仓储、配送、流通、加工、包装以及信息处理等部门给予一定费用指标的物流管理部门。企业物流成本中心分为技术性物流成本中心和酌量性物流成本中心。技术性物流成本中心是指其成本发生数额可以通过技术分析相对准确地估算出来，例如商品在包装和流通加工过程中发生的直接材料、直接人工和间接制造费用等技术性物流成本可以通过弹性预算予以控制。酌量性物流成本中心是指其成本发生数额可以通过管理人员决定，主要包括各种物流管理费用和间接成本，如商品的研发费用、信息系统费用等。酌量性物流成本的控制着重在预算总额的控制上。

物流成本中心的成本与传统物流成本有很大的区别。第一，它是以物流责任中心为对象进行成本收集、核算是责任成本；第二，它所计量和考核的成本是可控成本，是针对特定责任中心而言的其业绩评价和考核，以及可控成本作为主要依据，不可控成本仅作参考。

2. 物流利润中心 物流利润中心既能控制成本，也控制销售收入和利润，一般是具有独立经营决策权的物流组织和部门。企业物流利润中心包括两种形式：一是自然物流利润中心，它是企业内部的一个责任单位，如企业内实行独立核算的运输、配送等物流部门；二是人为物流利润中心，这种物流利润中心仅对本企业提供各种物流服务不面向市场提供劳务和服务。

物流利润中心业绩的考核和评价，主要是通过一定期间实际实现的利润，同“责任预算”所确定的预计利润进行比较，对差异产生的原因和责任进行具体分析，从而对物流利润中心进行业绩评价和奖惩。通常以“边际贡献”作为业绩评价指标其计算公式为：

边际贡献＝销售收入总额－变动成本总额

3. 物流投资中心 物流投资中心既要对收入、成本和利润负责又要对投资效果负责。

物流投资中心是最高层次的责任中心一般情况下是采取分权管理的大型企业承担母公司。物流业务的子工厂往往属于物流投资中心。为了准确计算各物流投资中心的效益，要对各物流投资中心共同使用的资产划定界限，对共同发生的成本按标准进行分配，各物流投资中心之间相互调剂使用的资金、物资均应计息清偿有偿使用。同时根据各物流投资中心的投入产出之比进行业绩评价和考核，除了考核利润指标以外，主要计算投资利润率和剩余收益两个指标其计算公式为：

$$投资利润率=\frac{利润}{资产额}\times 100$$

或 投资利润率＝资本周转率×销售成本率×成本费用利润率

剩余收益利润＝投资额×规定或预期的最低投资报酬率

任务实训

物流责任中心

1. 实训背景资料 调研第三方物流企业，分析属于物流成本中心、物流利润中心、物流投资中心中的哪一种。

2. 实训目标 物流责任中心调研。

3. 实训准备

（1）联系第三方物流企业。

（2）熟悉责任中心基本情况。

（3）优缺点。

4. 实训步骤

（1）调研。

（2）整理资料。

（3）分析优缺点，提出建议。

（4）汇报。

5. 实训评价

小组	调研准备（15%）	分析问题（30%）	解决问题（40%）	团队合作（15%）	总分
1					
2					
3					
4					

注：考评满分 100 分，60 分以下为不及格，60～69 分为及格，70～79 分为中，80～89 分为良，90 分及以上为优。

任务小结

本任务介绍了物流责任中心，按照统一领导、分级管理的原则通常将企业的物流经营过程划分为若干责任单位明确各责任单位应承担的经济责任、具有的权力和享受的经济利益促使各责任单位各负其责相互协调配合。企业为了保证预算管理的顺利实施可以把总预算中确定的目标和任务按照物流责任中心逐层进行指标分解形成物流责任预算并以此为依据对各个物流责任中心的预算执行情况进行检查和业绩评价，因此建立物流责任中心是进行物流绩效评价的基础。

复习思考题

1. 简述物流利润中心特点。
2. 简述物流投资中心特点。
3. 简述物流成本中心特点。
4. 如何以责任部门为中心进行成本控制？

任务三　物流成本绩效评价指标分析

一、物流成本总体指标评价分析

（一）物流成本率

$$物流成本率=\frac{物流成本}{销售额}\times 100\%$$

使用该指标时是把物流部门作为独立的利润中心进行考核的，该指标用来说明单位销售额需要支出的物流成本。公式中的物流成本是完成物流活动所发生的真实成本包括采购成本、库存成本、配送成本、运输成本和包装成本等。这个指标值越高则其对价格的弹性越低说明企业单位销售额需要支出的物流成本越高。从历年的数据中可以大体了解其动向，通过与同行业和外行业进行比较可以进一步了解企业的物流成本水平。但该比率受价格和交易条件的变化影响较大因而存在一定的缺陷。

（二）物流职能成本率

$$物流职能成本率=\frac{物流职能成本}{物流总成本}\times 100\%$$

使用该指标时企业应合理划分企业的物流职能采用切实可行的方法计算出各项物流职能的成本为提高物流过程的管理水平提供依据。该指标可以计算出包装费、运输费、保管费、装卸费、流通加工费、信息流通费、物流管理费等各物流职能成本占物流总成本的比率，为企业物流成本控制提供依据。

（三）产值物流成本率

$$产值物流成本率=\frac{物流成本}{企业总产值}\times 100\%$$

该指标用来分析企业创造单位产值需要支出的物流成本，是一定时期生产一定数量产品过程中物流成本占总产值的比率。该指标表明每生产 100 元产值所需耗费的生产成本，也反映了物流过程所耗费的经济效果，企业投入产出率越高物流成本耗费越低，该指标的值就越低。

（四）物流成本利润率

$$物流成本利润率=\frac{利润总额}{物流成本}\times 100\%$$

该指标表明在物流活动中耗费一定量的资金所获得的经济利益的能力。它是分析一定时期生产和销售一定数量产品所发生的物流成本与所获得的利润总额的比率：该指标高就说明市场竞争能力强、产品成本水平低、盈利能力强。但该指标受影响的众多因素主要有销售产品的价格、销售数量、销售税金及附加、其他业务利润、营业外收支、产品的结构、各功能物流成本的大小等。

(五) 物流效用增长率

$$物流效用增长率=\frac{物流成本本年比上年增长率}{销售额本年比上年增长率}\times 100\%$$

该指标用来分析物流成本变化和销售额变化的关系，说明了物流成本随销售额的变化的水平。该指标合理的比例应该小于1，如果比例大于1说明物流成本的增长速度超过了销售额的增长速度应引起重视。

二、物流成本具体指标评价分析

(一) 吞吐量指标分析

吞吐量指标分析。进货是货物进入物流中心的第一个阶段，而出货是物流过程的最后阶段，出货和进货是否有效率严重影响其他物流进程。

(1) 每小时处理进（出）货量。

$$每小时处理进（出）货量=\frac{进（出）货量}{进货人员数\times 每日进货时间\times 工作天数}$$

$$进（出）时间率=\frac{每日进（出）货时间}{每日工作时数}$$

(2) 每台进出货设备的装卸货量。

$$每台进出货设备的装卸货量=\frac{进货量+出货量}{装卸设备数}\times 工作天数$$

(3) 每台进出货设备每小时的装卸货量。

$$每台进出货设备每小时的装卸货量=\frac{进货量+出货量}{装卸设备数}\times 工作天数\times 每日进货时数$$

(二) 物资储存过程效率分析

(1) 储区面积率。储区是物流过程不可缺少的部分，该指标用来衡量厂房空间的利用率是否恰当。

$$储区面积率=\frac{储区面积}{物流中心建筑面积}$$

(2) 可供保管面积率。该指标用来判断储区内的通道规划是否合理。

$$可供保管面积率=\frac{可供保管面积}{储区面积}$$

(3) 储位容积使用率和单位面积保管量。

$$储位容积使用率=\frac{存货总体积}{储位总容积}$$

$$单位面积保管量=\frac{平均库存量}{可供保管面积}$$

(4) 库存周转率。该指标可用来检查公司的营运绩效和衡量现今存货是否恰当。

$$库存周转率=\frac{出货量}{平均库存量}$$

$$或者库存周转率=\frac{营业额}{平均库存金额}$$

（三）配送作业效率评价指标

（1）平均每人配送量。

$$平均每人的配送量=\frac{出货量}{配送人数}$$

（2）平均每人配送距离。

$$平均每人配送距离=\frac{配送总距离}{配送人数}$$

（3）配送成本比率。

$$配送成本比率=\frac{自车配送成本+外车配送成本}{物流总费用}$$

（4）单位配送成本。

$$单位配送成本=\frac{自车配送成本+外车配送成本}{配送总量}$$

（四）采购作业过程效率评价指标

（1）采购成本占营业额的比率。

$$采购成本占营业额的比率=\frac{采购成本}{营业额}$$

（2）货物采购及管理总费用。

$$货物采购及管理总费用=采购物流过程费用+库存管理费用$$

$$进货数量误差率=\frac{进货误差量}{进货量}$$

$$进货不良品率=\frac{进货不合格数量}{进货量}$$

（五）物流作业整体效率分析

（1）$人员生产率=\frac{营业额}{公司总人数}$

（2）$固定资产周转率=\frac{营业额}{固定资产总额}$

（3）$产出与投入平衡=\frac{出货量}{进货量}$

（4）$每天营运金额=\frac{营业额}{工作天数}$

（5）$营业成本占营业额比率=\frac{营业成本}{营业额}$

任务实训

物流成本绩效评价指标分析

1. 实训背景资料　第三方物流企业的背景资料。

2. 实训目标　相关指标计算并分析。

3. 实训准备

(1) 印发背景资料。

(2) 下发学生。

(3) 分组。

4. 实训步骤

(1) 整理背景资料。

(2) 总体指标计算，具体指标计算。

(3) 进行指标分析。

(4) 分析问题，并提出建议。

5. 实训评价

小组	计算准确性（15%）	分析问题（30%）	解决问题（40%）	团队合作（15%）	总分
1					
2					
3					
4					

注：考评满分100分，60分以下为不及格，60～69分为及格，70～79分为中，80～89分为良，90分及以上为优。

任务小结

本任务介绍了物流绩效评价指标主要包括财务评价指标和非财务评价指标两类。其中，财务评价指标主要包括物流成本效益评价指标与物流作业评价指标；非财务评价指标主要包括顾客服务绩效指标、市场影响力指标、物流活动绩效指标和学习绩效指标等。

复习思考题

1. 简述储区面积分析。
2. 简述物流成本利润率。
3. 简述配送效率评价指标。
4. 简述吞吐量指标分析。

任务四　物流企业绩效综合评价

一、平衡记分卡法

平衡记分卡法是由美国哈佛大学的卡普兰教授和诺顿教授于1992年在《哈佛商业评论》上率先提出来的，它打破了传统的绩效评估体系，建立了一个全新的绩效评估体系，为管理人员提供了一个全面的框架，用于把企业的战略目标转化为一套系统的绩效测评指标。平衡记分卡法应用于绩效评估与控制，可以克服传统的绩效评估的不足，将财务测评指标和业务测评指标结合在一起使用，从而能够同时从几个角度对绩效进行快速而全面的考察。

平衡记分卡法使用了一些关键的绩效指标，其中，大多数是非财务的针对传统的财务指标为主的业绩考核方式，它们为管理者提供了实现战略目标更好的方法。

平衡记分卡法一方面考核企业上期产出的结果，另一方面考核企业未来成长的潜力的预测，再从客户的角度和公司业务角度两方面考核企业的运营状况参数，把公司的长期战略与短期行动联系起来，把远景目标转化为一套系统的绩效考核指标。

二、平衡记分卡法的指标

平衡记分卡是一种革命性的评估和管理体系，平衡记分卡分 4 个层面：财务层面、客户层面、内部运营层面、学习与成长层面。

（一）财务层面绩效评估指标

财务性指标是一般企业常用于绩效评估的传统指标。财务性绩效指标可显示出企业的战略及其实施和执行是否正在为最终经营结果（如利润）的改善做出贡献。但是，不是所有的长期策略都能很快产生短期的财务盈利。非财务性绩效指标（如质量、生产时间、生产率和新产品等）的改善和提高是实现目的的手段，而不是目的的本身。财务层面指标衡量的主要内容：收入的增长、收入的结构、降低成本、提高生产率、资产的利用和投资战略等，如表 11－1所示。

表 11－1　财务绩效评估指标

1	第二层指标	第三层指标
财务指标	盈利指标	净资产收益率
		总资产报酬率
		资本保值增值率
		销售利润率
		成本费用利润率
	资产营运	总资产周转率
		流动资产周转率、存货周转率
		应收账款周转率
		不良资产比率
	偿债能力	资产负债率
		流动比率
		速动比率
		现金流动负债比率
	增长能力	销售增长率
		资本积累率
		总资产增长率
		三年利润平均增长率
		三年资本平均增长率
		固定资产更新率

财务层面的绩效评估涵盖了传统的绩效评估方式，但是财务层面的评估指标并非是最重要的，它是企业发展战略中不可忽视的一个重要因素。

（二）客户层面绩效评估指标

平衡记分卡要求企业将使命和策略诠释为具体的与客户相关的目标和要点。企业应以目标顾客和目标市场为导向，应当专注于是否满足核心顾客需求，而不是企图满足所有客户的偏好。客户最关心的不外乎 5 个方面：时间、质量、性能、服务和成本。企业必须为这 5 个方面树立清晰的目标，然后将这些目标细化为具体的指标。客户层面指标衡量的主要内容：市场份额、老客户挽留率、新客户获得率、顾客满意度、从客户处获得的利润率，如表 11－2所示。

表 11－2　客户层面绩效评估指标

2	第二层指标	第三层指标
顾客指标	成本	顾客购买成本
		顾客销售成本
		顾客安装成本
		顾客售后服务成本
顾客指标	质量	质量控制体系
		废品率
		退货率
	及时性	准时交货率
		产品生产周期
	顾客忠诚度	顾客回头率
		流失顾客人数
		挽留顾客成本
	吸引新顾客能力	新顾客人数
		新顾客比率
		吸引顾客成本
	市场份额	占销售总额的百分比
		占该类总产品百分比

（三）内部运营层面绩效评估指标

建立平衡记分卡的顺序，通常是先制定财务和客户方面的目标与指标，再制定企业内部流程面的目标与指标，这个顺序使企业能够抓住重点，专心衡量那些与股东和客户目标息息相关的流程。内部运营绩效考核应以对客户满意度和实现财务目标影响最大的业务流程为核心。内部运营指标既包括短期的现有业务的改善，又涉及长远的产品和服务的更新。内部运营层面指标涉及企业的改良创新过程、经营过程和售后服务过程，如表 11－3 所示。

表 11-3　内部运营绩效评估指标

3	第二层指标	第三层指标
内部运营流程指标	创新过程	创新投入占总销售额的比例
		创新投入回报率
		新产品销售收入百分比
		研发设计周期
	运作过程	单位成本水平
		管理组织成本水平
		生产线成本
		顾客服务差错率
		业务流程顺畅
	售后服务过程	服务成本/次
		技术更新成本
		顾客投诉响应时间
		订货交货时间
		上门服务速度

(四)学习与成长层面绩效评估指标

学习与成长的目标为其他 3 个方面的宏大目标提供了基础架构，是驱使上述记分卡 3 个方面获得卓越成果的动力。面对激烈的全球竞争，企业今天的技术和能力已无法确保其实现未来的业务目标。削减对企业学习和成长能力的投资虽然能在短期内增加财务收入，但由此造成的不利影响将在未来对企业带来沉重打击。学习和成长层面指标涉及员工的能力、信息系统的能力与激励、授权与相互配合，如表 11-4 所示。

表 11-4　学习与成长层面绩效评估指标

4	第二层指标	第三层指标
学习创新与成长指标	员工素质	员工的知识结构
		人均脱产培训费用
		人均在岗培训费用
		年培训时数
		员工平均年龄
	员工生产力	人均产出
		人均专利
		员工被顾客认知度
	员工忠诚度	员工流动率
		高级管理、技术人才流失率

（续）

4	第二层指标	第三层指标
学习创新与成长指标	员工满意度	员工满意度
		员工获提升比率
		管理者的内部提升比率
	组织结构能力	评价和建立沟通机制费用
		协调各部门行动目标费用
		有效沟通评估
		团队工作有效性评估
		传达信息或接受反馈的平均时间
	信息系统	软硬件系统的投入成本
		拥有 PC 的员工比例
		软硬件系统更新周期

更进一步而言，平衡记分卡的发展过程中特别强调描述策略背后的因果关系，借客户面、内部营运面、学习与成长面评估指标的完成而达到最终财务目标。

知识拓展

美国首都银行根据具体情况所选取的评价指标如表 11－5 所示。

表 11－5　评价指标

财务指标	顾客指标
（1）投资报酬率 （2）收入成长率 （3）储蓄服务成本降低额 （4）各项服务收入百分比	（1）市场占有率 （2）与顾客关系的程度 （3）现有顾客保留率 （4）顾客满意度调查
内部运作指标	**学习、创新与成长指标**
（1）各产品或地区的利润与市场占有率 （2）新产品收入占总收入比例 （3）各种营销渠道的交易比率 （4）顾客满意度	（1）员工满意度 （2）每位员工的平均销售额 （3）策略性技术的训练成果 （4）策略性资讯提供率

三、平衡记分卡法的运用

指标的权重是指该指标在本层指标中所占的相对其他指标的重要性程度，一般以 100% 为最高值，对本层指标内的各项指标的重要性程度进行分配，如表 11－6 所示。

表 11-6 指标权重

指标构成	第一层指标权重（%）	具体指标内容	第二层指标权重（%）
财务	60	利润与竞争者比较	18.0
		投资者报酬率与竞争者比较	18.0
		成本降低与计划比较	18.0
		新市场销售成长	3.0
		现有市场销售成长	3.0
顾客	10	市场占有率	2.5
		顾客满意度调查	2.5
		经销商满意度调查	2.5
		经销商利润	2.5
内部运营	10	社区/环保指数	10.0
学习与成长	20	员工工作环境与满意度调查	10.0
		员工策略性技能水准	7.0
		策略性资讯供应情况	3.0
总计	100%		100%

确定权重一个较为简便和合理的方法就是通过专家打分。专家的组成结构要合理，要有本企业的中高层管理人员、技术人员，也要有基层的技术和管理人员，还要有企业外的对本企业或本行业熟悉的专家，如行业协会的成员、大学或研究机构的成员。同时，对不同的企业权重选择应根据不同行业、不同企业的特点进行打分。

如高科技企业，技术更新快，因而学习创新成长性指标所占的权重就较大；对大型企业而言如美国通用公司，运作流程的顺畅就显得很重要，因而该指标所占权重也相对较大；对银行等金融企业而言，财务指标事关重大，该指标的权重自然也较大。

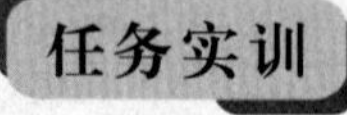

物流企业绩效综合评价

1. 实训背景资料 设计物流企业绩效评价表。

2. 实训目标 从财务、顾客、内部运营、学习与成长 4 个层面，设计物流企业绩效评价表。

3. 实训准备

（1）财务、顾客、内部运营、学习与成长 4 个层面基本要素。

（2）权重。

4. 实训步骤

（1）设计财务、顾客、内部运营、学习与成长 4 个层面进行指标分析。

（2）指标权重。

（3）计算结果。

（4）汇报。

5. 实训评价

小组	调研准备（15%）	设计指标分析表（30%）	权重计算（40%）	团队合作（15%）	总分
1					
2					
3					
4					

注：考评满分100分，60分以下为不及格，60～69分为及格，70～79分为中，80～89分为良，90分及以上为优。

任务小结

平衡记分卡法应用于绩效评估与控制可以克服传统的绩效评估的不足将财务测评指标和业务测评指标结合在一起使用从而能够同时从几个角度对绩效进行快速而全面的考察。它是以公司的战略目标和竞争需要为基础，将财务测评指标、客户满意度、内部流程以及公司的创新与学习能力结合起来，进行综合评价的管理方法。

复习思考题

1. 简述平衡积分卡法的含义。
2. 简述财务指标要素分析。
3. 简述客户指标要素分析。
4. 简述内部营运要素分析。
5. 简述学习与成长层面要素分析。

案例分析

美国施乐公司物流绩效标杆

在北美地区，绩效标杆法这个术语是和施乐公司同义的。以往15年，有100多家企业去施乐学习它在这个领域的专门知识。施乐创立绩效标杆法开始于1979年，当时日本的竞争对手在复印行业中取胜，他们以高质量、低价格的产品，使施乐的市场占有率在几年时间里从49%减少到22%。为了迎接挑战，施乐高级经理们引进了若干质量和生产率计划的创意，其中绩效标杆法就是最有代表性的一项。

所谓绩效标杆法就是对照最强的竞争对手，或著名的顶级企业的有关指标而对自己的产品、服务和实施过程进行连续不断的衡量。这也是发现和执行最佳的行业实践。

施乐考虑到了顾客的满意度，绩效标杆法被执行得比原先最佳的实践还要好。达到这个目标的主要实践方法是取悦顾客，展示给顾客看与施乐公司做生意是多么容易和愉快；达到这个目标的主要途径是公司与顾客之间的接触点。例如，拿取和填写订货单、开发票的全过程都必须符合保证顾客满意的最佳实践标准。

在施乐公司，绩效标杆法是一个由如下4个阶段和10个步骤组成的程序：

第一阶段（3个步骤）：识别什么可成为标杆；识别可作为对照或对比的企业；数据的

收集。

第二阶段（3个步骤）：确定当今的绩效水平；制订未来绩效水平计划；标杆的确认。

第三阶段（2个步骤）：建立改进目标；制订行动计划。

第四阶段（2个步骤）：执行行动计划和监督进程；修正绩效标杆。

一个绩效标杆作业往往需要6～9个月的实践，才能达到目标。需要这么长时间，是因为绩效标杆既需要战略的，也包括战术或运作的因素。从战略上讲，绩效标杆涉及企业的经营战略和核心竞争力问题；从战术上讲，一个企业必须对其内部运作有充分的了解和洞察，才能将之与外部诸因素相对比。

绩效标杆的实践运作主要包括以下3种类型：

第一种类型是工作任务标杆。比如搬运装车、成组发运、排货出车的时间表等单个物流活动。

第二种类型是广泛的功能标杆。就是要同时评估物流功能中的所有任务，例如改进仓储绩效的标杆（从储存、堆放、订货、挑选到运送等每一个作业）。

第三种类型是管理过程的标杆。把物流的各个功能综合起来，共同关注诸如物流的服务质量、配送中心的运作、库存管理系统、物流信息系统及物流操作人员的培训与薪酬制度等，这种类型的标杆更为复杂，因为它跨越了物流的各项功能。

运用绩效标杆法实际上可打破根深蒂固的不愿改进的传统思考模式，而将企业的经营目标与外部市场有机地联系起来，从而使企业的经营目标得到市场的确认而更趋合理化。

施乐公司物流绩效标杆已取得了显著的成效。以前公司花费了近80%的时间关注市场的竞争，现在施乐公司却花费80%的精力集中研究竞争对手的革新与创造性活动。施乐公司更多地致力于产品质量和服务质量的竞争而不是价格的竞争。结果，公司降低了50%的成本，缩短了25%的交货周期，并使员工增加了20%的收入，供应商的无缺陷率从92%提高到95%，采购成本也下降了45%，可喜的是，公司大幅度提高了市场占有率。

思考题

1. 简述绩效标杆的基本步骤。

2. 物流绩效标杆给美国施乐公司带来哪些好处？

参考文献

郭超. 2011. 影响配送成本的因素及其控制措施［J]. 商业文化（下半月）(11)：74.

李伊松，易华. 2007. 物流成本管理［M]. 北京：机械工业出版社.

李永生，黄君麟. 2011. 运输经济学［M]. 北京：机械工业出版社.

刘南. 2006. 现代运输管理［M]. 北京：高等教育出版社.

刘小卉. 2006. 运输管理学［M]. 上海：复旦大学出版社.

欧阳明辉. 2011. 我国鲜奶物流配送问题及对策研究［J]. 现代商业（33)：18－19.

王富建. 2013. 一汽大众汽车物流共同配送浅析［J]. 物流技术（18)：39－41.

王欣兰. 2010. 物流成本管理［M]. 北京：清华大学出版社.

易铭. 2012. H 公司运输成本控制研究［D]. 成都：西华大学.

袁浩宗. 2010. 提升服务，在质量和成本之间找平衡［J]. 物流技术与应用（货运车辆）(6)：48-49.

张晓焱. 杨红，朱庆宝，2011. 物流成本管理［M]. 北京：航空工业出版社.

张玉红. 2010. 论公路运输中的成本控制［J]. 投资理财（2)：104.

朱伟生. 2009. 物流成本管理［M]. 北京：机械工业出版社.

图书在版编目（CIP）数据

物流成本管理实务 / 卢桂芬主编 .—北京：中国农业出版社，2015.4
北京农业职业学院出版基金资助教材
ISBN 978-7-109-20294-8

Ⅰ.①物… Ⅱ.①卢… Ⅲ.①物流－成本管理－高等职业教育－教材 Ⅳ.①F253.7

中国版本图书馆 CIP 数据核字（2015）第 056595 号

中国农业出版社出版
（北京市朝阳区麦子店街 18 号楼）
（邮政编码 100125）
策划编辑 赵 娴
文字编辑 刘金华

中国农业出版社印刷厂印刷　　新华书店北京发行所发行
2015 年 7 月第 1 版　　2015 年 7 月北京第 1 次印刷

开本：787mm×1092mm 1/16　　印张：14.5
字数：345 千字
定价：33.00 元